本书为"宁波市江北区法治建设促进中心研究成果"及
"宁波市法治化营商环境研究基地研究成果"

基层法治社会建设
问题研究

张利兆　等◎著

RESEARCH ON
THE CONSTRUCTION OF A GRASSROOTS
LEGAL SOCIETY

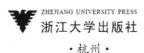
ZHEJIANG UNIVERSITY PRESS
浙江大学出版社
·杭州·

图书在版编目（CIP）数据

基层法治社会建设问题研究 / 张利兆等著. -- 杭州：
浙江大学出版社，2024.12. -- ISBN 978-7-308-24618
-7

Ⅰ. D920.0

中国国家版本馆 CIP 数据核字第 202550YX53 号

基层法治社会建设问题研究

张利兆 等　著

策划编辑	吴伟伟
责任编辑	蔡圆圆
文字编辑	周　靓
责任校对	许艺涛
封面设计	雷建军
出版发行	浙江大学出版社
	（杭州市天目山路 148 号　邮政编码 310007）
	（网址：http://www.zjupress.com）
排　　版	杭州青翊图文设计有限公司
印　　刷	浙江新华数码印务有限公司
开　　本	700mm×1000mm　1/16
印　　张	24.25
字　　数	326 千
版 印 次	2024 年 12 月第 1 版　2024 年 12 月第 1 次印刷
书　　号	ISBN 978-7-308-24618-7
定　　价	98.00 元

版权所有　侵权必究　　印装差错　　负责调换

浙江大学出版社市场运营中心联系方式：0571 - 88925591；http://zjdxcbs.tmall.com

前　言

随着中国社会的快速发展,基层法治建设在国家治理现代化进程中扮演着越来越重要的角色。本书旨在探讨基层法治社会建设中的问题,提出相应的解决方案和创新思路,为推动基层法治建设提供理论支持和实践借鉴。本书共分为六章,从地方立法、综合行政执法、数字化治理、法治乡村建设、法治建设创新驱动和营商环境保障等方面展开讨论。

第一章探讨了基层治理地方立法能力的提升。基层治理需要地方立法的支持,而地方立法能力的提升则是实现这一目标的关键。在实践中,需要明确地方立法能力的界定,了解其现状及存在问题,并在此基础上提出提升路径。地方立法能力的提升需要从多个方面入手,包括践行全过程人民民主立法机制、完善区域协同立法机制以及优化地方小切口立法模式。

第二章关注基层综合行政执法改革的推进。本书详细介绍了浙江省综合行政执法改革的实践情况,并提出了完善建议。通过对基层综合行政执法改革的深入剖析,可以更好地理解基层行政执法的现状和问题所在,从而为改革提供更有针对性的措施。

第三章关注基层社会数字化治理的创新发展。在大数据时代，基层社会治理面临着前所未有的机遇和挑战。数据驱动可以提高基层社会治理的效能，实现数字化治理的创新。这一章重点探讨基层社会数字化治理的内涵、优势以及存在的问题，并提出相应的提升路径。同时，结合具体案例分析，本书展示了数字化治理在基层社会治理中的实际应用效果。

第四章聚焦法治乡村建设的促进与提升。法治乡村建设是实现乡村振兴和全面建设社会主义现代化国家的重要保障。本书探讨了共同富裕背景下的法治乡村建设的背景、现状以及存在的问题与挑战，并提出相应的促进措施。同时，通过解读具体的实践案例，本书深入阐述了法治乡村建设在基层的具体实施情况和实际效果，从而为进一步推动法治乡村建设提供有益的参考。

第五章探讨基层法治建设中的创新驱动。随着科技的发展和社会进步，基层法治建设需要不断创新以适应新的形势和需求。这一章从区域法治建设中的科技成果激励政策完善、区域集群创新科研成果转化导向与协同以及知识产权强国战略与基层创新举措三个方面展开讨论。本书分析当前存在的问题和障碍，提出相应的解决措施和建议，以推动基层法治建设的创新发展。

第六章关注基层营商环境法治保障。良好的营商环境是吸引投资、促进产业发展、提升区域竞争力的重要因素。这一章探讨了基层产业发展促进政策的协同、基层营商环境优化的要素保障以及产城融合发展与区域生态环境建设等方面的问题。本书将提出相应的政策建议和发展策略，以推动基层营商环境的持续改善和优化。

本书旨在全面深入地探讨基层法治社会建设中的问题与挑战，并提出相应的解决方案和创新思路。通过地方立法能力提升、综合行政执法改革、数字化治理创新、法治乡村建设促进以及法治创新驱动等多个维度的探讨，更好地理解中国法治社会建设进程中的难点和痛点。本书不仅关注现有问题的解决，还对未来的法治社会建设进行了前瞻性的探讨和研究,希望通过持续的努力和不断的创新,为推动基层法治建设提供理论支持和实践借鉴,为构建和谐稳定的社会环境和公平正义的法治环境贡献智慧和力量。

由于篇幅和时间的限制,本书无法涵盖所有基层法治社会建设的议题和问题。希望本书能够引发更多的讨论和研究,推动理论和实践的进一步发展。

本书写作分工如下:第一章由王以成负责撰写;第二章由王炳军负责撰写;第三章由王曦负责撰写;第四章由韩小梅负责撰写;第五章由张利兆负责撰写;第六章由李凯更负责撰写。六位作者单位均为浙大宁波理工学院传媒与法学院。

目　　录

第一章
基层治理地方立法能力提升

第一节　地方立法与基层治理

一、地方立法助推基层治理现代化

地方立法，指特定的地方政权机关依法制定和变动效力不超过本行政区范围的规范性法律文件活动的总称。[①] 狭义的法律只能由全国人大和全国人大常委会制定实施，地方立法的立法范围一般限于地方性法规、条例和地方政府规章等。本书将地方立法界定为拥有地方立法权的机关在其职责权限内制定、修改、废止地方性法规、条例和规章的活动。我国《中华人民共和国宪法》（简称为《宪法》）和《中华人民共和国立法法》（简称为《立法法》）均明确赋予了特定立法机关的地方立法权。值得一提的是，在 2015 年《立法法》放宽地方立

[①]　周旺生.立法学教程[M].北京:北京大学出版社,2006:300.

法权限的基础上①,2023 年《立法法》对地方立法事项予以进一步明晰,除了将"环境保护"调整为"生态文明",还特别增加了"基层治理"事项②,突出地方立法对基层治理的重要价值。地方立法的基本使命在于通过立法手段规范社会治理方式,将各方行为纳入规范化轨道,增加民众行为可预期性,也可一定程度限制公权机关权力行使,最终有效推进社会秩序平稳健康发展。

作为国家立法体制的重要组成部分,地方立法应当遵循立法活动的基本要求,如地方立法活动应当坚持科学立法、民主立法、依法立法的基本原则,应当完善党委领导、人大主导、政府依托、各方参与的机制,应当践行正当程序理念,应当贯彻"立、改、废、释"并举的立法思路,并应加强关键环节、关键领域的立法。③ 地方立法在保障地方社会经济有序发展、补充中央立法空缺等层面具有重要作用,促进地方社会治理规范化,进而有效助推基层治理现代化。

(一)地方立法补充中央立法空缺,为推进基层治理现代化提供重要保障

地方立法的直接目的在于补充中央立法空缺,为国家法律体系的完善贡献地方力量。中央层面的立法适用于全国,法律位阶虽高,但无法对各地具体情况做出详细规范。作为中央立法的延伸,地方立法可有效解决这一问题。在不违反上位法的前提下,地方立法机关结合地方经济社会发展实际情况,因地制宜制定地方性法规和规

---

① 2015 年《立法法》第七十二条第二款赋予设区的市的人民代表大会及其常务委员会有权制定地方性法规,并明确可以制定地方性法规的事项包括城乡建设与管理、环境保护、历史文化保护等方面事项。

② 2023 年《立法法》第八十一条规定,设区的市的人民代表大会及其常务委员会根据本市的具体情况和实际需要,可以对城乡建设与管理、生态文明建设、历史文化保护、基层治理等方面的事项制定地方性法规;第九十三条第三款规定,设区的市、自治州的人民政府制定地方政府规章,限于城乡建设与管理、生态文明建设、历史文化保护、基层治理等方面的事项。

③ 喻中.国家治理体系中的地方立法[J].理论探索,2020(1):34-36.

章,更能有效解决当地实践中存在的突出问题,有效改变中央立法不足的现状。以历史文化保护领域立法为例,国家层面的立法往往对全国层面的历史文化遗产等保护对象建构起普适性的保护规划与保护措施,很难针对所有历史文化资源样态打造专门性保护框架,而地方立法则能很好地完成这项工作,有关传统文化保护的地方立法能够结合地域发展特色,合理界定历史文化遗产等保护对象和范围,明确保护目标,并结合当地特色和既往经验有效协调各部门共同开展历史文化遗产相关保护工作。这体现了地方立法适用范围小、可实施性强的独特效用,不仅能有效弥补中央立法的不足,还能有效解决当地经济社会文化发展中存在的问题。

地方立法在补充中央立法空缺基础上,为国家和基层治理体系和治理能力现代化提供重要制度依托。国家治理体系本质上是国家制度体系,国家治理能力则是这些制度体系的有效实施。现代文明社会,法律是最权威、最可靠、最稳定的制度。法治与国家治理体系和治理能力有着内在的联系和外在的契合,法治是国家治理的基本方式,推进国家治理现代化本体上和路径上就是推进国家治理法治化。① 良法为善治之前提,立法是国家治理现代化的基本保障。推进国家治理体系和治理能力现代化,前提和关键在于形成以法律制度为核心的完善的国家制度体系。2021 年,党中央首次召开中央人大工作会议,明确提出要加快完善中国特色社会主义法律体系,以良法促进发展、保障法治。党的二十大报告对完善以宪法为核心的中国特色社会主义法律体系提出新部署。地方性法规、规章作为中国特色社会主义法律体系的重要组成部分,是中国特色社会主义制度的重要载体,是国家治理体系和治理能力的重要依托。② 综上,从国家治理体系和治理能力层面观之,地方立法作用甚巨,为推进基层治理

---

① 张文显.法治与国家治理现代化[J].中国法学,2014(4):5.
② 曲辰.地方立法与国家治理体系和治理能力现代化[J].江海学刊,2020(5):147.

现代化提供重要保障。

(二)地方立法保障基层治理权威性,是基层治理现代化的重要路径

国家治理包括国家层面的统一治理和基层治理两个方面,基层治理是国家治理体系的重要组成部分。基层治理涉及社会、经济、文化、生态等各领域诸多方面,具有直面基层、社会关注度高、关切民生、利益直接等特点。不同地区的经济社会发展现状各异,存在的问题和纠纷有别,国家层面的中央统一立法往往很难缓解地方治理难题,有必要通过完善基层立法方案予以系统规制。地方性立法所创制的法规、规章等规范性文件本身具有稳定性、权威性等特点,有助于保障基层治理的权威性。本书将地方立法称为基层治理现代化的重要路径,具体通过地方立法的民主性、科学性、权威性等几个层面予以阐释。

1. 地方立法的民主性促进基层治理的民主性

民主立法系立法活动的基本原则,该原则同样适用于地方立法活动。民主立法应贯穿于地方立法活动的全过程,从地方立法计划的制定到法规或规章草案的出台直至最终提交负责部门审议,均应践行民主法路径,此即全过程人民民主理念在立法领域的生动再现。坚持民主立法,是提高立法质量的重要途径,也是重要的普法宣传活动。移动互联网时代,某地区拟制定或修改某部民生相关规范性文件时,往往会采取微信公众号、意见征集应用等多元途径征集大众意见,这个过程即是重要的普法活动,使得更多民众知晓相关立法事项。具体在立法调研或研讨过程中,地方立法活动也是秉持"民主立法、兼听则明"的调研思路,最大化听取民众对立法事项的意见,对于合理性意见经审慎论证予以适当吸收,这个过程是民众参与立法的正当程序机制,也在一定程度上增强民众对该规范性文件的接受

程度,减少其实施适用的阻力,进而助推基层治理的民主性。

2.地方立法的科学性保障基层治理的科学性

地方立法亦应遵循科学立法原则,应深入研究每个立法项目制定的可行性和必要性。科学的地方立法,能真切解决基层治理实践中迫切需要立法介入的难点问题,为基层治理提供科学指引,促进基层治理的科学性。此外,地方立法的科学性还体现在地方立法具有系统性特点,随着地方立法能力的不断提升,当今的地方立法不能秉持"头痛医头、脚痛医脚"的片面思维,而应树立体系化、系统性立法思路,关注与上位法的衔接、注重部门间规范性文件的协同,以系统化思维保障基层治理的科学性。

3.地方立法的权威性保障基层治理的权威性

众所周知,立法活动的开展主体是国家公权机关,立法项目从制定到实施的全过程均具有权威性的特征,地方立法亦然。相较于村规民约、道德自律等其他社会规范,地方立法活动具有较强的规范性和权威性,给民众以明确的行为指引,进而保障基层治理的权威性。且法律规范具有稳定性特点,一定时期内不会轻易修改或废止,给民众以稳定的行为预期,有助于增强基层治理的公信力,提升基层治理的权威性。特别是近年来,地方立法强化实施保障力度,不仅让地方立法"长出牙齿",还促其"有力咬合",有力保障了治理的严肃和权威。①

(三)地方立法聚焦地方发展特色,为创新基层治理方式提供法治保障

地方立法的使命在于服务地方治理,相关立法内容应聚焦地方发展特色,助推基层治理现代化。正如有学者所指出,地方立法一定

---

① 曲辰.地方立法与国家治理体系和治理能力现代化[J].江海学刊,2020(5):149.

要坚持问题导向,体现地方意识、突出地方特色、解决地方实际问题。① 地方立法应聚焦地方发展特色,这是提升地方立法质量的根本性方案,也将为创新地方治理方式提供法治保障。

其一,地方立法聚焦地方特色事项,为区域发展提供法治保障。我国幅员辽阔,不同地区间在产业资源、发展模式等层面各有特色,这就使得各地的地方治理手段也存在一定差异,相应的地方立法内容也应有所差别。地方立法应聚焦地方特色,关注地方特色事项,为解决区域发展问题提供立法保障。如对于历史文化遗迹众多的地方,应强化对相关文物保护的地方立法;对于自然资源丰富的地方,也需相应的地方立法予以跟进保护。地方立法立足地方发展现状,聚焦地方发展特色事项,将更有助于为地方治理提供针对性的地方立法保障手段。有关地方立法质量的诸多批评声音中,最突出的是地方立法对地方特色关注度不够,存在"重复性立法""抄袭性立法"等问题,亟须改进。鉴于此,地方立法应回归服务地方发展的使命,聚焦地方发展中的特色事项,为地方发展创新提供动力,进而为区域发展提供有效法治保障。

其二,地方立法关注地方治理难题,为基层治理现代化提供法治担当。区域发展不平衡是我国目前发展中的主要问题,不同地区经济社会文化发展现状各异,面临不同的地方治理难题。很多情况下,国家层面的法律法规很难有效解决地方治理中所面临的所有矛盾纠纷,需要地方立法予以有效回应。质言之,地方立法应关注地方治理难题,立足地方发展,回应地方之需。地方立法实践中,基于相关立法调研活动,地方立法机关能够相对直观了解地方治理困境及地方立法需求点,但基于"不得与上位法冲突"等立法技术的限制,地方立法机关往往对地方治理难题选择性"回避",严重制约地方治理能力的提升。地方立法关注地方治理难题,要求地方立法要有法治担当

---

① 宋才发.我国地方立法的能力构成与质量提升[J].河北法学,2024(4):12.

精神，在立足地方治理困境基础上寻求有效立法方案，而不仅仅照搬上位法或其他地区立法方案。为规范和完善征收集体所有土地房屋补偿制度、维护被补偿人合法权益，宁波市人大于 2006 年颁行了全国首个地方性法规《宁波市征收集体所有土地房屋拆迁条例》，以规范集体所有土地房屋拆迁行为。该条例的制定不仅是发挥地方立法法治担当精神的创新之举，还在保护被拆迁人合法权益、保障城乡建设顺利进行等方面起到了积极作用。

其三，地方立法助力地方"先行先试"，助推地方治理改革创新。《立法法》为地方立法开展先行先试的"法治试验"提供了合法性空间。①《立法法》第八十二条第二款明确规定，对于国家尚未制定法律或者行政法规的事项，地方立法机关根据本地方的具体情况和实际需要，可以先制定地方性法规。这意味着，《立法法》鼓励地方立法就区域发展中的创新性做法通过地方立法方式予以赋权，为地方改革创新提供法治保障。已于 2024 年 3 月生效实施的《浙江省优化营商环境条例》即是例证。该条例对浙江省有关优化营商环境的有益做法予以立法赋权，对市场管理、政务服务、要素支撑、数字赋能、创新支持、开放提升、人文生态、法治保障等多个方面予以全方位规范，为浙江省营商环境优化提供有效法治保障。该条例即是将浙江省有关优化营商环境的有益经验予以规则化构建，为营商环境进一步优化创新提供立法保障。

综上，地方立法对地方发展中的特色事项通过立法方式予以规范，有效直面地方发展中的真问题、真难题，并有效助推地方开展"先行先试"，既是为区域发展提供法治保障，也是为基层治理改革创新提供法治担当，进而全方位为基层治理现代化的创新发展保驾护航。

---

① 李少文.中央和地方关系视角下地方立法权扩容的治理效能[J].2024(2):134.

二、基层治理呼唤地方立法能力提升

国家治理体系和治理能力现代化不仅是新时代国家发展的重要战略目标,也是新时代中国特色话语体系的重要表述,意义重大。法治是国家治理体系和治理能力现代化的重要依托和基本保障。同样,基层治理现代化特别需要完善基层法治建设。良法是善治之前提,完善基层法治建设的首要任务是提升地方立法能力。

(一)基层经济长效发展需要地方立法能力提升

发展是第一要务。我国经济发展已经从追求高速发展转变为高质量发展,地方立法为基层经济高质量发展提供基础制度保障和有效助力,基层经济长效发展需要不断提升地方立法能力。具体而言,地方立法可在优化区域营商环境、促进创新驱动发展等层面为基层经济发展提供法治保障。

首先,从优化区域营商环境角度考量,需不断提升地方立法能力。营商环境包括硬环境和软环境两个层面。硬环境主要指市场主体从事生产、经营和交易活动所依赖的自然环境与配套设施,如营业地的资源、物产、交通设施等;软环境则是市场主体在商事活动中所涉及的体制机制性因素和条件,包括政府廉洁程度、执法司法是否公正等标准。本书研究视角聚集于软环境的优化问题。营商环境是一个地区核心竞争力的体现,良善的营商环境要求市场竞争公平公正、公开透明,这也是法治建设的基本内涵要求。随着国务院《优化营商环境条例》的生效实施,法治化营商环境建设步入新阶段,构建法治化营商环境是国家治理现代化的题中应有之义。① 习近平总书记在中央全面依法治国委员会第二次会议上讲话时指出"法治是最好的

---

① 王以成.企业合规助力法治化营商环境建设[J].中国外资,2022(5):36.

营商环境".① 党的二十大报告提出"营造市场化、法治化、国际化一流营商环境"。一流营商环境的构建遵循市场化、法治化、国际化原则,法治是优化营商环境建设的基础。构建一流法治化营商环境,其核心在于处理好政府监管与市场之间的关系。营商环境优化与法治建设两大主题的深度结合,要求法治化营商环境建设立足于政府、市场、社会的关系流变,出台相应的制度措施与行动方案。完善立法是法治化营商环境建设的基本前提。近年来,我国着力通过法治化的手段优化营商环境,出台了《中华人民共和国外商投资法》及其实施条例、《促进个体工商户发展条例》《保障中小企业款项支付条例》等一系列法律法规。特别是国务院于 2019 年颁布的《优化营商环境条例》,将近年来各地区、各部门优化营商环境的诸多行之有效的政策和经验系统化、规范化,上升为法规进行集中规定,增强了权威性、时效性和法律约束力。构建一流营商环境建设的立法保障机制,要恪守科学立法、民主立法、依法立法的基本原则,并应与时俱进,立足实践发展之需,致力于推动立法能力现代化。在法治化营商环境优化层面,地方立法大有可为,应通过不断提升地方立法能力的方案,不断优化区域营商环境。

其次,从创新驱动机制视角考量,需不断提升地方立法能力。科技是第一生产力,在知识产权强国战略下,完善科技创新机制越发重要。地方立法可通过加强专利保护、促进科技成果转化等途径助推科技创新。具体而言,为有效助推创新驱动发展,需要从以下几个层面提升地方立法能力:一是完善地方知识产权保护机制方面的立法。关于知识产权保护的立法,当国家层面的《中华人民共和国著作权法》(简称《著作权法》)、《中华人民共和国商标法》(简称《商标法》)、

---

① 习近平主持召开中央全面依法治国委员会第二次会议[EB/OL].(2019-02-25)[2023-07-12]. http://www.xinhuanet.com/politics/leaders/2019-02/25/c_112416 1654. htm.

《中华人民共和国专利法》(简称《专利法》)等有关知识产权保护的重要法律修改时,地方立法机关应充分发挥主观能动性,结合当地发展实际情况,提供可行性修法意见。二是完善科技成果转化激励机制,通过地方性法规或规章的方式设置有效科技成果转化激励机制,有利于调动当地科技创新的积极性。三是大力推动人工智能、物联网等新兴领域科技立法,实现互联网新兴产业与实体产业的有效协同发展。创新驱动,地方立法大有可为。除了国家层面的指导性文件《赋予科研人员职务科技成果所有权或长期使用权试点实施方案》对赋予科研人员职务科技成果所有权或长期使用权试点作出全面部署外,各地也开展了诸多有益探索。如,北京市出台的《北京市促进科技成果转化条例》赋予科研人员更大自主权,在全国地方性法规层面率先规定,政府设立的高校院所可以将其依法取得的职务科技成果的知识产权及相关权利,全部或者部分给予科技成果完成人,并约定双方成果转化收入的分配方式。又如,深圳市出台的《深圳经济特区科技创新条例》明确赋予科技人员科技成果所有权或者长期使用权,变通了《专利法》关于职务科技成果权属的相关规定,并进一步加大改革力度,由"试点"赋权变为"应当"赋权,在国内首次以立法的形式规定全部或者主要利用财政性资金取得职务科技成果的高等院校、科研机构应当赋予科技成果完成人或者团队科技成果所有权或者长期使用权。

(二)基层社会矛盾实质化解需要地方立法能力提升

当今,我国社会主要矛盾已经转化为人民日益增长的美好生活需要和不平衡不充分的发展之间的矛盾。人民性是中国特色社会主义法律制度的根本属性,立法要以人为本。基层立法活动应聚焦民众需求,关注民众呼声,以有效缓解基层社会矛盾为己任,服务最广大人民群众的基本诉求。当前,随着社会主要矛盾的转变及民众法治意识的提升,基层矛盾纠纷呈递增趋势。基层社会矛盾的实质性化解是摆在基层治理中的重大命题,有待地方立法为之提供有效的解决方案,即基层社会矛盾实质化解需要地方立法能力提升。

1.基层多元矛盾纠纷解决机制应通过地方立法予以赋权

当今社会,越来越多民众倾向诉诸法律武器维护自身合法权益。出现矛盾纠纷时,民众维权的方式包括私力救济和公力救济,私力救济一般是指双方当事人自愿达成和解协议或委托民间第三方予以调解,公力救济方式包括诉讼、仲裁、法院调解等,不同解决方式各有优缺点。诉讼、仲裁等法律途径具有权威、正当程序等特征,弊端是争议解决过程本身需耗时耗力,且在我国人情社会的传统面貌下,不利于基层民众关系的维系,往往出现"案结事不了"的弊病。私力救济的优势是高效率缓解争议,但其权威性不足,当事人自愿和解后依然会随时"反悔",无法使争议得以实质性解决。基于此分析,探索基层多元矛盾纠纷化解机制很有必要。近年来,广泛宣传的"枫桥经验""马锡五审判方式"即是例证,多元矛盾纠纷解决机制有助于矛盾的实质性化解,值得予以创新推广。基层多元矛盾纠纷解决机制等好的经验做法最终需要立法予以赋权,使之更具权威性和公信力,这对地方立法能力提出了更高要求,要在总结过往好的经验基础上予以创新发展。

2.法治乡村建设需要地方立法有效助力

法治乡村建设是乡村振兴战略的有机组成部分。继党的十九大首次提出"实施乡村振兴战略"后,中央层面和各地区通过立法方式为乡村振兴保驾护航。当今社会,随着城镇化进程加快,乡村治理面临诸多困境,矛盾多元,对如何有效保障留守老人、留守儿童的合法权益等问题,亟须有效立法予以明确。2021 年 4 月 29 日,第十三届全国人民代表大会常务委员会第二十八次会议通过了《中华人民共和国乡村振兴促进法》,通过中央层面立法方式描绘了乡村振兴的伟大图景。2021 年 3 月 26 日,浙江省第十三届人民代表大会常务委员会第二十八次会议批准通过了《宁波市法治乡村建设促进条例》,助力宁波"法治乡村建设",通过明确"村民委员会等村级组织应当依照村级小微权力清单及运行流程办理相关村级事务",体现了鲜明的地方特色。法的生命在于实施,随着中央和地方立法的不断出台,法治乡村基层治理更应关注法律法规实施效果,因此,定期开展立法后评估很有必要,关注乡村法治建设的发展现状,及时修改、废止过时的条款,推进法治乡村建设在立法层面不断推陈出新。乡村振兴、法治乡村建设被提升至国家战略高度,足以说明其重要意义,法治乡村建设过程中亟须地方立法予以有效助力。立法后评估、修改、废止等活动本身属于地方立法的有机组成部分,关乎立法的质量及民众权益的保障,需认真对待、系统推进。

(三)基层生态文明建设需要地方立法能力提升

"绿水青山就是金山银山",基层治理除了要关注经济发展外,也应强化对生态环境的保护。建设中国特色社会主义法治是中国政治建设与国家治理现代化的主旋律,而生态法治建设是其重要的组成部分。① 党的二十大报告深刻指出,中国式现代化是人与自然和谐共生的现代化,新时代应继续重视生态环境保护问题。2023 年修订的《立法法》将地方立法事项中的"环境保护"修改为"生态文明建设",有效契合 2018 年宪法修正案中的相关表述,更有力推动地方生态文明建设。

自从 2015 年修改的《立法法》将环境保护等方面立法事项下沉到设区的市人大和政府以后,生态文明领域的地方立法创新获得了迅猛发展,近年来出台了诸如《厦门经济特区生态文明建设条例》(2021 年修订)、《深圳经济特区生态环境保护条例》(2021 年)等综合性地方立法和以《天津市碳达峰碳中和促进条例》(2021 年)、《黑龙

---

① 钭晓东,杜寅.中国特色生态法治体系建设论纲[J].法制与社会发展,2017(6):21.

江省黑土地保护利用条例》(2021年)等为代表的单行性地方立法，这些地方立法探索和制度创新，为国家层面生态文明法治建设积累了十分宝贵的经验。[①] 生态文明建设只有进行时，如何进一步开展有效生态文明建设，对地方立法能力提出更高要求。

其一，"双碳"背景下，应通过地方立法的方式强化污染防治，加大生态环境保护的力度。近年来，国家不断完善有关污染防治的法律规范体系，相继出台了大气、水、固体废物等方面的法律法规。国家层面的法律法规适用范围广，针对性不强，需要地方立法予以补充完善。即，在污染防治领域，地方立法大有可为。地方立法机关应当不断提升立法能力，以有效应对"双碳"背景下国家加强污染防治的战略需要。相较于污染防治，生态环境领域立法更加多元且具有一定滞后性，急需地方立法的跟进。关于地方生态环境保护立法的适用对象，一是要加大对江河湖海等自然资源的保护力度，《湖南省洞庭湖保护条例》(2021年)即是例证；二是完善对生物多样性保护的地方立法，加强对野生动物资源的保护，如广东省人大常委会在不违背国家层面《中华人民共和国野生动物保护法》基础上，于2020年3月修订的《广东省野生动物保护管理条例》即是通过地方立法形式进一步加大对野生动物的保护。要看到，防治污染和生态环境保护工作是一项长期工作，需要立法执法不断跟进并为之保驾护航，需要不断提升地方立法能力，充分发挥地方立法的积极效用。

其二，鼓励促进资源高效利用，大力推广发展新能源产业。除了加强污染防治和生态环境保护外，探索促进资源高效利用很有必要，在这个问题上地方立法依然具有较大适用空间。当然，地方立法不是没有边界的。考虑到地方立法的适用范围及适用对象，本书认为在促进资源高效利用层面，通过地方立法予以有效助力有两条路径：

---

① 杨朝霞.中国环境立法50年：从环境法1.0到3.0的代际进化[J].北京理工大学学报(社会科学版),2022(3):102.

一是地方立法机关可以采取促进型立法模式,鼓励促进资源高效利用,大力推广发展新能源产业。这是节能环保的题中应有之义,也是科技日新月异的时代之需。即在新能源产业领域,立法可为之有效赋能。二是在地方有关基层治理、生态环境保护、乡村振兴等综合性立法活动中,可以通过设计有关鼓励促进资源高效利用、推广发展新能源产业等条款方式发挥效用。当然,这需要立法技术、系统思维的跟进,对地方立法能力提出较高要求。

关于在生态文明建设中地方立法的具体路径,有学者提出了理想型地方环境立法的五个向度,很有参考价值:"第一,市级环境立法的制度框架应是执行性、配套性规则与创新性、协调性规则的复合,建立约束规范和赋权规范并重的规范体系;第二,市级环境立法的工具箱应是以服务供给为目标的服务性工具与以秩序保障为目标的规制性工具的叠加,设计层层加码的执法金字塔体系;第三,市级环境立法应为中央正式制度的变通执行合法化提供通道;第四,建立既符合中央法的精神又贴近地方治理实践的政府与市场、社会互动机制是市级环境立法的必要内容;第五,市级环境立法应调适公共利益的优先性与私人利益根本性的张力关系,重塑环境治理的利益基础。"①

(四)历史文化保护传承需要地方立法能力提升

有关历史文化保护的立法系地方立法的重要立法内容,也是相对容易凸显地方特色的立法事项。我国是文化大国,拥有丰富的历史文化资源。如何对历史文化进行有效传承发展,是摆在基层治理面前的重要议题,亟待地方立法跟进保障。2021年9月,中共中央办公厅、国务院办公厅联合印发的《关于在城乡建设中加强历史文化保护传承的意见》明确指出,在城乡建设中系统保护、利用、传承好历史

---

① 杜辉.“设区的市”环境立法的理想类型及其实现——央地互动的视角[J].法学评论,2020(1):131-133.

文化遗产,对延续历史文脉、推动城乡建设高质量发展、坚定文化自信、建设社会主义文化强国具有重要意义。该意见同时提出,应制定修改相关地方性法规,为做好城乡历史文化保护传承工作提供法治保障。立法活动除了在历史文化保护中有所作为外,还应关注社会主义核心价值观的弘扬问题。对此,2018年中共中央印发的《社会主义核心价值观融入法治建设立法修法规划》提出了明确要求,2020年通过的《中华人民共和国民法典》(以下简称《民法典》)在第一条即强调了弘扬社会主义核心价值观相关内容。除了中央层面的指导意见、相关立法,基层治理中亦应通过地方立法方式赋予基层社会弘扬社会主义核心价值观的机制体制,这一议题亦需要地方立法能力的不断跟进。值得一提的是,当今时代,通过完善地方立法加强对历史文化的保护绝非隔绝式保护,而应鼓励多元活化利用发展,大力发展文化产业,这也是中共中央办公厅和国务院办公厅有关历史文化保护传承的意见的精神体现。当然,通过地方立法加强历史文化保护传承的核心目的依然是以人为本,其根本出发点在于满足人民群众日益增长的物质文化需要。

历史文化保护问题涉及面广,本书以《宁波市历史文化名城名镇名村保护条例》的制定修改为例,对有关历史文化保护传承的地方立法能力需求展开探讨。众所周知,历史文化名城、名镇、名村是不可再生的重要历史文化资源。切实保护好这些宝贵资源,对于传承历史、弘扬优秀传统文化,促进两个文明建设具有十分重要的意义。《宁波市历史文化名城名镇名村保护条例》于2015年7月1日起施行,随着2021年中共中央办公厅、国务院办公厅《关于在城乡建设中加强历史文化保护传承的意见》的出台以及2020年9月《浙江省历史文化名城名镇名村保护条例》的修订施行,有关历史文化保护理念及参与保护部门的相关职责已然发生巨大变化,《宁波市历史文化名城名镇名村保护条例》迎来新一轮修订。笔者参与了几次该条例的修订研讨,经调研论证,该条例的修订理念除了有效突出地方特色外,还加大了对历史文化的传承与发展的力度。如,该条例第八条规定,"市和区(县、市)人民政府应当加强历史文化名城、街区、名镇、名村保护与全域国土空间综合整治、城市更新、乡村振兴等工作的协同,统筹城乡空间布局,改善保护范围内的基础设施、公共服务设施和居住环境,促进协调发展。城市更新、乡村振兴与全域国土空间综合整治,应当注重历史文化保护与活化利用,在保持历史街区、名镇、名村等传统格局和历史风貌前提下,进行更新改造和持续利用。市和区(县、市)人民政府应当在符合历史文化保护要求和尊重居民生活形态的基础上,发挥历史文化名城、街区、名镇、名村以及历史建筑在社区生活服务、文化展示、参观游览、经营服务等方面的功能,促进有序开放和活化利用。"该规定在加大传统文化保护的基础上,创设性地提出传承利用方案,实属需要专业立法技术和智慧,无疑是对地方立法能力的巨大考验。

综上,基层治理涉及经济、社会、文化、生态等多个领域的治理,每个领域的良善治理都需要高质量的地方立法为之保驾护航。良法是善治之前提,基层治理现代化需要不断提升地方立法能力。

第二节 地方立法能力实践与提升

一、地方立法能力的界定

立法能力是国家治理能力的重要组成部分,是立法者在立法过程中完成立法目的、满足立法需求所体现出来的本领和能量,表现为立法的生产力。立法质量是立法的生命力之所在,立法能力则是立法质量的重要保证。① 党的十九届四中全会提出的"不断提高立法质

① 宋方青.立法能力的内涵、构成与提升——以人大立法为视角[J].中外法学,2021(1):161-164.

量和效率"即是对立法能力最直观的要求。地方立法作为国家立法体系的重要组成部分,对国家治理体系和治理能力现代化发挥重要作用。地方立法发挥效用的关键主要通过高质量立法成果予以体现,故需要不断提升地方立法能力。

(一)地方立法能力的内涵

一般认为,立法能力是国家治理能力现代化的重要组成部分,是指立法主体根据社会的立法需求,按照立法程序行使立法权力,通过立、改、废、释等方式提供立法产品,及时满足经济社会文化发展对立法需要的一种能力。立法能力是立法者在立法过程中表现出来的、为完成立法任务所应具备的综合性能力,是国家治理能力的重要组成部分,是合理处理政府、社会和市场关系,提升治理结构和治理体系合法化程度的积极力量。[①] 地方立法能力则是指地方立法机关在坚持依法立法、科学立法和民主立法的基本原则下,以地方社会实际和上位法作为立法根据,识别地方立法需求和地方特色,高效完成地方立法工作计划以及严格履行法定公开职责的综合能力,确保立法回应民声、保障立法质量,促进立法的法律效果和社会效果相统一。[②] 地方立法能力具有地方性、法律性、社会性三大属性。

其一,地方立法能力具有地方性。地方立法能力冠以"地方"二字,要求地方立法应具有把握地域特色的能力,即地方立法应具有凸显地方特色和针对性地解决问题的能力。地方立法能力首先要求地方立法应关注地方立法特色、反映地方风土民情,地方立法在符合立法权限基础上与地方经济发展、社会治理样态相匹配,兼顾地方生态环境保护、历史文化传承等立法事项。此外,地方立法能力要求地方立法具有针对性解决地方发展困境的能力,不同于中央层面较为原

---

① 李林.全面深化改革应当加强立法能力建设[J].探索与争鸣,2017(8):24.
② 张琼.类型化视野下的地方立法能力及其现代化路径[J].法商研究,2023(1):65.

则性的宏观立法,地方立法往往以解决地方具体问题为导向,这需要地方立法能力的不断提升。

其二,地方立法能力具有法律性。地方立法活动本质上是一项高度专业化的法律技术活动,地方立法机关开展立法活动以拥有相关立法权为基础,应践行"依法立法、民主立法、科学立法"的基本立法原则,遵守立法程序,恪守立法边界,严格依法履行立法职责。需要特别说明的是,作为一项专门性立法技术,地方立法有着严格的程序要求,从立法计划拟定到立法草案起草直至立法后项目评估,立法活动全流程均应遵守严格的程序要求,坚持依法立法。也恰是地方立法能力具有法律性,要求立法活动由具备充沛法律知识和高超立法技术的专业人员主导实施。立法人员素质高低是决定立法质量优劣的重要因素,也是评估地区立法能力优劣的核心指标。一言以蔽之,地方立法能力具有法律性,专业工作由专业人员去做。

其三,地方立法能力具有社会性。立法的重要功能在于服务社会经济发展,地方立法能力具有社会性。地方立法能力的社会性要求地方立法应构建与法律外其他系统的良性互动关系。在地方立法能力提升视角下,评估地方立法制定与实施的效果时应适当关注其社会效果,关注地方立法项目政治性、法律性、社会性的统一。法是调整社会关系的重要规范,地方立法的目的本身也是服务民众的社会生活,地方立法能力建设离不开社会性考量,这是法治社会建设的题中应有之义,也是基层治理现代化的必然要求。

(二)地方立法能力的构成

地方立法活动一般包括立法项目选择、立法草案起草、立法项目审议评估等多个环节,每个环节均对立法能力有着明确要求。本书将地方立法能力的基本构成归纳为地方立法规划能力、地方立法起草能力、地方立法协调能力、地方立法论证与解释能力。

1. 地方立法规划能力

地方立法规划（立法立项）是地方立法准备阶段的核心环节，是做好地方立法工作的第一步，其选定的结果不仅直接关系到立法规划的科学性，也影响整个立法体系的质量。[①] 地方立法机关提升地方立法的规划能力很有必要。实践中，地方立法规划能力主要体现在立法项目规划的科学性，立法机关在拟定相关立法计划时应审慎论证立法项目的必要性、可行性、急迫性，并兼顾适当的前瞻性。一般应优先将具有较大社会影响力、民众关注度高、关涉利益重大的迫切问题纳入立法规划项目，即立法规划应分清主次，将有限立法资源集中投入真问题，不能为了刻意"标新立异"或打造政绩之需等目的，即"为了立法而立法"。质言之，地方立法立项属于具有中国特色的地方立法经验。从实践来看，有必要确立党的领导、为民立项、法治统一、突出地方特色、统筹兼顾为地方立法科学立项的主要原则，构建合法性、效益性、必要性、可行性和紧迫性标准以及与之相对应的反向标准或"负面清单"，针对不同地方立法类型，明确标准适用规则。[②]

2. 地方立法起草能力

立法起草是任何立法项目的必经程序，属于实质性立法工作，直接影响立法项目的质量，因此要重视地方立法起草能力建设。地方立法起草能力涉及法律知识、立法技术及具体业务知识的综合运用，缺一不可。其一，地方立法本质上属于法规制定活动，遵循一定的法律制定规则，且考虑到地方立法合法性审查的要求，参与地方立法起草人员应具备充分的法律知识和较高的法理素养。其二，地方立法活动是一项专业性立法技术活动，参与地方立法起草的人员应在经过培训后具备基本的立法技术。当然，立法技术的掌握无法一蹴而就，需要在立法实践中不断精进。其三，地方立法是以解决地方实践

---

① 徐凤英.设区的市地方立法能力建设研究[J].政法论丛,2017(4):116.
② 汤能干.地方立法科学立项的原则、标准和程序[J].湖南社会科学,2023(3):104.

中亟待解决的突出问题为出发点,立法切口、立法项目选择往往与一定社会民生领域相关联,这就要求立法参与人员具备基础的行业知识或业务知识。当然,这三种能力本质上是立法实践能力,需在实践中不断提升。地方立法机关的组成人员以法律专业科班出身为主,一般具有相对娴熟的法律专业知识和立法技术,但每个立法项目所涉及的业务领域毕竟不同,因此需要立法人员积极学习相关业务知识。实践中,地方性法规草案的提出一般由地方政府各业务部门提出,业务部门与立法部门相互配合,合力拟良法。当然,随着社会经济持续向前发展,法律专业知识、立法技术、业务知识等均会有不同程度的更新调整,这就需要立法工作者永葆学习力,不断提升立法起草能力。

3. 地方立法协调能力

地方立法协调能力是指地方立法机关协调各部门关系和各方意见的能力。地方立法调研活动中,不同业务部门对职能划分或其他义务性条款存有争议的情形大有存在,立法项目顺利推进的关键在于地方立法机关具备恰当统筹协调各方利益的大智慧。有学者指出,立法的协调能力具体表现为统筹布局的能力、整合分歧的能力以及凝聚共识的能力。而发现分歧且允许利益主体表达分歧是协调能力的前提,吸纳和整合分歧是协调能力的关键。① 目前,地方立法活动中的立法公开征求意见、立法调研活动等机制相对成熟,即我国地方立法活动已初步具备发现分歧和表达分歧的机制。难点在于如何有效吸纳和整合分歧,如若针对某一焦点问题,多个部门不能达成统一意见时,如何评判并妥善处理意见分歧的确需要地方立法机关具备高超的立法协调能力。此外,地方立法活动推进过程中,要妥善处理与领导层面的沟通协调问题。立法过程中,领导的意见是立法的重要参考,但并不意味着所有条文均应体现领导层面的意志,现实中

---

① 宋方青.立法能力的内涵、构成与提升——以人大立法为视角[J].中外法学,2021(1):168.

领导间存在意见相左的情形也较为常见。地方立法还是要坚持依法
立法、科学立法、民主立法的大原则,在充分论证的基础上,分步骤有
序科学推进。

4.地方立法论证与解释能力

立法活动本质上是不断沟通和不断说服的过程,这个过程处处
需要有效论证和有力解释,以达到有效商谈的效果。地方立法论证
和解释能力既可以表现为立法研讨会上口头解释说明,也可以表现
为对立法案的书面论证意见。地方立法论证和立法解释贯穿立法活
动的全过程,不论立法规划还是拟定立法草案,均需充分论证和有力
解释。我们可以称地方立法论证和解释能力为立法活动全过程论证
能力。当然,不同阶段立法论证的侧重点有所不同,如立法规划阶段
要重点论证立法项目的可行性和必要性,立法项目起草阶段要重点
论证立法项目的合法性和合理性,立法后评估阶段则侧重论证立法
项目的实施效果。因此,地方立法论证和解释能力建设要在不同立
法阶段分重点推进,该能力更需要立法者在实践中长期积累。

二、地方立法能力现状观察

2015 年修改后的《立法法》释放地方立法权限后,地方立法迎来
了一个繁荣发展期,对基层治理发挥了巨大的法治保障作用。但与
此同时,地方立法中的抄袭立法、重复立法也如影随形、俯拾皆是。[①]
我们认为,有必要对地方立法能力的发展现状予以系统观察,本书从
地方立法能力建设现实需求和发展困境两个层面展开研究。

(一)地方立法能力建设现实需求

作为基层社会治理的重要保障力量,地方立法对区域经济社会

---

① 余凌云.地方立法能力的适度释放——兼论"行政三法"的相关修改[J].清华法
学,2019(2):153.

发展产生重要作用。为有效提升地方立法能力,应关注地方立法能力建设的现实需求。

1. 地方立法能力建设的基础需求和基本保障:立法资源保障

充沛的立法资源是地方立法能力建设的基础需求和基本保障。立法资源保障涵盖立法机构、人员建设、经费保障、立法监督机制等多元资源保障机制。其一,地方立法能力建设要有完备的立法机构。设区的市被赋予地方立法权限后,均相继成立了专业立法机构,但要注意的是,立法机构不单纯是增设部门和安排人员即可。立法工作专业要求高,人员素质要求高,应当统筹协调全市资源,整合专门独立性的立法机构,最大化保障立法权责有效运行。其二,在专门立法机构设置后,专业人员建设是机构有序运行的保障,也是决定地方立法质量的核心因素。除了完善专业人员选聘机制外,更重要的是打造立法人员培训长效机制,不断加强专业知识技术的学习,并在实践中不断提升立法本领。其三,地方立法工作具有涉及面广、周期长、利益关切度高等特点,地方立法工作的有序开展离不开一定比例的经费保障。赋予立法机关和立法人员相对丰厚的经费保障,更能提高立法工作人员的工作积极性,也是防止立法腐败、助推立"良法"的激励之策。其四,从长效提升立法质量视角看,需构建完善的立法监督机制。立法监督是法律监督体系的题中应有之义,也是法治精神之限权理念在立法领域的生动体现。行权者必受监督,立法权当然不能例外。完善的立法监督机制本质是立法资源保障机制,在一定程度上可以反向助推立法质量提升。

2. 地方立法能力建设的制度需求:明晰立法权限

地方立法机关担负着地方立法的神圣使命,地方立法机关的立法权更是一种责任和一份义务,不滥用立法权,明晰立法权限很有必要。其一,地方立法权应在宪法和法律授权的范围内行使。根据2023年《立法法》最新规定,设区的市的立法范围限于城乡建设与管理、生态文明建设、历史文化保护、基层治理等方面的事项。这意味地方立法权的行使是有边界的,诸如国家安全、宗教信仰等其他事项地方立法无权涉及。其二,明晰地方立法权要合理界定立法权与行政权的关系。法治政府建设视域下,地方政府机关负有依法行政的天然使命,完善的地方立法机制是助推政府机关依法行政的重要路径。反之亦然,地方政府依法行政,需加强对立法工作的支持。但立法权和行政权存在本质区别,不能混同。实践中,设区的市被赋予地方立法权的同时也形成了一些误区,以为有了立法权就拥有了更大的权力,甚至将地方性法规异化为某政府、某部门乃至某些领导意志的体现,这显然与地方立法权扩容的本意相违背。因此,加强设区的市立法能力建设必须摒弃这种观念,不能把行政权与立法权混淆,更不能以行政权替代立法权。要通过对两种权力界限的划分,确立设区的市立法权的权重,明确赋予设区的市立法权是为行政部门"立责"而不是"立权"。[①]

3. 地方立法能力建设的时代需求:服务基层治理

关于地方立法与基层治理间的关系,本章第一节已有相关论述。为有效提升基层治理效能,需关注地方立法质量问题。进一步加强地方立法能力建设,在国家治理体系和治理能力现代化的时代背景下更显意义重大。因此,本书将服务基层治理称为地方立法能力建设的时代需求。站在服务基层治理的视角,完善地方立法能力建设,需进一步凸显地方立法的地方性和务实性。其一,地方立法能力建设着眼于解决地方性问题。这就要求地方立法机关及相关立法工作人员要具备探索地方立法项目和聚焦基层治理难点问题的基本能力。地方立法的基本使命在于服务地方发展,要放眼基层,找准"真问题",立良法,不能简单复制或照搬其他地区立法,努力破除"重复

① 徐凤英.设区的市地方立法能力建设研究[J].政法论丛,2017(4):113.

性立法"这一地方立法实践困境。其二,地方立法能力建设要凸显务实性,解决实践中民生关注的热点、难点问题,真切服务地方社会发展,地方立法的目的不是政绩或"吸引眼球",而应立足实践,解决基层治理中的"真问题"。

(二)地方立法能力发展的困境

综合观察地方立法能力现状,主要有地方立法规划能力不平衡、立法项目起草能力弱、立法后评估论证能力不足、立法监督机制缺乏实效等几个问题。

1. 地方立法规划能力不平衡

我国社会经济发展不平衡,导致立法资源配置和立法能力发展不平衡,突出表现在地方立法规划能力不平衡,主要表现在省级立法机关与市级立法机关存有差异等方面。省级立法机关拥有多年立法实践探索经验,立法规划能力较为成熟,已形成较为完整的立法观念、立法路径等专业化思维模式。且省级立法机关在设置立法规划方案时,可与中央立法机关直接对接,进一步督促其立法规划方案的科学性与合理性。相较而言,设区市立法权限系 2015 年《立法法》修改后新赋权事项,虽经过几年探索,但存在立法规划能力发展不平衡的现象,"拍脑袋"式立法项目规划大有存在,这在一定程度上制约了地方立法能力的提升。地方立法规划能力弱,直接导致了后续立法活动难以有效开展,对地方立法质量带来不利影响。近年来,部分地区掀起"小快灵"地方立法之风,"小快灵"地方立法的初衷是聚焦某一细分领域、解决某一真切问题,具有简捷务实高效的特点,但并非所有领域都适合"小快灵"立法。部分地区在编制年度立法规划时明确要求要有一定比例的"小快灵"相关立法,通过指标方式强行安排立法规划,这显然不符合地方立法规划能力建设之科学性原则的要求。

2. 地方立法项目起草能力弱

步入地方立法的实质起草环节后,立法项目起草能力很关键。通观地方立法现状,普遍存在立法项目起草能力弱的弊病,具体表现在立法计划实施能力弱、地方特色反馈弱这两个方面。其一,地方立法计划实施能力弱。在制定年度立法计划或阶段性立法规划后,在立法计划实施阶段面临诸多困难。虽然设区的市均已落实了专业立法机构的组织机制设置,但在实际工作中面临多重工作交叉的困境,又囿于机关会议多、考核内容多,立法工作人员往往身兼数职,无法全力以赴从事立法工作,致使原定的立法计划被一再拖延的情形大有存在。有学者指出,立法计划的执行率受主客观双重因素的制约。主观因素指涉本级立法机关的执行能力,包括执行意愿和理念、立法机关工作人员的专业素养和执行效率等因素;客观因素包括立法需求、立法环境、上位法等外在影响因素。在主观因素方面,现有制度对立法计划的"软法"属性欠缺制度保障,既未设定立法计划执行的失职责任,也未配套相应的监督制度,滋长了立法机关执行的恣意性;在客观因素方面,制度应当容忍客观原因所致的立法计划执行不能,针对客观因素设计包容机制,以立法计划试错降低正式立法的风险。[①] 其二,地方特色反馈弱。"没有地方特色,地方立法就失去其存在的价值。"[②]前已述及,从服务基层治理视角,地方立法需强化对地方特色性事项的反馈能力。实践中,大多设区的市立法机关在从事立法工作时存在地方特色反馈弱的弊病,地方立法中重复立法、照搬上位法规定或其他地区规定的情形大有存在,"重复立法"或"立法抄袭"俨然已成为地方立法实践中存在的通病,这在很大程度上制约了立法项目的起草能力。当然,需要注意的是,本书反对的不是地方立法之间在经过认真研究和比照斟酌之后的"立法模仿",而是根本不

---

① 张琼.类型化视野下的地方立法能力及其现代化路径[J].法商研究,2023(1):72.
② 周旺生.立法学[M].北京:法律出版社,2004:220.

考虑或很少考虑本地实际情况和特殊需要的直接照抄、简单套用的"立法抄袭"。①

3. 地方立法后评估论证能力不足

为进一步提高地方立法质量，需不断强化立法后评估论证工作。立法后评估论证机制是地方性法规通过后评估其实施效果的重要保障性机制，是提高立法质量的重要环节，该机制健全与否直接影响地方立法能力的强弱。实践中，地方立法活动存在立法后评估论证能力不足的弊病。具体表现在立法后评估论证习惯于走过场、立法信息公开能力不足两个方面。其一，立法后评估论证工作习惯于走过场。不同于制定新法，立法后评估工作社会关注度低、领导关注度低、给各机关部门考核压力小，致使实践中的立法后评估论证工作习惯于走过场，纯粹是为了完成立法的程序要求而召开相关研讨会，缺乏实质性建议或讨论。其二，立法信息公开能力不足。近年来，立法程序要求越发明晰严格，立法程序公开要求标准也越发清晰。而关于立法规划是否应全部公开、立法后评估论证事项是否有必要予以公开等内容存在要求不严格不一致的情形，致使实践中相当一部分数量的地方立法机关选择不公开此类信息。

4. 地方立法监督机制缺乏实效

我国的地方立法监督活动大多缺乏有效监督机制。立法监督属于法律监督的有机组成部分，在全国层面强化法律监督机制建设的时代背景下，应强化立法监督。在我国目前的法律体系中，对地方性法规的监督以立法机关的内部监督为主，无论是批准还是备案审查，往往都是高一级的立法机关对低一级法规制定机关进行监督，缺少从外部对立法权进行有效监督。② 实践中，立法监督环节缺乏有效监督路径，缺乏监督实效。根据我国现行法律监督机制，人民检察院是

---

① 封丽霞.地方立法的形式主义困境和出路[J].地方立法研究,2021(6):69.
② 董皞.地方立法教程[M].北京:中国政法大学出版社,2020:111.

我国的法律监督机关,当然有权就立法中的不合法问题行使监督权,但检察监督往往以民众举报等被动方式启动。除了检察院监督和立法机关内部监督外,应鼓励人大代表、政协委员、立法志愿者等多方人士加入立法监督行列,但现实中往往缺乏实质有效的监督路径。以地方性法规为例,地方人大常委会没有设置专门性的地方立法监督机构,致使关于地方立法活动的监督标准以及监督程序不明确。此外,人大常委会本身为立法监督机关,但往往缺乏对地方立法监督权本身的监督制约机制,导致实践中对立法监督问题缺乏足够的关注,地方立法监督权往往被虚置,地方立法监督效果可想而知,地方立法违反上位法的情况屡有出现也便不足为奇。地方政府规章也同样存在前述困境。当然,我国地方立法监督机制中所存在的问题与基层立法资源不足有关。正如有学者所指出的,我国备案审查制度面临的最大困境是全方位、全覆盖的制度要求与现实有限的审查能力及资源匹配之间的矛盾。①

三、地方立法能力提升路径

有效应对地方立法活动实践中存在的问题,需要不断提升地方立法能力。关于地方立法能力提升路径,除了应更新有效治理的地方立法观念、完善以人大为主导的立法体制外,还包括构建科学的地方立法规划机制、针对性提升地方立法起草能力、完善地方立法后评估机制等。

(一)构建科学的地方立法规划机制

构建科学的立法规划机制,关键是要完善立法需求识别标准。对此,有学者提出的立法需求识别四标准法很有参考价值。其一,地

---

① 封丽霞.制度与能力:备案审查制度的困境与出路[J].政治与法律,2018(12):108.

方立法应聚焦法律范畴事项。现代社会需求呈现多元化态势,但并非所有需求都必须通过立法手段予以回应。正如美国法学家庞德所指出的,立法活动所调整的是人们外在行为而非内心活动。基于法的价值和特征可知,法律规范调整的是普通大众的外在行为规范,而其他诸如内心活动、是否自律等问题往往由道德规范予以调整。地方立法应聚焦在法律规范所调整的社会生活领域。其二,地方立法应关注纠纷密集点。当今时代,民众需求多元,纠纷多发。在移动互联网时代,借助网络媒体、社交平台等技术渠道,很容易发现民众纠纷的多发领域,地方立法服务于基层治理,应对当地纠纷密集点投入较多关注,经过审慎论证若能通过立法方式规制可纳入地方立法规划。如基层民众关注多的房屋拆迁补偿问题、社会信用建设问题、古村落古遗迹保护问题等与民众生活息息相关的事项,地方立法应有所回应。其三,地方立法应关注社会影响大的问题。即,地方立法应对民众需求人数多、社会关注高、覆盖面广、影响持久的典型问题或重大问题有所回应,通过立法方式有效解决基层治理的实践痛点。如多地就公共场所控烟问题出台地方性法规即是对民众所密切关注的公共健康问题所做出的有效回应,以最大化满足民众健康需求,调和社会矛盾。其四,地方立法应待条件成熟时。立法时机不成熟时,匆忙立法反而会加重社会的负担,如模棱两可、语义不清、不稳定、难执行、违宪等都是轻率立法的特征。为了降低后续法律实施、修法、废法等的成本,有必要审慎考量立法的可行性和必要性条件,防止轻率立法引发的法治系统风险。①

(二)针对性提升地方立法起草能力

地方立法草案的起草系地方立法活动的实质性工作,直接关乎立法质量,应引起重视。近年来,地方立法活动虽然取得长足发展,

---

① 张琼.类型化视野下的地方立法能力及其现代化路径[J].法商研究,2023(1):67.

但存在的问题也是显而易见的,突出表现在重复性立法、地域特色反馈不明显等。对此,有必要针对性地提升地方立法起草能力。关于提升地方立法起草能力的方案,具体可以从以下几个层面开展。

其一,理念先行。新时代的地方立法,除了应坚守依法立法、科学立法、民主立法等基本立法原则外,还应奉行审慎立法的理念,明确地方立法的目的,对于其他社会规范足以调整的社会生活领域,不轻易通过立法方式予以调整。

其二,专业为本。前已述及,地方立法活动是一项高度专业性、技术性的活动,地方立法人员应强化相关专业知识和立法技术的学习。一是立法专业人员应不断加强法学专业知识、综合业务知识等专业技能的学习,立足专业,不断提升地方立法起草能力。二是立法人员要着力提升立法技术水平。地方立法活动同时也是一项技术性工作,具有严格的立法技术要求。地方立法章节设置、条文规范、条文间的逻辑、罚则设定等均具有相应规范。基于此,应通过多种途径训练,不断提升立法技术。

其三,服务地方。地方立法应着力解决基层治理中的困境,地方立法应突出地域色彩。因此,地方立法在起草过程中,应全面树立基层治理对地方立法的需求点,不断提炼地方立法的地域特色,避免重复性立法或抄袭性立法。关于地方立法服务地方治理的具体方案,有学者提出的有效治理原则很有启发性,地方立法活动应围绕地方治理机制的科学化配置、地方治理结果的高质量、地方治理过程的高效率三项核心要素展开。①

其四,地方立法可合理借助第三方力量。基层治理实践中,专业人员短缺是大多职能部门在工作开展中面临的共性问题,地方立法亦然。受制于地方管理机制及编制等问题,地方立法机关组成人员

---

① 沈广明.地方立法抵触上位法的判定方法及其价值取向[J].中外法学,2023(1):267.

较少，但面临的是繁重的地方立法事项，其工作压力可想而知。在此情形下，可以合理借助高校、律所等第三方机构的力量，通过政府购买服务方式协同推进高质量地方立法工作。当然，在地方立法实践中，第三方组织或人员所出具的立法建议类报告文书系重要的立法参考文本，但并无实质决定权，地方立法的起草和通过程序依然需要在法定立法框架下进行。

（三）完善地方立法后评估机制

立法后评估又称立法效果评估，也被称为"立法回头看"。立法后评估是对实施的法律法规进行及时全面的经验总结，及时准确发现地方法律法规在实际实施中存在的问题，提供进一步修正和完善的依据。① 需要注意的是，立法后评估机制不同于立法前的立法评估或立法规划程序，立法前评估机制侧重于立法项目必要性和可行性论证，而立法后评估机制则侧重评估立法项目的合法性和实效性。提升地方立法能力，要特别重视完善地方立法后评估机制建设，增强立法后评估实效。针对立法后评估"走过场"的困境，需构建完善科学的立法后评估机制。其一，要树立正确的立法后评估理念和价值观。应深刻认识到立法后评估工作对提升地方立法质量的重要性。地方立法机关及其他参与评估主体应以审慎认真的态度对待立法后的评估工作，为地方立法的废改立贡献智慧。其二，大力提升立法评估参与人的评估能力。作为地方立法活动的重要一环，立法评估同样需要扎实的法学理论知识和过硬的立法评估技术，评估人员要拥有一双善于发现问题的慧眼，结合社会现实发展情况，善于发掘立法中存在的问题，进而提供可行性强、参考价值大的改进方案。其三，要构建科学完备的立法后评估程序，即针对立法项目何时开展立法后评估、如何开展评估等相关程序性事项要予以规则化、规范化构

---

① 徐凤英.设区的市地方立法能力建设研究[J].政法论丛,2017(4):117.

建,以实现立法后评估机制的科学性和持续性。需要明确的是,有效的立法评估机制是地方立法活动的"方向盘",引领地方立法的改进方向。为避免简单重复立法、抄袭立法等地方立法活动中的顽疾,在对地方立法工作的评估考核过程中,应当遵循立法数量与质量相统一、立法速度与立法效益相兼顾、上级考核与社会评价相结合的原则。①

四、地方立法能力提升保障

为有效提升地方立法能力,除了应完善立法规划能力、立法起草能力、立法后评估能力等立法基本技能外,还应构建并完善地方立法保障机制。具体而言,完善的地方立法保障机制包括全过程人民民主立法机制、地方立法监督机制以及地方立法人才建设机制。

(一)践行全过程人民民主立法机制

1. 全过程人民民主立法机制的确立

(1)全过程人民民主理念的提出

2019 年 11 月 2 日,习近平总书记在上海虹桥街道考察全国人大常委会法工委基层立法联系点时,首次提出"人民民主是一种全过程的民主"概念。2021 年 10 月 31 日,习近平总书记在中央人大工作会议上系统阐述了全过程人民民主的重大理念和实践要求。② 2022年,党的二十大报告进一步指出,"全过程人民民主是社会主义民主政治的本质属性",党的二十大报告以"发展全过程人民民主,保障人民当家作主"为专章,提出和论述了健全人民当家作主制度体系,扩大人民有序政治参与,保证人民依法实行民主选举、民主协商、民

---

① 封丽霞.地方法的形式主义困境和出路[J].地方立法研究,2021(6):79.
② 全国人大常委会法制工作委员会.基层立法联系点是新时代中国发展全过程人民民主的生动实践[J].求是,2022(5).

主决策、民主管理、民主监督等方面的要求。有学者指出,"全过程人民民主"既是对我们党领导人民治国理政基本经验的历史总结,也是对新时代立法工作的全面概括与原则要求。"全过程人民民主"是中国式民主政治理论的重大创新,是对传统人民民主理论的新发展,极大地丰富了中国式立法民主的内涵和外延。①

(2)全过程人民民主立法机制的确立

全过程人民民主立法机制,是全过程人民民主制度和机制的重要组成部分。2023年修改后的《立法法》在第六条"立法的民主原则"中增加规定,"立法应当坚持和发展全过程人民民主,尊重和保障人权,保障和促进社会公平正义"。《立法法》正式对全过程人民民主立法机制赋权,进一步发展完善了立法的民主原则,使其内容更为丰富。全过程人民民主立法机制是习近平法治思想在立法领域的重大理论创新,是对长期以来我国中央和地方立法经验及立法理念的高度概括和理论提炼,是符合我国国情的创新立法机制。不论是中央层面的全国统一立法还是地方立法活动,均应践行全过程人民民主立法要求,不断增强立法的民主性与科学性。全过程人民民主立法机制可以有效地将民众联系、大众参与、不同利益群体的协商、科学的调研和论证等融入立法过程,保证人民意志的集成,形成具有科学性和民主性的立法。但其作用的发挥,关键还在于实践中的有效运作,并根据社会发展要求不断完善。②

(3)人民代表大会制度是全过程人民民主立法机制的制度保障

人民代表大会制度是我国的根本政治制度,也是全过程人民民主的最高制度形式。中国式全过程人民民主既强调人民选出自己的代表,同时强调人民民主选举、民主管理、民主决策、民主监督、民主问责的全覆盖,确保人民可以直接深入参与立法过程,充分保障人民

① 封丽霞."全过程人民民主"的立法之维[J].法学杂志,2022(6):72.
② 黄建武.论贯彻全过程人民民主促进高质量立法[J].地方立法研究,2023(3):8.

民主立法的真实性和获得感。[①] 全国人民代表大会是我国最高权力机关,人大代表代表人民行使国家权力,其中包括立法权,全国人大和地方人大分别统筹行使中央立法权和地方立法权。人民代表大会的组成、人民代表大会的工作机制、人民代表大会的权责使命,无不是全过程人民民主理念的现实再现。

对地方立法而言,地方各级人大主导各地地方立法,宏观上对整体立法质量进行把控,通过不断完善人大立法规划和审议机制,不断提升立法质量,进而提升地方立法能力。地方立法的制定及"废改立"均由各级人大统筹负责,在具体立法程序中一直贯穿的理念即是全过程人民民主立法机制,如立法计划或立法规划的征集民意机制或研讨机制、立法草案的调研机制和征求意见机制、立法评估的调研机制等无不体现着全过程人民民主理念的要求。质言之,我国立法领域所要求的民主立法原则和科学立法原则的精髓正是全过程人民民主理念。

2.全过程人民民主立法机制的基本要求

全过程人民民主立法机制贯穿于立法活动的全过程。对地方立法而言,从立法机构的组成,到相关法案的规划、草拟、审议等全程均应贯彻全过程人民民主理念的相关要求,即地方立法贯彻着党领导、人大主导、政府依托、各方广泛参与的基本格局,具体包括立法协商、论证、调研、咨询等多元手段。当然,公民有权通过立法联系点、立法机构和政府机构的网站等多种途径随时提出对特定地方立法项目的相关建议、意见。

(1)立法规划阶段应广纳民意

立法规划、计划的形成不是一蹴而就的,更不是"拍脑袋"临时起意,而是结合区域经济社会发展实际,基于社会关注点,为解决地方

---

① 封丽霞."全过程人民民主"的立法之维[J].法学杂志,2022(6):76.

发展中某一或某类问题而确定立法候选题,之后通过多种途径广纳民意、多次论证,直至形成理由充分的调研资料、立法理由书等文本,并经严格程序审议最终通过立法选题,这个过程即为全过程人民民主机制在立法领域的开篇。

(2)法规起草阶段应贯彻民法立法原则要求,汇聚各方意见

地方性法规和规章的起草牵涉利益多,涉及领域广,一般需多部门联动,并广泛听取各方人士意见,方能有效保障立法质量。地方性法规、规章的起草,"由谁起草""怎么起草"这两个基本问题很重要,此即地方性立法的起草主体和具体程序问题。基于高效原则和专业化考量,地方性法规或规章的起草一般由业务部门提出,但这绝不是"闭门造车"。草案起草过程中应当通过召开立法调研会、发布公告等多途径广泛听取意见。具体而言,地方立法实践中,对于已经列入年度立法计划的立法项目,往往由人大牵头组织,由相关实务部门业务人员及法律专家、相关业务专家等共同组成立法工作专班,工作专班成立后通过组织多次、不同级别的立法调研座谈会,汇集各方意见,梳理立法重难点,并经多次讨论审议,直至形成立法草案。

(3)法规审议阶段应在坚守民主立法原则前提下、在充分调研论证基础上审慎为之,最大限度提升立法质量

根据《宪法》《立法法》相关规定,地方性法规最终通过需由地方立法机关按照法定立法程序审议。为了最大限度提高法律案审议质量,立法工作专班应当尽可能提供翔实的立法论证资料、立法调研座谈会议纪要资料、相关调研报告等资料,并随时接受立法机关的问询。此外,应从提高人大代表等立法审议人员的个人素质和立法能力入手,不断提升法律案的审议质量,以最大的诚意立良法,服务基层治理,维护人民群众利益。

（4）备案审查是立法质量的监督保障，法规备案审查阶段应践行民主监督路径

地方性法规、规章的备案审查也被称为"立法回头看"，系法律监督的重要内容，是提高立法质量的关键环节，有助于及时有效发现不合时宜的法规、规章，进而启动修改或废止程序。我国《立法法》对立法文件的备案审查有专门的制度性安排，其中包括特定国家机关及一般社会团体、企业事业组织以及公民对行政法规、地方性法规、自治条例和单行条例的合法性审查的启动，也包含特定中央国家机关、全国人大特定组织机构、代表团、代表或常委会委员联名，运用提案权，提出关于法律修改或废止的法律案。

3. 全过程人民民主立法机制的地方经验

地方立法系我国立法体系的重要组成部分，一直以来坚持立法活动的民主立法、科学立法、依法立法的基本原则。地方立法机关的组成及立法程序，均按照民主立法原则要求广纳民意，一定程度上可以称地方立法一直在践行着全过程人民民主立法机制。随着全过程人民民主理念的提炼升华，地方立法机关在立法实践中应更强化全过程人民民主立法路径。关于全过程人民民主立法机制的具体实践路径，各地进行了诸多有益探索。以浙江省宁波市为例，2022年6月以来，宁波市司法局以"人人都是立法参与者"为导向，探索开展"村民说立法"活动，至今已开展相关活动数十场，数百位村（居）民直接参加，采纳吸收相关立法建议上百条。"村民说立法"活动的具体特色做法有：一是精准选题，关注基层治理"难点"。宁波市司法局联合起草部门、村民代表，聚焦民生关切问题，将《宁波市供水和节约用水条例》《宁波市大运河世界文化遗产保护办法》等多项法规规章纳入工作计划，并特意选择旱季时间节点到象山县高塘岛乡专题调研海岛居民用水，收集整理相关有效意见。二是精心说议，畅通干群沟通"堵点"。系统梳理需由村民说议的事项，设计"接地气"的访谈问卷，

并针对关键性条款进一步优化问题角度。如,在运河沿线村庄征求《宁波市大运河世界文化遗产保护办法》意见时,围绕村民最为关心的补偿问题设计针对性问答,引导村民敞开心扉说议。三是精确闭环,回应群众反映"槽点"。将收集到的上百条群众意见建议进行归纳整理,与相关部门研究协商后形成分类处理意见和采纳情况报告,并将采纳情况通过数智系统、意见反馈会及时回复村民,并对多位积极参与的村民予以表扬。①

此外,宁波市各区县也积极响应市立法机关有关全过程人民民主立法机制要求,除了积极配合"村民说立法"活动外,部分区县也开创了形式多元的"民主说事"路径,典型者如江北区"代表夜聊"活动,该活动已入选 2022 年度浙江省基层单元建设最佳实践。江北区"代表夜聊",发轫于 2017 年 9 月,各级人大代表利用晚上休息时间,主动走进社区、村、企业、学校等选区和代表联络站联系选民,并把老百姓反映的问题督办好。② 当然,"代表夜聊"活动不局限于聊立法,但其中所蕴含的全过程人民民主理念对基层立法颇有参考价值。

(二)完善地方立法监督机制

首先,明确地方立法监督机制的定位。提升地方立法能力,完善相关立法监督机制很重要。行权者必受监督,地方立法活动作为基层社会治理的重要治理方式,系公权机关通过立法手段规范社会经济秩序,当然应在法律监督框架内行使权力。加强地方立法监督,健全地方立法监督机制既是实现良法善治的重要前提,也

---

① 宁波市司法局.宁波市司法局探索开展"村民说立法"活动[EB/OL].(2023-02-23)[2023-07-19]. http://sft.zj.gov.cn/art/2023/2/23/art_1659556_58936603.html.

② 黄合,米兰,周寅.江北"代表夜聊"持续输出擦亮品牌[EB/OL].(2023-01-31)[2023-07-19]. http://www.ningbo.gov.cn/art/2023/1/31/art_1229099763_59449693.html.

是推进地方立法有效实施的重要制度保障。近年来，随着中国特色社会主义法治体系的建设完善，地方立法领域的工作重心由追求立法数量转变为求质求效。加强地方立法监督，健全备案审查制度，可以有效提高地方立法质量，维护宪法、法律的权威地位，确保民众权益顺利实现。有学者提出，需要充分挖掘现有立法监督资源，如可通过提升全国人大常委会法制工作委员会法规备案审查机构的法律地位方式，将其上升为专门的地方立法监督委员会，同时完善地方立法相关监督程序和监督标准，并强化立法权的外部制约监督，增加立法过失责任，建构立法失职行为惩戒机制，以提升立法监督的刚性，维护宪法、法律的权威地位，保障宪法、法律的顺利实施。①

其次，完善地方立法备案审查机制。结合 2023 年《立法法》要求，应完善备案审查机制。②《法治中国建设规划（2020—2025 年）》等文件提出，要建立健全党委、人大常委会、政府、军队等之间的备案审查衔接联动机制；针对法律规定之间不一致、不协调、不适应问题，及时组织清理。党的十八届四中全会提出，加强备案审查制度和能力建设，把所有的规范性文件纳入备案审查范围。党的十九届四中全会提出，加强备案审查能力建设，依法撤销和纠正违宪违法的规范性文件。党的二十大报告提出，完善和加强备案审查制度。中央人大工作会议提出，提高备案审查工作质量，依法纠正、撤销违反宪法法律规定的法规、司法解释和其他规范性文件；进一步加强相关法律

---

① 韩业斌.论我国地方立法监督的困境与出路——基于备案审查制度为中心的考察[J].法学，2022(8)：40.

② 2023 年《立法法》第一百一十一条规定："全国人民代表大会专门委员会、常务委员会工作机构可以对报送备案的行政法规、地方性法规、自治条例和单行条例等进行主动审查，并可以根据需要进行专项审查。国务院备案审查工作机构可以对报送备案的地方性法规、自治条例和单行条例，部门规章和省、自治区、直辖市的人民政府制定的规章进行主动审查，并可以根据需要进行专项审查。"

法规的专项审查和集中清理。① 地方性立法备案审查机制的完善应聚焦于"谁来审查、怎么审查"两个关键问题,既需要立法部门完善备案审查机制的"自立自查",也需要其他部门或第三方组织的"他查",以确保备案审查的公平公正,提升地方立法质量。即地方立法备案审查机制应完善相关机关的联动机制,2023 年《立法法》第一百一十五条对该机制予以明确规定,备案审查机关应当建立健全备案审查衔接联动机制,对应当由其他机关处理的审查要求或者审查建议,及时移送有关机关处理。在《立法法》的有效赋权下,地方立法的备案审查机制俨然已成为一项重要的地方立法监督机制,自 2023 年以来,全国人大常委会对 21745 件规范性文件进行了审查,司法部代表国务院对 4000 余件法规规章进行了审查。② 需要说明的是,完善备案审查机制本质上是为了地方性法规、规章的合法性审查问题,强化地方立法合法性审查工作。针对地方立法容易产生与上位法冲突或存在侵犯公民权利等情形,应强化对地方立法的合法性审查机制。需要指出的是,地方立法合法性审查机制应当贯穿于地方立法活动的始终,如在立法项目规划阶段,应清晰界定地方立法的权属边界;在地方立法具体条文起草过程中,应关注每一个条文的上位法冲突问题;而在立法后评估阶段,也应关注相关立法项目合法性适用问题。关于地方立法合法性审查具体工作机制,浙江省出台的全国首部规范行政合法性审查机制的创新性地方立法《浙江省行政合法性审查工作规定》系重大创新举措,提供了针对地方政府规章开展合法性审查活动的地方经验。当然,从地方立法监督层面看,《浙江省行政合法性审查工作规定》的监督对象主要包括地方政府及相关职能部门制定的行政规范性文件,即《浙江省行政合法性审查工作规定》

① 童卫东.新《立法法》的时代背景与内容解读[J].中国法律评论,2023(2):202.
② 王锴.习近平法治思想有关备案审查的重要论述及其在实践中的展开[J].地方立法研究,2021(3):1-20.

关于地方立法监督范畴仅限于地方政府规章,不包括地方人大出台的地方性法规,但该审查规定所提供的监督思路为地方立法监督机制提供了有益参考。①

最后,完善地方立法监督机制还应有效吸收其他机关和社会公众力量,充分发挥外部监督的作用,多元监督途径形成合力,共同监督地方立法的合法性与合理性,有效助推地方立法质量的提升。地方立法的外部监督既包括行政机关、司法机关等的其他机关监督,也包括人民群众、新闻媒体等的社会监督。第一,可以依靠广大人民群众的力量。随着中国特色社会主义法律体系的基本建成,民众法治意识和法治理念不断提升,民众越来越关注与其利益关切重大的地方立法问题,《杭州市道路交通安全管理条例》曾因市民潘某斌的合法性审查建议进行了相应修改。地方立法监督机制中,依靠广大人民群众力量、听取广大人民群众的意见也是践行全过程人民民主理念的时代需求,设区的市人大常委会在进行法规草案审议时可以组织听证会、论证会,邀请公众参与,各省级人大常委会法制机构也可以在法规草案报批过程中组织公众参与会议。② 第二,可通过构建地方立法的司法审查机制提升地方立法监督的效能,与地方立法的备案审查机制共同形成合力。

(三)完善地方立法人才建设机制

完善地方立法人才建设机制,即完善地方立法专业化人才队伍

---

① 如《浙江省行政合法性审查工作规定》第十三条:"行政规范性文件合法性审查主要包括下列内容:(一)制定主体是否合法;(二)是否符合法定权限;(三)内容是否符合法律、法规、规章和上级行政规范性文件规定;(四)是否存在违法设立行政许可、行政处罚、行政强制、行政征收、行政收费等;(五)是否存在没有法律、法规、规章依据减损公民、法人和其他组织合法权益或者增加其义务的情形;(六)是否存在没有法律、法规、规章依据增加本单位权力或者减少本单位法定职责的情形;(七)程序是否合法;(八)法律、法规、规章和国家规定需要审查的其他内容。"

② 孙季萍,汤唯.我国立法监督制度刍议[J].法学论坛,2001(3):31.

建设。人才是法治建设的基础和保障,不论立法、执法还是司法活动,均应重视专业人才队伍建设问题。关于加强地方立法人才队伍建设的具体路径,可以从培育立法领域的"工匠精神"、完善地方立法培训机制、完善法学教育体系、构建良性沟通交流机制等几个层面完善。

1. 培育立法领域的"工匠精神"

立法是一项十分复杂而又严谨的专业化、系统性的工作,不仅对政治性、技术性和专业性要求很高,而且对立法程序和法理论证都有着严格的规范,因此有必要进一步加强立法专业技能的培养训练,培育立法领域的"工匠精神"。立法者,无论是专职还是兼职,必须具备立法的理论与知识,因为立法不仅是一项工作,更是一门科学、一项技术。① 具体而言,打造立法领域的"工匠精神"可以从以下几个层面进行。其一,地方立法人员组成专业化。立法领域要打造"工匠精神",应明确地方立法人员专业化,专业的事情由专业的人去做。对此,可以参考法院、检察院等司法机关的人员招聘要求,即从事地方立法的人员原则上应通过法考,具备基础法律知识。此外,建议对新入职的立法人员设置1—3年立法助理员实训期,以系统提升相关人员的立法实践能力,之后方可独立承担具体立法项目。其二,地方立法业务聚焦化。原则上,地方立法机关只从事立法相关工作。众所周知,地方治理事务繁多,实践中地方立法机关或多或少会参与除立法以外的诸多其他政府法律事务。对此现象应引起重视,在行业越来越细分的今天,赋予地方立法人员专门从事立法活动的机制很有必要。如此,地方立法人员方可投入更多时间到立法具体事项中,将会极大助推立法质量的提升。其三,尊重地方立法活动的权威性。立法活动的权威性与专业性相伴而生,在立法领域打造"工

---

① 宋方青.立法能力的内涵、构成与提升——以人大立法为视角[J].中外法学,2021(1):176.

匠精神",应尊重立法活动的权威性。在具体立法项目研讨过程中,立法人员应本着审慎认真的态度,出具专业性判断,其他部门及相关人员要尊重立法人员的专业判断。当然,基于人类认识活动的局限性,立法人员出具的意见并非绝对准确,尊重专业判断之余,要明确相应的追责和免责机制。

2. 完善地方立法培训机制

立法活动涵盖法规、规章的"立、改、废"等多个层面的立法事项,地方立法永远只有进行时,需要不断提升立法人员的综合业务能力,完善定期培训机制很有必要。除了对新入职立法部门的人员加强业务培训外,需要构建对全体立法共同体的培训机制。实践中,有关法律规定、立法技术等立法基本技能会不断更新,地方立法工作人员唯有不断学习才能在一定时期内保持较高的立法能力,如地方立法工作人员应加强对 2023 年《立法法》重点修改内容的学习。关于完善地方立法培训机制的具体路径,除了应加强立法规则、技术等基本业务技能培训,还包括定期开展立法活动的相关法理研讨会,通过与相关业务部门对接业务交流、与高校专家学者不断探讨,不断提升地方立法的综合法理思维。此外,全过程人民民主机制下的地方立法调研机制应当常态化,立法调研活动的目的在于发现实践困境,这本身也是一种立法技能的培训。需要指出的是,地方立法培训的对象应涵盖所有立法参与人员,如职能部门法制处或法制科工作人员、司法局立法处工作人员、政府法制办工作人员、地方人大常委会法工委工作人员等,不同立法环节的参与人均应接受定期立法培训,不断提升相关立法技能。

3. 完善法学教育体系

通观我国当下的法学教育课程体系,很少有高校在本科阶段开设有关"立法学"的必修课程,往往只是在法理学或宪法与行政法学课程中简单讲授,学生在校期间很难得到系统的立法学相关知识的学习。学生毕业后若入职立法部门,需要一段时间的学习适应。这说明我国的法学教育机制在提升立法能力层面存在一定的改良空间。为有效提升地方立法质量,建议改良高校法学教育机制,努力创造条件向在校学生传授立法相关实务工作流程。相较于单独开设立法学课程,定期邀请立法实务专家进高校开设实务经验交流讲座更有价值。此外,鉴于地方立法工作是一项实践性极强的实务类工作,立法工作者需要具备法律专业知识、立法技术以及良好的文字功底,培养学生综合法律功底和文字能力很重要,这需要法学院师生共同努力,也需要立法实务专家的有效助力。

4. 构建良性沟通交流机制

构建良性沟通交流机制不仅包括各部门间的沟通,也包括立法机关与高校、律所等其他社会力量的交流。其一,地方立法是一项综合性、协同性的基层治理事项,需多部门共同推进,因此构建良性沟通交流机制很有必要。实践中,地方立法项目的提出及起草往往由具体业务部门提出,在立法草案起草过程中,往往会通过立法调研座谈会方式听取其他部门意见,其他相关部门应予以配合。同时,从地方立法程序看,地方立法草案分为多个阶段,需要立法起草部门、立法审议部门等多部门的有效沟通对接。其二,应构建立法部门与高校的良性沟通交流机制,以有效打通理论和实践的"鸿沟",培育立法人才"后备军"。具体可以通过以下两条路径予以完善:一条途径是鼓励对立法有兴趣的同学前往立法实务部门实习,同时鼓励法学院教师前往立法实务部门挂职实训,便于在校师生全面了解地方立法工作的实务流程。另一条路径是支持立法实务专家前往高校讲学、开设讲座,向学生分享立法实务技巧。讲授的过程本身是对自身知识复盘梳理的过程,对立法人员也是大有裨益的。构建良性沟通交流机制,编制立法专家库很有必要。立法调研、专家论证机制是保障立法科学性、民主性的重要途径,需要编制并完善当地的立法专家库,依托专家的力量增强地方立法能力。术业有专攻,编制立法专家库时应根据专家人才的专业方向精细分组,以便其在对口的立法项目中发挥实际效用。

第三节　地方立法能力提升创新机制

一、区域协同立法助力区域治理

(一)区域协同立法机制的内涵

区域协同立法是落实区域协调发展战略的重要制度路径。党的二十大报告强调,区域协调发展战略是具有全局性意义的重大战略,是党贯彻新发展理念,推进高质量发展和构建新发展格局的重要举措。建立优势互补、高质量发展的区域经济布局,以及以城市群、都市圈为依托的大中小城市协调发展格局,是解决当前发展不平衡不充分问题、促进全体人民共同富裕的重要途径。作为由国家区域协调发展战略催生的一种新型立法机制,区域协同立法是指跨行政区域的若干地方立法主体,为实现区域协调发展的需要,按照各自的立法权限和立法程序,在协商一致的基础上,就跨区域公共事务分别或共同开展立法的活动。①

区域协同立法是近年来地方立法的创新做法,从实践来看,京津冀、长三角已经形成比较成熟的立法协同工作机制,山西、福建、山东、江西、湖北、湖南、广西、云南、贵州、重庆、四川等不少地方也进行了积极探索。中央人大工作会议明确提出,建立健全区域协同立法、流域立法、共同立法工作机制。2022 年修改的《地方组织法》,对区

---

① 王保民,王珺.区域协同立法的工作机制及其优化[J].地方立法研究,2023(3):37.

域协同立法作出了原则规定。2023 年修改《立法法》,不少地方建议总结实践中的成熟经验和做法,对区域协同立法作出规定。因此,为贯彻国家区域协调发展战略和中央人大工作会议精神,适应地方实践需要,2023 年《立法法》正式引入区域协同立法机制,《立法法》第八十三条增加规定:"省、自治区、直辖市和设区的市、自治州的人民代表大会及其常务委员会根据区域协调发展的需要,可以协同制定地方性法规,在本行政区域或者有关区域内实施。""省、自治区、直辖市和设区的市、自治州可以建立区域协同立法工作机制。"①

需要注意的是,区域协同立法机制本身应在《宪法》《立法法》授权的框架内有序开展,要符合依法立法的基本原则要求。区域协同立法机制的性质依然为地方立法范畴,其目的在于协同助力区域治理。根据《立法法》关于地方立法权限的规定,区域协同立法机制的立法事项集中于区域内发展中所面临的环境保护、优化营商环境、历史文化保护等共性问题,而不能随意扩大立法权限干涉中央层面立法事项。同时要看到,区域协同立法机制在本质上是合作立法关系,协同各方往往通过协议方式协同推进某一基层治理事项的立法完善,但区域协同立法主体相互之间本身不具有身份隶属关系,都是平等的立法主体,通过立法事项的协同、立法过程的协同,共同推进区域内某一治理事项的联动式立法治理,助力地方治理现代化。

(二)区域协同立法机制的类型

通观目前实践中有关区域协同立法的相关探索,可归纳为区域协同立法机制主要包括省际协同立法模式、省内市际协同立法模式和复合型区域协同立法模式三种类型。②

---

① 童卫东.新《立法法》的时代背景与内容解读[J].中国法律评论,2023(2):201-202.

② 王保民,王珺.区域协同立法的工作机制及其优化[J].地方立法研究,2023(3):39-42.

1. 省际协同立法模式

顾名思义,省际协同立法模式,是指省、自治区、直辖市等省级地方立法机关在其立法权限范围内,在坚持依法立法原则的基础上,即在不与宪法、法律、行政法规相抵触的前提下,各方通过平等协商沟通,就跨省际的公共事务进行协同立法的活动。省际协同立法模式对于破除省际的行政壁垒,进而促进区域内复杂利益的协调,提高重大、综合性立法事项的立法效率具有重要的保障价值。京津冀和长三角地区的区域协同立法多为省际协同立法模式的典型代表,其中,京津冀地区的协同模式被称为"京津冀协同发展",长三角地区的协同模式被称为"长三角一体化发展",各自区域通过签署框架性合作协议的方式协同推进重点事项的立法。

2. 省内市际协同立法模式

不同于跨省合作的省际协同立法模式,市际协同立法系省内地市级间的合作,实践中多是基于地方经济社会发展等共性问题的需要,由省域内具有立法权的设区的市级立法机关在立法权限范围内,对于跨市域间的城乡建设与管理、生态文明建设、历史文化保护、基层治理等方面的地方立法事项,自发联合开展或在上级立法机关的指导下开展市际协同立法。通常,省内市际协同立法模式中立法调整事务的影响范围较小,突出重要领域和关键领域,具有鲜明的地方特色和问题导向,进一步凸显地方立法的功用和价值。当然,在省内市际协同立法模式中,不同地市间社会经济发展需求是区域协同立法的重要基础。以四川省内市际协同立法为例,为有效贯彻落实成渝地区双城经济圈建设这一国家战略,并基于成都、德阳、眉山、资阳四市地缘相近、经济相通的客观现实,从四市的实际需求出发,以空间治理体系、现代产业体系、公共服务和生活服务、市场和都市圈治理一体化为目标,通过协商论证、专题研究、意见征求等多种方式共同推进协同立法草案的起草工作,各自表决通过《关于加强区域协同立法推动成德眉资同城化更高质量发展的决定》,有效助推区域经济发展。

3. 复合型区域协同立法模式

复合型区域协同立法的特点在于立法主体属于不同法域,开展立法活动需要克服立法权限和立法程序差异的障碍,典型者如粤港澳大湾区立法协同模式。粤港澳大湾区具有"一国两制三法域"的特殊背景,存在特别行政区立法权和广东省地方立法权等复杂的立法权层次划分。特别行政区立法权虽属于地方立法权的范畴,但其本质上属于自治立法权,是基于国家对香港、澳门两个特别行政区法律地位的承认所产生的立法权,较地方立法权而言具有较大的自我意志表达空间。特别行政区自治立法权与地方立法权构成非包含的交叉关系,特别行政区立法权既是地方立法权,也是自治立法权,属于二者的交集部分。但广东省立法权就仅仅是地方立法权,故无法将特别行政区立法和广东省地方立法笼统地归入省际区域协同立法的范畴。粤港澳大湾区的区域协同立法实践在平等协商的基础上,形成了"多中心、准一体化"的区域协同立法模式。

(三)区域协同立法工作机制

共同富裕时代背景下,区域协同立法机制在统筹区域经济发展、落实国家区域协调发展战略等方面提供基础法治保障。随着《立法法》对该立法机制的正式赋权,应进一步完善优化区域协同立法的工作机制,具体可以从共同协商机制、信息共享机制、立法技术协同机制等几个方面予以完善。

1. 共同协商机制

区域协同立法机制的精髓在于"协同",如何有效"协同"直接关乎立法质量,也是区域协同立法能力的基本要求。"协同"的本质是沟通协商,因此在区域协同立法中,构建良性的共同协商机制很关键。实践中,部分区域进行了有益探索,如京津冀地区通过"人大协同立法工作座谈会"的方式集中讨论区域协同立法工作中的专门性议题并梳理汇总理论实践成果;长三角地区则是通过"协同立法联席会议"推动区域协同,讨论和部署年度立法项目,确定协作工作思路,拟定立法协作议题。共同协商模式的成败关键在于利益平衡。共同协商模式并不能创设利益,其最重要的作用在于平衡利益,并通过构建相关制度规范对衡平后的利益进行确认,通过制度规范实施来维护其所确认的利益。如 2020 年,京津冀三地同步起草、同步修改、同步通过、同步实施《机动车和非道路移动机械排放污染防治条例》,有效平衡各方利益,建立了机动车和非道路移动机械排放污染联合防治协调机制、机动车和非道路移动机械排放检验数据共享机制等制度机制,实现了三地条例主要制度机制的一致性、协同性和融合性。①

2. 信息共享机制

立法具有高度的信息依赖性,区域协同立法的成败在很大程度上取决于立法信息的质量和完整性。在立法准备和立法完善阶段,立法信息共享有利于破除区域协同立法主体间的信息不对称,整合配置区域间立法资源,减少区域间立法冲突,提高协同立法效率。区域各方应当不断建立健全区域协同立法信息公开共享机制,有效打破信息"壁垒",提高区域协同立法的工作质量和效率。首先,要更新理念,强化信息共享能力。具体而言,需不断加强地方立法机关信息公开共享培训工作,使其认识到立法信息公开共享的重要性,明确立法信息公开共享是其法定义务,同时使其掌握立法信息公开共享所需的现代信息技术,不断提升立法信息公开共享的服务能力。其次,要充分借助现代信息技术,统筹现有人大、政府、起草单位各自分散

---

① 朱最新.区域协同立法的运行模式与制度保障[J].政法论丛,2022(4):146.

的立法信息资源,完善现有地方立法数据库建设,将立法过程中有关立项、起草、征求意见、审议等情况的所有资料,除依法不予公开或不予上网的外,全部纳入地方立法数据库并向社会公开,形成透明、完备、统一的立法信息管理体系。最后,应建立地方立法机关与地方立法数据库的无缝链接,简化区域立法信息公开共享流程,增强地方立法机关及相关单位间立法信息共享和互联互动,从而实现区域立法信息公开共享的及时、高效、精准、全面和智慧化。

3. 立法技术协同机制

以大数据为代表的信息技术有效赋能地方立法实践。区域协同立法工作开展中,不同地区间应建立良性的立法技术协同机制,以推进区域协同立法工作高效开展。立法技术协同机制的具体路径可以从以下三个方面展开:一是完善立法人员共同培训机制。推进全面依法治国,建设一支高素质的法治工作队伍至关重要。在区域协调发展战略中,法治工作队伍建设为区域协同立法提供了人才保障。面对创新性的立法问题和复杂的区域实践情况,依靠"单兵作战"式的立法人才培训难以适应区域协同立法的专业性与经验性要求,需通过不同地区立法人才队伍间的联合培训、访学交流、专题研讨等途径,促进区域立法人才队伍"地方性知识"的交流互补和工作本领的提升。二是探索地方性法规协同清理机制。整个区域内法律体系的协调融贯性是区域协同立法的法治保障与实施基础,这就有赖于法规清理来实现。在区域协同立法工作开展前,首先需要对各地区的地方立法进行预清理,确保地方立法的科学性与系统性,为区域协同立法准备条件。对于已经通过的协同立法成果,需开展与之相配套的协同清理工作。① 三是完善区域协同立法后评估机制。区域协同立法后评估是对区域协同立法的回溯性考察和分析,有助于及时发

---

① 王保民,王珺.区域协同立法的工作机制及其优化[J].地方立法研究,2023(3):47.

现区域协同立法和区域行政执法中存在的问题,有助于提高区域协同立法的实效,促进区域法治进步,更好地实现区域协调发展。有学者提出,应当根据立法后评估的功能定位,按照评估主体、对象、标准、方法和程序等五大构成要素建立健全区域协同立法后评估机制。

二、"小切口"立法提升地方治理效能

习近平总书记强调,要研究丰富立法形式,可以搞一些"大块头",也要搞一些"小快灵",增强立法的针对性、适用性、可操作性。[①]地方小切口立法顺应地方治理需求,具有强烈的问题意识,凭借其"小快灵"的特质,提升了地方立法的治理效能,为探索符合国家治理体系和治理能力现代化要求的立法形式指明了方向。

(一)地方小切口立法的内涵

地方小切口立法,是指地方立法机关选取地方治理中迫切需要解决的问题作为立法的切入口,以精细化的立法方式、布局合理的立法结构,以及切实可行的方案措施,来提升地方立法的针对性、操作性、适用性的立法形式。相比于中央立法形式,地方小切口立法具有聚焦问题、精简高效、务实管用的优势,不仅为地方治理提供了精细化的制度方案,而且拓展了法律体系的广度与深度,为完善中国特色社会主义法律体系贡献了地方经验。[②]

地方小切口立法的基本特色在于"小而精"。首先,地方小切口立法选题小。基于文义理解,地方小切口立法以小问题为切入点,致力于解决地方治理实践中某一细分小问题,更具实效性,更能彰显地

---

① 习近平:坚定不移走中国特色社会主义法治道路 为全面建设社会主义现代化国家提供有力法治保障[EB/OL].(2021-02-28)[2023-07-20].https://www.gov.cn/xinwen/2021-02/28/content_5589323.htm.

② 杨铜铜.地方小切口立法的形式主义困境及其破解[J].学术界,2022(10):149-150.

方立法的地域性、聚焦地方特色。相较于大而全的中央层面立法或地方综合性立法,地方小切口立法选题小,适用范围小,解决问题更聚焦,将有限的立法资源聚焦在关键问题上,治理效果更佳,典型者如《北京市小规模食品生产经营管理规定》《广州市社会急救医疗管理条例》等。其次,地方小切口立法体例精。不同于具备"大而全"体例结构的综合性立法,地方小切口立法的问题导向性决定了其体例结构可以更加灵活,一般采用条文数量较少、直击问题的简易式立法体例。这意味着,地方小切口立法一般只需列明立法目的、调整范围、主要措施等关键性条款即可,从而减少"穿靴戴帽"条款、准用条款、"重复上位法条款"等非核心条款。[①]

地方小切口立法的价值底色是以问题为导向,提升地方立法的治理效能。不论是选题还是内容,地方小切口立法以解决实践中某一突出问题为出发点,恪守问题导向思维,突出地方立法的实践效能,关注地方立法在基层社会治理中的治理效能。一般而言,中央层面立法或地方综合性立法往往关注概念和体系的完整,习惯于采取"提取公因式"方式归纳较为综合或抽象的概念,以涵射解决调整范围内的所有问题,典型者如《民法典》所提炼的"民事法律行为"理论。正是综合性立法这一高度概括甚至抽象的特点,使得其在解决地方某一具体争议问题上效能低下。以问题为导向的地方小切口立法恰恰可以弥补综合性立法的不足,更关注解决问题的实效性,提升地方治理效能,有效解决基层法治治理"最后一公里"问题,为培养基层治理法治思维、增强基层治理法治化贡献法治力量。

(二)地方小切口立法的困境

近年来,各地对地方小切口立法呈现出不同程度的重视,地方小切口立法也呈百花齐放之势。然而,实践中,地方小切口立法陷入了

---

① 李振宁.简论地方"小切口"立法的内涵特征[J].人大研究,2019(5):10-11.

形式主义困境,即只注重外部形式而忽视实质内容、注重行为过程而不注重实际效果,以至于立法的态度、方法和表现脱离实际需要。① 具体表现在立法选题的随意性、立法内容的扩张性以及立法体例精简化不足三个方面。

1. 地方小切口立法选题的随意性

地方小切口立法选题小而精,但不意味着任何选题都适宜开展小切口立法,地方立法应保持适度的谦抑与克制。实践中,部分地方立法机关为了契合小切口立法热潮,或为打造政绩,或为标榜立新,投入大量立法资源涌入小切口立法领域,地方小切口立法在选题上体现了一定程度的随意性倾向。其一,过多介入非必须用法律调整的生活领域。众所周知,法律只是调整社会关系的一种规范,除法律外,还有道德、宗教、村规民约等其他自律性社会规范,法律非但不能取代这些社会规范和控制手段,相反需要这些社会规范和控制手段弥补其缺陷与局限性。② 如《山西省禁止公共场所随地吐痰的规定》关于对公共场所吐痰行为的规制恰当性值得商榷。"不得随地吐痰""不得随地大小便"等本属于公民的基本道德义务,通过适当的城市文明宣传方式予以倡导促进即可,但若通过立法介入,其立法规制的适当性、强制性问题值得进一步思考,难免有过度侵入社会空间之虞。其二,重复性立法,浪费立法资源。地方小切口立法在选题时应综合考虑与上位法及其他相关地方立法间的关系,若某一选题本身已有相关地方立法予以规制,则一般无需"画蛇添足"再行小切口立法。还是以"随地吐痰"这一话题为例,早在 2017 年,山西省人大常委会出台了《山西省城乡环境综合治理条例》,该条例第三十二条对影响环境卫生的随地吐痰、乱扔果屑等行为予以原则性禁止,再行制

---

① 封丽霞.地方立法的形式主义困境与出路[J].地方立法研究,2021(6):65.
② 黄文艺.谦抑、民主、责任与法治——对中国立法理念的重思[J].政法论丛,2012(2):5.

定所谓"小切口"的《山西省禁止公共场所随地吐痰的规定》实为没有必要。又如,关于餐饮服务人员佩戴口罩问题,中央层面的立法《餐饮服务食品安全操作规范》已有相关规定,地方性立法原则上无需对此单独立法,河南省和河北省却先后出台了有关餐饮服务人员佩戴口罩的地方性法规,其适格性也是值得商榷。

2. 地方小切口立法内容的扩张性

地方小切口立法的立法内容往往聚焦解决某一类实践中的突出问题,原则上不宜过于宽泛或延伸过多,否则很难称为"小切口"立法。然而当前实践中,部分地区为契合小切口立法的形式特征,不惜在立法内容上别出心裁,突破立法事项的限制,导致法治在纵向上的不统一;部分地区为了消除立法抄袭、立法模仿的印记,刻板地突出地方特色,不惜就同一立法事项规定不同的内容,导致法治在横向上的不平等。① 如广州市人大常委会出台的《广州市母乳喂养促进条例》,致力于解决实践中有关母乳喂养知识欠缺、公共母婴设施不足等问题,立法者希冀通过该条例由"小切口"实现"大纵深"。② 此外,诸如《黄山市文明行为促进条例》等所谓"小切口"促进型立法,实际上涵盖了社会生活的方方面面,导致立法内容存在不同程度的扩张性,不利于法律秩序的统一,给基层社会治理带来的正向激励作用不足,严重者将会给立法公信力带来不利影响。

3. 地方小切口立法体例精简化不足

地方小切口立法在体例结构方面也以精简为原则,不需完备的立法体例结构,条文数量不宜过多,一般不需设置章节。实践中,部分地区的地方小切口立法以小切口为名,行综合立法之实。如,为有效防治扬尘污染,江门市出台了定向小切口立法《江门市扬尘污染防治条例》,但该条例的体例结构十分复杂,竟有 5 章 41 条,俨然是一

---

① 杨铜铜.地方小切口立法的形式主义困境及其破解[J].学术界,2022(10):154.
② 陈宁,肖宝玭.广州"小切口"立法初探[J].人大研究,2020(6):10.

部综合性立法；又如，为规范停车场建设问题，郑州市出台小切口立法《郑州市停车场建设管理条例》，采取了包含总则、分则、附则式的完整立法结构体例，共计 8 章 53 条，数量庞杂的条文结构，实不符合小切口立法体例精简的要求。此外，地方小切口立法体例精简化不足还体现在部分地区的小切口立法存在条款设置过于简约粗糙的情形，如《山西省禁止公共场所随地吐痰的规定》关于公共场所的界定较为粗放，容易招致争议。

（三）地方小切口立法的优化

针对实践中地方小切口立法存在的诸多困境，应基于地方小切口立法的内涵要求，本着审慎立法的原则，从选题到内容再到结构体例进行系统重构地方小切口立法的理念。

1. 完善地方小切口立法的选题机制

立法选题一般在立法规划或准备阶段，是地方立法的首道门槛，决定着立法质量，是地方立法能力最直观体现，应审慎对待。其一，应贯彻审慎立法理念。"立法，即以审慎刻意的方式制定法律，已被论者确当地描述为人类所有发明中充满了最严重后果的发明之一，其影响甚至比火的发现和火药的发明还要深远。"①立法者在拟定立法计划设置立法选题时，应全面评估相关项目的可行性和必要性，有节制地开展地方小切口立法活动。其二，充分尊重社会自治，其他社会规范足以调整时，不轻易采取立法手段。在立法选题阶段，树立审慎立法理念，要清晰认识到法只是众多社会关系调整手段中的一种。除了法，道德、纪律、宗教等其他社会规范对社会关系调节也发挥着巨大效用，当其他社会规范足以调整某一社会关系时，原则上不需启动立法。只有当其他社会调整手段不能有效调整社会关系时，才能

---

① ［美］弗里德利希·冯·哈耶克.法律、立法与自由（第1卷）［M］.邓正来，等译.北京：中国大百科全书出版社，2000：113.

立法加以调整。立法者既要有所为,该立的法必须立,同时也要有所不为,不该立的法坚决不立。①

2.明晰地方小切口立法的内容方向

如前所述,地方小切口立法在立法内容层面应当以问题为导向,针对某一问题提供务实性解决方案,内容精简,凸显实效性。实践中,部分地方小切口立法广受争议的原因即在于其立法内容存在与其他普通立法不分、实效性不明显的弊病,亟须更正。明晰地方小切口立法的内容方向,首先要明晰其立法权限。地方小切口立法在本质上是地方立法,应当在地方立法权限范围内行使立法权,坚持依法立法。即,地方小切口立法强调以问题为导向,作为整体法秩序的组成部分,应遵守法秩序统一性原则,不得"抵触"中央立法。其次,要聚焦地方特色,服务地方发展,这也是地方立法之使命所在。作为地方立法的有机组成部分,地方小切口立法的立法事项主要聚焦于城乡建设与管理、历史文化保护、生态文明建设、基层治理等领域,因此在立法内容上要突出地域特色,聚焦并解决地方治理中的"真问题",有效助力地方发展。

3.精简地方小切口立法的结构体例

作为地方立法未来的发展方向,地方小切口立法蕴含着一种对立法精细化的追求,其不仅体现在立法选题的精准化选择、立法内容的精细化安排,还体现在立法体例的精简化设置上。精简化的体例结构便于执法者与公众解读、执行与遵守,符合小切口立法"少而精""小快灵"的特质,亦是提升地方立法可操作性与实效性的关键。② 关于地方小切口立法的结构体例的精简方案,可以从以

---

① 黄文艺.谦抑、民主、责任与法治——对中国立法理念的重思[J].政法论丛,2012(2):4.

② 杨铜铜.地方小切口立法的形式主义困境及其破解[J].学术界,2022(10):162-163.

下两点开展：一是不刻意追求结构体系完备。不同于中央层面立法或地方综合性立法，地方小切口立法选题小，聚焦于解决某一具体问题，原则上不需要立法体例的完备，且原则上条款数目不宜过多。需要说明的是，地方小切口立法不刻意追求体系完备，并不意味着条文间没有逻辑、杂乱无序。地方小切口立法依然要遵循基本的立法逻辑，运用专业立法技术解决某一实践问题。二是可适当删除原则性、非实质性条款。地方小切口立法以实效为导向，综合立法中较为常见的宽泛的原则性条款、非实质性条款可予以舍弃，进一步凸显聚焦问题解决的务实性条款。有学者指出，从地方立法实践来看，可以从以下三个方面来把握：其一，不盲目追求"结构的完整"。地方立法的地位和性质决定了它的主要任务是对国家立法的拾遗补阙，即对上位法没有规定到的予以补充，对上位法规定得比较原则抽象的内容加以细化，简单地说就是缺什么就补什么，需要什么就规定什么。表现在文本框架形式上，呈现"点"的特征，而不是"面"和"线"的特征。其二，不设无实质性规范内容的条款。法律规范是对人的行为方式和标准的确立，是对权利义务的调整。这是法律规范的基本特征，也是立法的意义所在。如果制定的法规没有实质性的规范内容，即对人们的行为起不到规范和调整的作用，也就称不上"立法"的本义了。其三，不重复上位法的条文。创制规范是地方立法的实际价值所在，重复上位法使地方立法的价值归于零。不仅如此，重复上位法的习惯还会助长地方立法机关的惰性，制约地方立法的创新。[①]

三、数字法治赋能地方立法实践

得益于科学技术的日新月异，特别是近年来随着移动互联网、物

---

① 丁祖年,栗丹.地方立法精细化的内涵与路径[J].地方立法研究,2020(4):23-24.

联网、区块链等大数据技术的发展进步，人们生活发生巨大变化，已然进入数字化时代。在法学研究和实践领域，数字法治成为各界关注度高的热词，数字政府建设、数字检察机制等数字法治建设最新样态在实践中被广泛关注。数字法治深刻影响着立法、执法、司法等法治建设各环节，数字化立法机制当然包含其中。作为立法体系的重要组成及基层治理的重要方式，地方立法也应顺应数字化时代潮流，有效借助信息技术的力量，完善地方立法信息化平台建设，构建大数据技术对地方立法的规划、起草、论证机制，全方位提升地方立法效能，助推基层治理现代化、高效化。

（一）数字法治助推科学立法

《法治中国建设规划（2020—2025 年）》明确提出"智慧法治"建设要求："健全法治政府建设科技保障体系，全面建设数字法治政府。"借助于大数据等最新技术，数字法治具有便捷高效、精准智慧等特征，有利于相关决策人员更精准地把握法治运行规律，助力提升法治建设实践效果，对中国特色社会主义法治体系的建设与发展发挥巨大功用。数字法治是以数字化技术为支撑的法治新形态，其核心元素是数据，实质内容是大数据法治。数字法治具体表现为立法、执法、司法、守法各方面综合集成的场景应用。作为法治建设的重要环节，数字法治建设深刻影响着地方立法活动。需要注意的是，立法模式有封闭型立法和开放型立法之分。不同于传统封闭型立法模式，数字化时代的地方立法为开放型立法①，大数据信息科技有效赋能地方立法活动全流程，如立法规划、立法起草、立法评估等地方立法各环节均可借助数字化手段吸收海量立法信息，并经过大数据技术的分析评判，有效助推地方立法的科学性。

---

① 钱弘道，康兰平，申辉.数字法治的基本原理和实践进路[J].浙江大学学报（人文社会科学版），2022（9）：5-13.

　　进而言之,数字法治框架下的开放型立法是预测性立法。借助大数据等信息技术的有效分析,开放型立法机制能够在最大限度内实现地方立法的理性和立法目标的精准预测性。具体而言,借助于大数据分析技术,地方立法机关能够有效评估过往立法成效、有效测算立法成本、有效评估立法实施效果,并可有效预测未来的立法需求,为地方立法决策提供较为直观且理性的参考性方案。众所周知,传统地方立法大多通过规范分析、文本分析或比较分析方法开展相关工作,存在对实践层面定量分析不足的天然弊端,致使出台的部分地方立法在目标定位层面存在模糊的情况,不能有效解决实践困境,进而使得地方立法的实施效果大打折扣,这在一定程度上对地方立法的公信力产生不良影响,而基于大数据技术的开放型地方立法机制,通过集成线上立法调研成果,更广泛听取公众意见,并通过大数据技术归集、分析过往立法条文数据,通过量化的方式分析实践困境,为地方立法的修订完善提供有价值的解决方案,有效提升地方立法质量。有学者指出,随着信息技术的迅速发展及立法能力的不断提升,大数据技术的应用将使预测性立法成为新常态。①

　　总之,数字化时代背景下,数字法治建设正当时,数字法治建设要求地方立法践行开放型立法模式,充分发挥大数据对地方立法的积极效用。开放型立法框架下,以大数据为代表的信息技术助推地方立法预测的科学性和准确性大幅提升,进一步推动地方立法的科学化和民主化,进而有效提升地方立法效能,助推基层治理实现数字化转型和现代化飞跃。

(二)数字法治在地方立法中的应用

　　数字法治贯穿地方立法活动全流程,立法调研、立法起草乃至立

---

① 钱弘道,康兰平,申辉.数字法治的基本原理和实践进路[J].浙江大学学报(人文社会科学版),2022(9):13.

法后评估等机制均可有效借助数字化手段,有效提升地方立法效能。首先,地方立法调研阶段,可借助立法意见征集应用广泛听取民意。为有效贯彻全过程人民民主立法路径,广泛听取民众对立法项目的意见很重要,也是提高地方立法质量的有效途径。关于地方立法调研中的意见征集途径,除了开展针对特定业务部门或业务单位的现场调研活动外,通过研发特定立法意见征集系统方式征集民众意见很有必要,该方案除了大幅度提升立法意见征集的广度和深度外,也极大地便捷民众有效参与立法活动,可谓"事半功倍"。实践中,不同地区的立法机关开展了诸多有益探索,如宁波市司法局开发的"一起立法"意见征集系统即是例证。其次,地方立法起草阶段,借助相关应用系统可实现工作效率大幅提升。地方立法起草过程中,面临繁杂的上位法及其他地区参考性立法条文,诸如如何高效筛选价值大的参考性立法条文、如何有效开展"不违反上位法"合法性审查等具体立法事项是摆在每位立法人员面前的难题。对此,基于大数据技术的地方立法起草应用平台提供有效破解之路。在一定指令设置下,地方立法起草应用可参与有效组织构建基本立法文本、有效检测文本错别字、有效核查"合法性冲突"问题、有效设置文本格式等基础性工作,节省立法人员大量工作时间,提升立法效率。最后,地方立法评估阶段,特定的评估系统应用可更精准评判地方立法实施成效。有效的立法监督评估是评估立法实施质效的重要方式,也是提升立法质量的重要环节。传统的立法实施效果评估具有随机性、形式化等弊端,借助大数据技术,研发打造针对性的立法实施效果评估系统可有效改善此问题,助推地方立法评估常态化、高效化。

值得关注的是,数据是数字化建设的基础资源和保障,在开展相关地方立法数字化平台建设过程中,需要健全立法、行政、司法等机关的信息共享机制,全面融入开放包容的"公共/政府"数据共享平台,有助于各机关协作打通"数据孤岛"。即数字法治建设视域的地方立法活动,更需要各部门各机关的密切配合,将零散的"数据调取"方式调整为整体的"数据流通"方式,有序实现相关立法事项信息的自动对接获取与智能挖掘分析。不可避免的是,在推动立法、执法、司法部门大数据协同办案的转型过程中,可能遭遇源自法律和技术方面的一些障碍,应根据不同情况作出相应处理。如,对于政法系统各条线的信息化建设平台保密登记不一致问题,可以考虑通过修法及法律解释来调整保密登记,也可以考虑从技术上设立沟通不同保密要求的政法办案大平台。[①]

(三)数字法治在地方立法中的限度

数字化是把双刃剑,以大数据为代表的数字技术在极大便利立法、执法、司法等法治建设之余,也会面临数据安全、数据滥用等法律风险。在认识到数字法治对地方立法的重要价值之余,对其产生的相关风险也应引起重视。对地方立法活动而言,数字法治有效提升地方立法质效,但数字法治不是万能的,其在地方立法中的运用应保持在一定限度内。数字化时代的地方立法活动应践行正当程序理念,应以坚守人权保障、数字正义等法治价值为己任。

首先,数字法治不能突破地方立法的正当程序。以大数据技术为依托的数字立法机制有效提升立法效率,但绝不能简化立法程序,即数字法治下的地方立法活动依然应当遵循基本的立法程序要求,践行程序正义理念。作为规范化的基层治理方式,地方立法活动具有严格程序要求,立法项目的确立、立法意见征集、立法项目起草论证、立法草案通过程序、立法后评估程序等地方立法全流程活动均应在《立法法》所确立的立法程序框架内进行。

其次,数字法治下的地方立法不能侵犯公民合法权益。作为中

---

① 姜昕,刘品新,翁跃强,等.检察大数据赋能法律监督三人谈[J].人民检察,2022(5):42.

国特色社会主义法治体系建设的重要环节,地方立法在助推基层治理现代化等层面发挥重要功用。但要清醒地认识到,地方立法的核心目的在于通过规则化方案有效解决基层治理难题,进而维护最广大人民群众的利益。因此,地方立法应践行立法为民的理念。数字法治框架下,地方立法会通过多元途径汇聚基层治理数据,其中不乏大量民众敏感信息。对此类问题,地方立法机关及有关组织应秉持民众利益最大化理念,采取合理方式保护民众个人信息,避免因地方立法活动侵犯民众合法权益的事件发生。

最后,数字法治地方立法应用系统的开发应秉持审慎理念,维护数字正义。数字法治时代,大数据既是立法手段,也是重要的立法资源。大数据对基础信息的有效汇集和合理分析需借助科学的系统平台,地方立法活动亦然,各地对地方立法应用系统的开发即是认识到了平台应用的重要性。但要注意的是,开发地方立法数字化应用平台的目标在于提升地方立法质效。在应用系统开发过程中,地方立法机关应当对系统各板块栏目开展充分分析论证,秉持审慎开发的理念,精细论证相关系统平台的必要性和可行性。此外,要看到,公平正义是人类自古以来的美好追求,也是现代法治的核心价值。数字法治建设视域下,地方立法应致力于维护数字正义价值。一方面,要确立数字法治思维、秉持数字法治方式,有效克服技术主义、工具主义、功利主义观念,防止权力技术化和技术权力化的异化现象,从而坚持"以人为本",让数字技术服务于人、造福于民众,而不是成为钳制百姓、强力"维稳"或者"装饰"政绩、腐败牟利的工具;另一方面,要真正落实"共建共治共享"原则,建立数字时代的执法权力运行机制和管理监督制约体系,切实保障数字公民权利,让数字正义保护百姓,让可视正义进入人心。[1]

数字法治有效赋能地方立法,数字法治下的地方立法本质上是

---

① 马长山.数字法治政府的机制再造[J].政治与法律,2022(11):27-28.

一种数智治理方式,应保持在一定限度内。正如有学者所提出的,以大数据技术为依托的数智治理在形式上是一种技术与人文融会贯通的治理创新,而在本质上则是一个从现代主义迈向超现代主义的重大历史变革,是从"物理世界"迈向"数字世界"的深刻转型,是人类社会治理形态的数字转型与迭代升级。但是,数智治理也衍生了权力技术化、技术权力化、限缩社会参与、逃避法律规制和技术理性蔓延等严重问题,为此,必须把数智治理纳入数字法治框架来推进和完善。只有这样,才能有效化解数智治理的法治悖论,实现数字时代赋予数智治理的重大使命。① 人类文明的数字化、智慧化发展势不可挡,数字法治建设正当其时,任重道远。地方立法数字化转型不仅要强调以数字技术推动地方立法模式转变、提高地方立法的质效,更应始终坚持传承性、法治性、数字性和未来性面向,从容应对数字法治建设产生的理念、组织、程序和技术等各方面的挑战,建立与数字时代相适应、以法治为内核的地方立法机制。新时代数字法治建设中,地方立法应当积极回应数字化改革带来的新问题,吸收数字法治建设的新价值理念,构建公开、透明、参与的数字治理规则,适时搭建数字地方立法框架,确保以法治规训驾驭数字技术,实现科技向善、数字为民、立法正义的法治价值,在中国式法治现代化和国家治理体系、治理能力现代化的征途中,做出地方立法的应有贡献。

① 马长山.数智治理的法治悖论[J].东方法学,2022(4):74.

第二章

基层综合行政执法改革推进

第一节　基层综合行政执法改革概述

一、"大综合一体化"改革基础要素分析

(一)改革推行有着全面系统的顶层设计

第一,"大综合一体化"改革有着明确的指导思想。改革高举习近平新时代中国特色社会主义思想伟大旗帜,全面贯彻落实党的二十届三中全会精神,坚持和加强党的全面领导,根据中央和省的统一部署,以推动行政执法权力下放、重心下移和基层行政执法力量整合为主要内容,通过在乡镇(街道)实行相对集中的综合行政执法工作,加快建立权责一致、权威高效的行政执法体制,切实增强基层政府治理能力和社会管理水平。推进"大综合一体化"行政执法改革是以习近平同志为核心的党中央赋予浙江的重大政治责任,既是浙江建设

法治中国示范区的关键抓手,也是推进高质量发展建设共同富裕示范区的标志性成果。

第二,"大综合一体化"改革有着明确的基本原则。改革坚持问题导向、精简效能。围绕如何破解基层执法主体多、执法力量散、执法扯皮等突出问题,加大体制机制创新,通过整合执法力量,优化资源配置,减少执法层级,落实执法责任,尽快建立精简效能、权责一致的基层综合行政执法工作体制。改革坚持先试先行、突出特色。按照国家和省明确的改革方向,在实现目标的具体路径、方式、措施上边做边改边探索,加快试点推进。紧密结合实际,立足所在乡镇(街道)的实际情况和需求,强化综合行政执法能力。改革坚持因地制宜、积极稳妥。将基层发展频率较高、与人民群众日常生活关系紧密的执法事项下放到基层人民政府行使,实现"一线执法、一门执法"。科学安排改革步骤,合理把握权力整合下放的步调,成熟一批实施一批,并稳妥做好编制和人员划转工作。

第三,改革有着明确的主要任务。根据浙江省综合行政执法办公室《执法权下沉乡镇(街道)试点方案》,以条件相对成熟的乡镇(街道)为试点,开展相对集中的综合行政执法工作,实现基层一支队伍管执法。一是结合所在乡镇(街道)的实际情况,确定改革实施范围。以方便基层、方便企业、方便群众为出发点,按照"能放尽放、放管结合"的要求,将城乡管理、社会管理、公安管理、生态保护、民生事业等领域的部分区级行政执法权力下放到基层。各领域下放具体执法事项,根据"接得住、管得好"的要求,由区级主管部门与基层对接协商后确定。后续根据实际需要,对具体事项作适当调整。二是做好机构设置和人员配置工作。按照"精简、统一、效能"原则,整合区级和基层的综合行政执法力量。在不突破现有人员编制限额的前提下,由各地区委编办统筹调剂基层综合行政执法人员编制。根据"人随事走"原则,依据省政府确定的方案,将县(区)级执法人员和编制划转至基层。县(区)级主管部门执法职能整合到乡镇（街道）的综合行政执法队伍后原则上不再在乡镇（街道）设置基层执法队伍。已经设置的,由相应编办予以核销。三是建立健全运行模式和工作机制。改革后的基层综合行政执法队伍在基层党委、政府的领导下,以基层政府的名义,相对独立地开展综合行政执法工作,并接受县（区）综合行政执法局和县（区）级主管部门的指导、监督,按照法律规定相对集中行使行政处罚权及相关的行政监督检查权、行政强制权,承担与之相关的行政责任和法律责任。其中,其具体行政行为的复议受理机关为县（区）人民政府。县（区）综合行政执法局和相关业务主管部门不再行使确定转入基层的相关行政执法权。相关主管部门设在乡镇（街道）的站、所,纳入基层综合行政执法平台,由乡镇（街道）统一指挥协调并负责工作考核,其主要负责人的任免要征求乡镇（街道）党委意见。

第四,改革有着明确的工作机制。一是建立协调配合机制。立足基层现有基础,加强乡镇（街道）智慧城市管理建设,实现市、县（区）、乡镇（街道）三级平台资源共享、信息共享。要厘清综合行政执法的职责边界,明确综合行政执法所需要的相关部门和机构之间的执法协助、技术支持、业务培训和案件移送等方面的协作配合。乡镇（街道）在行使相关执法权时,需要相关县（区）级主管部门提供检测、检验、认定、鉴定的,相关县（区）级主管部门应当及时提供。涉及跨区域部门重大案件时,基层人民政府可提供相关主管部门牵头查办或移交主管部门立案查办。二是建立执法保障机制,加强基础保障。根据省、市综合行政执法工作规范建设要求,按照标准配置和落实综合执法队伍的办公场所、通信工具、执法车辆和各类执法技术装备,统一标志标识和执法服装,加强日常使用管理。加强执法经费保障,按县（区）政府与基层确定的现行财政管理体制及相关政策规定进行落实。其中,相关主管部门划转人员经费由县（区）财政保障,根据财权与事权相匹配的原则,按照财政管理体制等有关要求落实。严格实行罚缴分离和收支两条线管理制度,行政处罚中收缴的罚款、没收所得和没收财物拍卖所得,应当全额上缴国库。加强执法保障,县(区)公安局要落实专职人员进驻基层综合执法大队,及时联系公安派出机构保障执法活动,依法处理妨碍公务的各类违法行为。三是建立责任追究机制。要公开基层综合行政执法的权力事项清单和举报投诉电话,接受社会监督。以基层人民政府为责任主体,细化执法管理内容,量化绩效考核指标,硬化责任追究措施,压实队伍建设管理和行政执法责任,严格落实行政执法全过程记录制度,实现全程留痕可查看、可追溯、可追责。县(区)纪委(监委)、作风办、督查室和相关业务主管部门要根据各自职责,加强综合行政执法和队伍建设管理的工作检查、法制培训、业务指导、问题督办和执法监督,确保其规范执法、履职到位。

第五,改革推进有着明确的工作要求。一是统一思想,提高认识。推进基层综合行政执法改革并逐步实现一支队伍管执法,是党中央建构简约高效基层服务管理体制的部署要求。各相关业务主管部门和基层人民政府务必提高政治站位,提高思想认识,在县(区)政府的统一领导下,与省综合行政执法指导办公室保持步调一致,以先试先行、快速推进为要求,紧扣时间节点,紧抓工作落实,圆满完成基层综合行政执法体制改革工作。二是建立组织,加强领导。建立基层综合行政执法体制改革工作领导小组,主要负责基层综合行政执法体制改革的组织领导、统筹协调、监督指导等工作。具体工作由县(区)改革办和编办牵头,其他成员单位配合实施。三是严肃纪律,周密实施。相关业务主管部门要按照各自职责,认真履行,严禁在行政执法体制改革期间超编进人、超职数配备干部、突击提拔干部以及出现"管理缺位、工作断档"等问题。要坚持勤俭节约,反对铺张浪费,切实防止国有资产流失或办公设施、设备超标配置等现象。对违反规定的,要坚决制止,严肃查处。

各相关业务主管部门和基层人民政府要落实分管领导,建立工作专班,结合各自职责,根据省政府的部署,认真、细致、周密、严谨地落实改革方案,力争"大综合一体化"综合执法改革平稳、有序、顺畅实施。

(二)改革推行是中央和省长期谋划和实践基础上的决策

浙江省"大综合一体化"基层综合行政执法改革是在中央和浙江省多年来出台的大量法律、法规和政策的实践基础上有计划有步骤推行的改革措施。表2-1是笔者制作的中央和地方前期出台的法律和政策一览表。此表可以呈现改革推行的制度基础。下面就一些最基本最重要的法律法规和政策进行概括性介绍。《中华人民共和国行政处罚法》(1996年制定)第十六条规定经国务院授权的省级政府可以决定一个行政机关行政处罚权。① 国务院对贯彻实施行政处罚法确立的相对集中行政处罚权制度十分重视,多次下发文件作出具体部署。自1997年以来,按照国务院有关文件的规定,23个省、自治区的79个城市和3个直辖市经批准开展了相对集中行政处罚权试点工作。2002年8月,国务院颁布《关于进一步推进相对集中行政处罚权工作的决定》提出实行相对集中行政处罚权的领域,是多头执法、职责交叉、重复处罚、执法扰民等问题比较突出,严重影响执法效率和政府形象的领域,主要是城市管理领域。② 需要在城市管理领域

---

① 《中华人民共和国行政处罚法》(1996年制定)第十六条规定:"国务院或者经国务院授权的省、自治区、直辖市人民政府可以决定一个行政机关行使有关行政机关的行政处罚权,但限制人身自由的行政处罚权只能由公安机关行使。"

② 根据试点工作的经验,省、自治区、直辖市人民政府在城市管理领域可以集中行政处罚权的范围,主要包括:市容环境卫生管理方面法律、法规、规章规定的行政处罚权,强制拆除不符合城市容貌标准、环境卫生标准的建筑物或者设施;城市建设管理方面法律、法规、规章规定的全部或者部分行政处罚权;城市绿化管理方面法律、法规、规章规定的行政处罚权;市政管理方面法律、法规、规章规定的行政处罚权;环境保护管理方面法律、法规、规章规定的部分行政处罚权;工商行政管理方面法律、法规、规章规定的对无照商贩的行政处罚权;公安交通管理方面法律、法规、规章规定的对侵占城市道路行为的行政处罚权;省、自治区、直辖市人民政府决定调整的城市管理领域的其他行政处罚权。

以外的其他行政管理领域相对集中行政处罚权的,省、自治区、直辖市人民政府依照行政处罚法第十六条的规定,也可以决定在有条件的地方开展这项工作。2010 年以来,按照中央统一部署,一些地区开展了经济发达镇行政管理体制改革试点,探索和创新新型城镇化行政管理体制。2014 年,浙江省人民政府办公厅发布《关于印发浙江省强镇扩权改革指导意见的通知》(浙政办发〔2014〕71 号),赋予经济发达镇查处违法行为的综合执法权。围绕激发发展活力、方便群众办事、源头执法治理等三大重点,赋予强镇相应的经济发展、便民服务、综合执法等方面的管理权限,增强镇经济社会发展能力,推进管理和服务重心下移。对于涉及行政许可、行政处罚等事项,没有法律、法规或规章依据明确由镇行使的,按照程序依法采取委托方式下放;其他行政管理事项,除法律、法规或规章有明确规定外,采取直接下放方式,赋予强镇相关管理权限,赋予了省级中心镇、重点是小城市培育试点镇更多的与人口和经济规模相适应的县级管理权限。强镇可拥有有关企业(贸易)主体、个体工商户和社区社会组织的备案登记权、建设工程管理权等 77 项经济管理事项,还拥有 60 项社会管理权限,包括居民身份证、计划生育证明等证照的办理权限,以及社会救助、民政优抚等许多和老百姓生活密切相关的权限,建立了事权与支出责任相适应的财政体制,还被赋予了查处违法行为的综合执法权。

表 2-1　浙江省"大综合一体化"综合行政执法改革相关法律法规和政策一览

序号	政策或法律	时间
1	中华人民共和国行政处罚法	2021 年 1 月 22 日修订
2	国务院关于进一步贯彻实施《中华人民共和国行政处罚法》的通知(国发〔2021〕26 号)	2021 年 11 月 15 日

续表

序号	政策或法律	时间
3	浙江省城市管理相对集中行政处罚权条例	2009 年 1 月 1 日生效；2022 年 1 月 1 日废止
4	浙江省综合行政执法条例	2021 年 11 月 25 日通过；2022 年 1 月 1 日生效
5	国务院关于进一步推进相对集中行政处罚权工作的决定	2002 年 8 月 22 日
6	中共浙江省委办公厅、浙江省人民政府办公厅关于进一步加快中心镇发展和改革的若干意见（浙委办〔2010〕115 号）	2010 年 10 月 11 日
7	浙江省强镇扩权改革指导意见	2010 年 12 月 14 日
8	浙江省人民政府办公厅关于印发浙江省强镇扩权改革指导意见的通知（浙政办发〔2014〕71 号）	2014 年 6 月 5 日
9	中共中央办公厅、国务院办公厅印发《关于深入推进经济发达镇行政管理体制改革的指导意见》	2016 年 12 月 19 日
10	中共中央办公厅、国务院办公厅印发《关于推进基层整合审批服务执法力量的实施意见》（中办发〔2019〕5 号）	2019 年 1 月 22 日
11	《中共浙江省委办公厅、浙江省人民政府办公厅认真贯彻落实〈关于推进基层整合审批服务执法力量的实施意见〉的通知》（浙委办传〔2019〕11 号）	2019 年 11 月
12	浙江省人民政府办公厅关于公布浙江省综合行政执法事项统一目录的通知（浙政办发〔2020〕28 号）	2020 年 6 月 5 日

续表

序号	政策或法律	时间
13	浙江省人民政府办公厅关于印发浙江省赋予乡镇(街道)县级审批服务权限指导目录的通知(浙政办发〔2020〕63号)	2020年11月28日
14	浙江省人民政府办公厅关于杭州市上城区南星街道等37个乡镇(街道)开展综合行政执法的复函(浙政办函〔2020〕80号)	2020年12月11日
15	浙江省人民政府办公厅关于推进乡镇(街道)综合行政执法工作的通知(浙政办发〔2021〕51号)	2021年8月16日
16	浙江省人民政府办公厅关于公布浙江省新增综合行政执法事项统一目录(浙政办发〔2021〕65号)	2021年11月16日
17	浙江省司法厅关于审定宁波市鄞州区姜山镇等2个镇人民政府相对集中行使行政处罚事项目录的复函	2020年12月31日
18	浙江省人民政府关于各设区市"大综合一体化"行政执法改革方案的批复(浙政函〔2022〕32号)	2022年2月28日

  2016年12月19日,中共中央办公厅、国务院办公厅印发《关于深入推进经济发达镇行政管理体制改革的指导意见》,加强对经济发达镇行政管理体制改革工作。省(自治区、直辖市)政府可以将基层管理迫切需要且能够有效承接的一些县级管理权限包括行政审批、行政处罚及相关行政强制和监督检查权等赋予经济发达镇,制定目录向社会公布,明确镇政府为权力实施主体。法律规定的县级政府及其部门上述管理权限需要赋予经济发达镇的,按法定程序和要求办理。暂时不具备条件下放的管理权限,要积极创造条件,成熟一批,赋予一批。加强相关立法,为经济发达镇扩大经济社会管理权限提供法律依据。建立并公布行政权力清单和行政权力事项责任清

单,明确权力下放后的运行程序、规则和权责关系,健全权力监督机制,确保下放权力接得住、用得好。推进集中审批服务和综合行政执法。整合基层公共服务和行政审批职责,打造综合、便民、高效的政务服务平台,实行"一门式办理""一站式服务"。公开办事依据和标准,精简程序和环节,规范自由裁量权。推广首问负责、办事代理、限时办结、服务承诺等经验做法,积极推行行政审批和公共服务网上办理,方便群众办事。发挥社会组织在经济发达镇社会治理创新中的重要作用。整合现有的站、所、分局力量和资源,由经济发达镇统一管理并实行综合行政执法。

2019 年 1 月,中共中央办公厅、国务院办公厅印发《关于推进基层整合审批服务执法力量的实施意见》(中办发〔2019〕5 号),推进行政执法权限和力量向基层延伸和下沉,强化乡镇和街道的统一指挥和统筹协调职责,逐步实现基层一支队伍管执法。加强对乡镇和街道综合行政执法机构、执法人员的业务指导和培训,规范执法检查、受立案、调查、审查、决定等程序和行为,建立执法全过程记录制度,实现全程留痕、可追溯、可追责。全面推行行政执法公示制度,做到依据公开、决策公开、执行公开、结果公开、过程公开。严格落实行政执法责任和责任追究机制,加强执法监督,坚决惩治执法腐败现象,确保权力不被滥用。建立健全乡镇和街道与县直部门行政执法案件移送及协调协作机制。除党中央明确要求实行派驻体制的机构外,县直部门设在乡镇和街道的机构原则上实行属地管理。继续实行派驻体制的,要建立健全纳入乡镇和街道统一指挥协调的工作机制,工作考核和主要负责同志任免要听取所在乡镇和街道党(工)委意见。按照依法下放、宜放则放原则,将点多面广、基层管理迫切需要且能有效承接的审批服务执法等权限赋予乡镇和街道,由省级政府统一制定赋权清单,依法明确乡镇和街道执法主体地位。各省区市可在试点基础上逐步统一和规范赋权事项,成熟一批、赋予一批,确保放得下、接得住、管得好、有监督。法律规定的县级政府及其部门的管理权限需要赋予乡镇和街道的,按法定程序和要求办理。推进编制资源向乡镇和街道倾斜,鼓励从上往下跨层级调剂使用行政和事业编制,充实加强基层一线工作力量。

2021 年 11 月 15 日,国务院发布《关于进一步贯彻实施〈中华人民共和国行政处罚法〉的通知》(国发〔2021〕26 号),明确了持续改革行政处罚体制机制的工作方向。纵深推进综合行政执法体制改革。省(自治区、直辖市)人民政府要统筹协调推进综合行政执法改革工作,建立健全配套制度,组织编制并公开本地区综合行政执法事项清单。有条件的地区可以在统筹考虑综合性、专业性以及防范风险的基础上,积极稳妥探索开展更大范围、更多领域集中行使行政处罚权以及与之相关的行政检查权、行政强制权。建立健全综合行政执法机关与业务主管部门、其他行政机关行政执法信息互联互通共享、协作配合工作机制。同时实施相对集中行政许可权和行政处罚权的,要建立健全相关制度机制,确保有序衔接,防止出现监管真空。积极稳妥赋权乡镇街道实施行政处罚。省(自治区、直辖市)根据当地实际情况,采取授权、委托、相对集中行政处罚权等方式向能够有效承接的乡镇人民政府、街道办事处赋权,要注重听取基层意见,关注基层需求,积极稳妥、科学合理下放行政处罚权,成熟一批、下放一批,确保放得下、接得住、管得好、有监督;要定期组织评估,需要调整的及时调整。有关市、县级人民政府及其部门要加强对乡镇人民政府、街道办事处行政处罚工作的组织协调、业务指导、执法监督,建立健全评议考核等配套制度,持续开展业务培训,研究解决实际问题。乡镇人民政府、街道办事处要不断加强执法能力建设,依法实施行政处罚。规范委托行政处罚。委托行政处罚要有法律、法规、规章依据,严格依法采用书面委托形式,委托行政机关和受委托组织要将委托书向社会公布。对已经委托行政处罚,但是不符合行政处罚法要求的,要及时清理;不符合书面委托规定、确需继续实施的,要依法及时完善相关手续。委托行政机关要向本级人民政府或者实行垂直管理的上级行政机关备案委托书,司法行政等部门要加强指导、监督。提升行政执法合力。逐步完善联合执法机制,复制推广"综合查一次"经验,探索推行多个行政机关在同一时间、针对同一执法对象开展联合检查、调查,防止执法扰民。要健全行政处罚协助制度,明确协助的实施主体、时限要求、工作程序等内容。对其他行政机关请求协助、属于自身职权范围内的事项,要积极履行协助职责,不得无故拒绝、拖延;无正当理由拒绝、拖延的,由上级行政机关责令改正,对相关责任人员依法依规予以处理。要综合运用大数据、物联网、云计算、区块链、人工智能等技术,先行推进高频行政处罚事项协助处理,实现违法线索互联、监管标准互通、处理结果互认。有关地区可积极探索跨区域执法一体化合作的制度机制,建立健全行政处罚预警通报机制,完善管辖、调查、执行等方面的制度机制,为全国提供可复制推广的经验。

二、"大综合一体化"改革保障要素分析

(一)《中华人民共和国行政处罚法》为综合行政执法提供法律支持

1996 年出台的《中华人民共和国行政处罚法》(以下简称《行政处罚法》)从法律层面为基层综合行政执法指明方向。赋予省级政府推行基层综合行政执法改革的行政权限。2021 年修订的《行政处罚法》的第二十四条为"大综合一体化"综合行政执法改革提供进一步的法律保障。[1] 明确提出在综合行政执法方面相对集中行政处罚权。

---

[1] 《中华人民共和国行政处罚法》(2021 年修订版)第二十四条:省、自治区、直辖市根据当地实际情况,可以决定将基层管理迫切需要的县级人民政府部门的行政处罚权交由能够有效承接的乡镇人民政府、街道办事处行使,并定期组织评估。决定应当公布。

承接行政处罚权的乡镇人民政府、街道办事处应当加强执法能力建设,按照规定范围、依照法定程序实施行政处罚。

有关地方人民政府及其部门应当加强组织协调、业务指导、执法监督,建立健全行政处罚协调配合机制,完善评议、考核制度。

首先,明确规定可以赋予乡镇(街道)等基层政府相关行政处罚权。省级政府可以决定将县级政府的相关行政处罚权下放到基层政府集中实施。其次,这种综合行政执法权的下放有一个法律明确规定的前提条件,即必须是根据当地实际情况的需要,是地方"基层管理迫切需要的"而且基层政府"能够有效承接的"行政处罚权。同时规定,对于"基层管理迫切需要的"和"能够有效承接的"两个前提条件要定期评估。并且,省级政府的下放综合行政执法处罚权的决定应当公布。最后,第二十四条对于地方政府和部门及乡镇(街道)对于行政执法权的下放都有配套的规定。承接行政处罚权的乡镇(街道)应当加强执法能力建设,按照规定范围、依照法定程序实施行政处罚,下放权力的县级政府及部门应当加强组织协调、业务指导、执法监督,建立健全行政处罚协调配合机制,完善评议、考核制度。一个行政机关行使相应的行政处罚权的权力。省(自治区、直辖市)可以根据实际需要,将基层迫切需要的县级人民政府处罚权交由能够有效承接的乡镇(街道)。

(二)《浙江省综合行政执法条例》提供全面推进法规保障

2021年11月,浙江省出台《浙江省综合行政执法条例》(以下简称《条例》),通过地方性法规对综合行政执法改革、综合行政执法体制和综合行政执法活动等方面进行了可操作性的规定,明确规定执法事项、执法协同、执法规范、执法保障、执法监督等具体内容。

该《条例》分为总则、执法事项、执法协同、执法规范、执法保障、执法监督、附则,共7章38条。《条例》的内容涉及综合行政执法改革、综合行政执法体制和综合行政执法活动等方面,主要包括明确综合行政执法的定义、整合执法资源的目标方式、完善执法机制的具体措施、数字化支撑方面的工作要求,以及有关执法制度创新等内容,在强化执法保障、执法监督等方面也做了相关规定。明确树立"大综合一体化"综合行政执法理念。将综合行政执法定义为按照整体政府理念,以数字化改革为牵引,通过优化配置执法职责、整合精简执法队伍、下沉执法权限和力量、创新执法方式,开展跨部门、跨区域、跨层级的行政执法活动。构建全省统一的数字化行政执法平台。第五条和第二十三条对数字化行政执法平台的构建和运用予以明确规定。[①] 建立行政执法事项清单化管理制度。[②] 明确规定乡镇(街道)综合行政执法的方式和途径。[③] 推进部门跨区域跨层级执法协同,通

[①] 第五条:省人民政府应当组织建设和管理全省统一的数字化行政执法平台,运用大数据、物联网、云计算、人工智能等技术,推动行政执法数据归集和共享、统计分析、预警研判、联动指挥和监督评议,创新智能行政执法模式,实现执法业务集成整合和执法流程优化统一。

数字化行政执法平台应当与政务服务、基层治理、投诉举报、公共信用等平台互联互通。

第二十三条:行政执法机关应当全面运用数字化行政执法平台开展执法活动,推行非现场执法、掌上执法、移动执法,提高证据采集核查、执法文书送达、信息提示、告知申辩、网上听证及其他执法业务的自动化智能化水平,并确保执法数据符合标准要求。

[②] 第七条:省综合行政执法指导机构应当会同省有关部门制定省综合行政执法事项统一目录和乡镇(街道)综合行政执法事项指导目录,报省人民政府批准后公布实施。

设区的市人民政府可以在省综合行政执法事项统一目录基础上,制定本行政区域综合行政执法事项扩展目录,经省综合行政执法指导机构会同省有关部门审核,报省人民政府批准后公布实施。

综合行政执法事项目录纳入监督管理事项目录清单管理。

第八条:设区的市、县(市、区)综合行政执法部门,应当按照省人民政府批准的综合行政执法事项目录确定的范围,行使相应事项的行政处罚权以及与行政处罚相关的行政检查、行政强制措施等职权。

设区的市、县(市、区)人民政府可以根据本地实际,将市场监管、生态环境、文化市场、交通运输、应急管理、农业等专业领域的部分或者全部执法事项纳入到综合行政执法范围,并对相关专业行政执法队伍进行归并整合。具体方案由设区的市人民政府报省人民政府批准后实施。

[③] 第九条:设区的市、县(市、区)人民政府应当综合考虑乡镇、街道经济社会发展水平等因素,稳步推进本行政区域乡镇人民政府、街道办事处的综合行政执法工作。

县(市、区)人民政府可以在省人民政府批准的综合行政执法事项目录中,选择基层管理迫切需要且高频多发、易发现易处置、专业要求适宜的行政执法事项,依法交由能够有效承接的乡镇人民政府、街道办事处实施。县(市、区)人民政府应当编制乡镇、街道具体实施的综合行政执法事项目录清单,向社会公布后组织实施。

承接行政执法事项的乡镇人民政府、街道办事处,应当依法行使行政处罚权,并按照规定整合基层执法职责,组建统一的综合行政执法队伍。

对暂不具备承接能力的乡镇、街道,县(市、区)人民政府可以通过部门派驻执法队伍等方式开展行政执法工作。派驻的执法队伍应当按照规定,由乡镇人民政府、街道办事处统筹协调指挥。

过综合查一次,对同一监管对象涉及多个执法主体可以按照一件事集成。条例明确了组织开展联合执法的情形和方式。① 另外,《条例》促进执法规范统一,统筹行政执法保障,强化行政执法监督合力。

　　为了增强基层政府治理能力和社会管理水平,中共中央、国务院对基层综合行政执法体制改革进行了顶层设计和统一部署。为贯彻落实中共中央办公厅、国务院办公厅《关于推进基层整合审批服务执法力量的实施意见》(中办发〔2019〕5号),中共浙江省委、浙江省人民政府发布《中共浙江省委办公厅浙江省人民政府办公厅认真贯彻〈关于推进基层整合审批服务执法力量的实施意见〉的通知》(浙委办传〔2019〕11号),对中央的部署进行落实。2021年11月,浙江省出台《浙江省综合行政执法条例》,通过立法对基层综合行政执法改革进行全面系统可操作性的规定。为有序有效推进"大综合一体化"基层综合行政执法改革,浙江省先后推出两批综合行政执法体制改革试点乡镇(街道),根据改革试点乡镇(街道)的改革经验,在逐步完善改革政策和措施的基础上,将改革在全省推进。为了全面了解浙江省"大综合一体化"改革模式推进情况、改革实施效果以及该改革模式能否及如何在更大范围推广,笔者在浙江省各地司法局、编办、改革办、综合执法局和各乡镇(街道)

---

　　① 第十三条:设区的市、县(市、区)人民政府应当推行联合执法制度,对同一监管对象涉及多个执法主体的事项可以按照一件事进行集成,推动综合监管,防止监管缺位、避免重复检查。具体办法由省综合行政执法指导机构组织制定。

　　行政执法活动有下列情形之一的,可以组织开展联合执法:

　　(一)涉及两个以上行政执法机关职责的;

　　(二)涉及不同行政执法机关、区域或者层级之间职责衔接的;

　　(三)不同行政执法机关对同一检查对象实施的不同行政检查,可以同时一次性开展的。

　　同一行政执法机关对同一检查对象实施多项行政检查的,原则上应当同时一次性开展。

　　第十四条:开展联合执法的,发起的行政执法机关应当制定工作方案,明确参与部门的职责分工;必要时,设区的市、县(市、区)综合行政执法指导机构可以提出联合执法的建议,明确发起和参与部门,协调开展联合执法行动。联合执法可以跨部门、跨区域、跨层级开展,有关参与部门应当按照规定予以配合。

综合执法队的大力支持下,开展浙江省"大综合一体化"综合行政执法质效调研工作。笔者在规范而充分的社会调查的基础上,对浙江省"大综合一体化"综合行政执法推进情况进行研究。为了能够全面而深入地掌握改革推进的实际情况,在研究中采用点面结合的研究方法。通过法律、政策、制度文件、新闻报道和政府部门官网讯息等资料收集,了解全省整体情况。另外通过对某 A 镇的个案研究,掌握改革推进中的经验和存在的一些问题。

三、基层综合行政执法改革效度评估方法与指标体系建设

(一)调查方法

1.文献检索法

笔者通过国务院及各部委、浙江省等省级人民政府及各相关部门、各地县市区的官网,搜集"大综合一体化"综合行政执法的决定、通知、复函等政策文件。通过北大法宝、浙江省人大网等官网搜集诸如《中华人民共和国行政处罚法》(2021 年修订)、《浙江省综合行政执法条例》等重要法律法规文本。通过百度、浙江省各地报纸、维普等期刊网站搜集乡镇(街道)综合执法改革相关新闻报道、学术报告和文章等研究成果。

2.座谈会、访谈、查阅执法案卷和执法记录

笔者参加了 2022 年浙江省若干市司法局对其改革试点乡镇(街道)的综合行政执法督查活动,旁听了若干乡镇(街道)综合执法相关领导对综合行政执法改革推进情况的汇报,对若干乡镇(街道)综合执法队相关负责人、工作人员进行当面访谈或电话访谈。对若干市(区)级综合行政执法队、区编办、区综合执法局、区水利局等部门相关负责人或工作人员进行结构式访谈,查阅了各地乡镇(街道)综合执法队 2021 年至 2022 年相关执法记录、工作登记

表、执法案卷、工作简报、制度汇编等文本材料。为了更全面了解"大综合一体化"综合执法改革推进情况,笔者对各地实施的诸如"镇队合一"模式和"1＋8"模式等不同的改革推进模式分别进行调研,进行横向对比分析。

3. 问卷调查

笔者设计了《浙江省乡镇(街道)综合行政执法推进情况调查问卷》,用以了解和掌握各地乡镇(街道)的普通居民对综合行政执法改革、执法形象、执法是否遵守规范和程序、执法满意度等问题的认知和看法。基于当时疫情的干扰,问卷调查只能通过特殊的方式开展。一是通过电话采访的方式填写调查问卷;二是通过某 A 镇政府官方网络,发送、填写、收回电子版调查问卷;三是利用各地乡镇(街道)相关社区和行政村的居民发放调查问卷。笔者共计收回有效问卷3800份。虽然调查问卷的发放、填写和收回的方式受到限制,但基本能够反映相关调研乡镇(街道)普通居民对改革以来综合执法推进效果的认知和看法。

4. 案例分析法

笔者搜集了两类案例。第一类案例为浙江省各地基层综合行政执法体制改革案例,涉及 11 个地级市的 20 多个县市区在执法规范、执法监督、合法性审查等各方面的体制机制创新举措。具体案例见表 2-2。这类案件能够较全面地反映浙江省综合行政执法改革的整体状况,由此可以呈现某 A 镇改革的社会背景。第二类案例为某某市综合行政执法体制改革过程中具体的执法个案及相关制度改革的报道。由此可以生动形象地感受改革带来的实际执法变化,有助于总结经验和发现问题。

表 2-2　浙江省各地综合行政执法改革案例一览

序号	浙江省各地综合行政执法改革案例	信息发布时间	信息来源
1	某 A 镇综合行政执法队凝聚基层执法"集合力"	2022 年 5 月 27 日	法新网
2	"大综合一体化"一线访谈：走近某某第一支综合行政执法队	2022 年 5 月 24 日	奉化区司法局
3	科技赋能综合行政执法改革 浙江省某某市点亮执法新技能	2022 年 5 月 12 日	《民主与法制时报》
4	江北慈城"大综合一体化"改革试点初见成效	2022 年 5 月 15 日	人民网精选资讯官方账号
5	遂昌县"231"工作法有力推进行政执法严格规范高效	2022 年 5 月 24 日	遂昌县司法局
6	柯桥区司法局构建行政执法"大监督"体系	2022 年 5 月 23 日	柯桥区司法局
7	衢江区司法局建立区乡两级合法性审查中心	2022 年 5 月 9 日	衢江区司法局
8	台州市创设乡镇（街道）行政执法协调监督工作室	2022 年 4 月 27 日	台州市司法局
9	嵊泗县司法局"三大抓手"打造闭环式执法监督模式	2022 年 4 月 19 日	嵊泗县司法局
10	平阳县司法局"督纪联动"深化行政执法监督工作	2022 年 3 月 17 日	平阳县司法局
11	温州市瓯海区推进餐饮行业"综合查一次"场景式执法	2022 年 1 月 18 日	瓯海区司法局
12	上城区司法局念好"四字诀"打造综合行政执法改革先行范本	2021 年 11 月 26 日	上城区司法局

续表

序号	浙江省各地综合行政执法改革案例	信息发布时间	信息来源
13	拱墅区司法局深化"一核六堡"基层综合行政执法改革新模式	2021年11月24日	拱墅区司法局
14	舟山市司法局深入推进综合行政执法体制改革	2021年11月17日	舟山市司法局
15	鄞州区司法局"三集中"高效推进"一支队伍管执法"	2021年10月12日	鄞州区司法局
16	舟山市司法局深入推进综合行政执法体制改革	2021年11月17日	舟山市司法局
17	象山县司法局"四策联动"全力提升行政执法水平	2021年10月29日	象山县司法局
18	龙泉市司法局"三个抓"全力推动基层综合行政执法改革	2021年6月11日	龙泉市司法局
19	天台县司法局"三管齐下"为基层综合行政执法改革赋能助力	2021年5月14日	天台县司法局
20	定海区司法局坚持"四个导向"推进基层一支队伍管执法	2021年5月10日	定海区司法局
21	嘉善县综合行政执法局积极探索"大综合、一体化"行政执法改革	2021年2月5日	嘉善县综合行政执法局
22	临海市综合行政执法局推进"非接触式"执法新模式	2020年11月20日	临海市综合行政执法局
23	拱墅区司法局深入推进行政执法"三项制度"	2020年8月14日	拱墅区司法局
23	象山县司法局探索宽严相济行政执法新模式	2020年7月20日	象山县司法局

续表

序号	浙江省各地综合行政执法改革案例	信息发布时间	信息来源
25	金华市司法局推进"省统一行政处罚办案系统"应用试点工作	2020年7月14日	金华市司法局
26	诸暨市司法局"监督＋"模式提升执法司法规范化水平	2020年6月23日	诸暨市司法局
27	衢州市司法局"三化三确保"强力推进行政执法规范化建设	2020年6月19日	衢州市司法局
28	鄞州区司法局"三提三化"推动执法司法规范化落地见效	2020年6月19日	鄞州区司法局
29	路桥区司法局加强合法性审查当好政府决策"法律参谋"	2020年6月19日	路桥区司法局
30	桐庐县司法局"三聚焦"推进行政执法规范化	2020年4月3日	桐庐县司法局
31	下城区扎实推进基层综合行政执法改革	2020年3月5日	下城区司法局

(二)评议指标体系

笔者根据此次调研需要构建浙江省"大综合一体化"基层综合行政执法推进质效评议指标体系。评议指标体系在设置时考虑两方面因素:一是要设置体现所调研乡镇(街道)综合行政执法改革的完成情况的指标;二是要设置体现所调研乡镇(街道)综合行政执法效果的指标。两方面评议的考核依据、考核内容、考核目标、考核侧重点有所不同。在对浙江省"大综合一体化"综合行政执法推进质效评议体系进行设置时,采用两者兼顾的原则。指标体系分为执法体制机制、执法协同和数字化、执法事项实施、执法队伍建设、执法制度创新完善、执法活动、执法监督情况、执法保障 8 个一级指标,细分为 20 个二级指标和 48 个三级指标(见表 2-3)。这些指标不仅是进行改革质效评估的依据,更是推进改革的具体抓手。

表 2-3 浙江省"大综合一体化"综合行政执法推进质效评分

一级指标	二级指标	三级指标
A1 执法体制机制 (权重 10%)	B1 改革与机构运行 (50 分)	C1 监管执法体系建设情况(20 分)
		C2 行政执法机构运行情况(30 分)
	B2 部门协作机制(50 分)	C3 监管部门与执法部门之间的协作配合(25 分)
		C4 跨部门、跨区域联合执法(25 分)
A2 执法协同和数字化 (权重 10%)	B3 依托信息系统统筹管理辖区内行政执法活动(100 分)	C5 通过基层治理四平台、执法数字平台开展指挥调度,充分运用数字化手段加强联合执法、协同执法(40 分)
		C6 建立与县级行政执法部门的案件移送、信息共享机制(30 分)
		C7 已赋权乡镇(街道)省统一行政处罚办案系统应用率达到 100%,每低 10%扣一分,扣完为止(30 分)
A3 执法事项实施 (权重 10%)	B4 赋权镇(街)的事项划拨、认领和公告 (50 分)	C8 赋权镇(街)已由(县、市)政府公布公告,划转的行政执法事项目录已公布(25 分)
		C9 赋权行政执法事项认领率达到 100%,并予以实施(25 分)
	B5 行政执法事项实施情况(50 分)	C10 行政执法普通程序人均月办案量达两件以上(25 分)
		C11 行政诉讼零败诉、行政复议零纠错。每发生一起扣 1 分,扣完为止(25 分)

续表

一级指标	二级指标	三级指标
A4 执法队伍建设（权重20%）	B6 行政执法人员（40分）	C12 按照镇（街）一支队伍执法改革方案，整合基层站所（1+8）相关执法人员到岗到位，分工合理，职责明确（20分）
		C13 具备行政执法资格的工作人员执法证件持证率达到90%以上（10分）
		C14 核定的行政执法人员编制与行政执法任务相匹配，能够专编专用，执法人员人均按要求配置在执法岗位上，无借调或借用到非执法岗位现象（10分）
	B7 人员管理与业务培训（40分）	C15 行政执法人员内部管理和考核（20分）
		C16 行政执法人员业务培训开展情况（20分）
	B8 作风纪律建设（20分）	C17 违纪情况（5分）
		C18 违法犯罪情况（15分）
A5 执法制度创新完善（权重15%）	B9 行政执法"三项制度"（40分）	C19 严格行政执法公示制度，现场执法时主动出示执法证件；执法文书主动告知当事人执法事由、执法依据、权利义务情况（20分）
		C20 严格落实行政执法全过程记录制度，配备与乡镇（街道）执法量相适应的执法记录仪，实现全面系统归档保存，做到执法全过程留痕和可回溯管理（10分）
		C21 重大行政执法决定法制审核制度已经建立，编制公布重大行政执法决定法制审核目录清单，重大行政执法决定审核覆盖率达到100%（10分）

一级指标	二级指标	三级指标
A5 执法制度创新完善（权重15%）	B10 执法案件管理制度和执法人员管理（40分）	C22 行政执法案件档案管理制度健全；案件立卷归档及时，符合"一案一卷"的要求；案卷内容完整，要素齐全，装订规范；音像记录等电子材料存管规范（20分）
		C23 涉案物品管理制度健全落实情况（20分）
	B11 创新行政执法制度方式（20分）	C24 行政执法制度细化完善情况（10分）
		C25 行政执法监管方式创新情况（10分）
A6 执法活动（权重15%）	B12 职权法定（30分）	C26 行政执法主体合法（10分）
		C27 正确履行法定职责（10分）
		C28 未超越法定权限（10分）
	B13 程序规范（30分）	C29 执法方式合法（10分）
		C30 遵守法定时限（10分）
		C31 执法程序到位（10分）
	B14 结果公正（40分）	C32 案件事实清楚（10分）
		C33 证据确实充分（10分）
		C34 适用法律正确（10分）
		C35 执法文书规范（10分）

续表

一级指标	二级指标	三级指标
A7 执法监督情况（权重 10%）	B15 内部监督机制建立及发挥作用的情况（40 分）	C36 设置专门的内部执法监督机构、岗位对执法行为进行内部监督和规范（20 分）
		C37 内部监督机构的运行情况（20 分）
	B16 社会监督（20 分）	C38 设立公开投诉举报电话，以及投诉举报处理情况（20 分）
	B17 社会公众对行政执法满意度（40 分）	C39 社会公众综合行政执法体制改革的了解情况（10 分）
		C40 社会公众对综合行政执法队伍的形象的认知情况（10 分）
		C41 社会公众对行政执法行为规范的认知，包括公开身份、告知事由依据和权利、听取陈述和申辩、权利救济渠道和时限，是否存在执法中的违法行为的认知情况（10 分）
		C42 社会公众对综合行政执法整体的满意程度（10 分）
A8 执法保障（权重 10%）	B18 行政执法经费保障（30 分）	C43 行政执法经费总额（15 分）
		C44 人均办案经费（15 分）
	B19 行政执法装备（30 分）	C45 行政执法装备的配置（15 分）
		C46 行政执法装备的使用（15 分）
	B20 行政执法场所（40 分）	C47 对外服务场所（20 分）
		C48 内部办公场所（20 分）

（三）评估案例：某 A 镇综合行政执法专项评议

对照综合行政执法专项评议指标，课题组对某 A 镇进行了全方位的调查，主要情况如下：

1.A1 行政执法体制机制,权重 10%,得分 87 分,最终得分 8.7 分。C1 建立监管执法体系、公开、动态调整综合执法事项清单。C2 执法机构职责明确,执法机构全面运行。C3 监管部门与执法部门之间的协调配合密切。C4 跨部门、跨区域联合执法,加强上下联动,形成符合基层特点的"统一指挥、部门协同、整体联动"执法机制。

2.A2 执法协同与数字化运作情况,权重 10%,得分 100 分,最终得分 10 分。C5 通过基层治理四平台、执法数字平台开展指挥调度,充分运用数字化手段加强联合执法、协同执法。C6 建立与县级行政执法部门的案件移送、信息共享机制。C7 已赋权乡镇(街道)省统一行政处罚办案系统应用率达到 100%。

3.A3 执法事项实施情况,权重 10%,得分 85.5 分,最终得 8.55 分。C8 赋权镇(街)已由(县、市)政府公布公告,划转的行政执法事项目录已公布。C9 赋权行政执法事项认领率,在首批公布的 575 项全部认领,达到 100%。C10 行政执法普通程序人均月办案量应达 2 件以上。C11 无行政诉讼、行政复议发生。

4.A4 执法队伍建设情况,权重 20%,得分 93 分,最终得分 18.6 分。C12 按照镇(街)一支队伍执法改革方案,整合基层站所(1+8)相关执法人员到岗到位,分工合理,职责明确。C13 具备行政执法资格的工作人员执法证件持证率应当达到 90% 以上,实际持证人数占比为 80%。C14 核定的行政执法人员编制与行政执法任务相匹配,能够专编专用,执法人员人均按要求配置在执法岗位上,无借调或借用到非执法岗位现象。C15 行政执法人员内部管理和考核制度建立,制定了科学精准的专职执法人员和兼职执法人员目标管理考核办法,内部考核管理制度健全并有效落实,激励和奖惩措施健全并落实有力。C16 行政执法人员业务培训开展情况良好。C17 无行政执法人员在执法工作中因违纪被追究责任,无行政执法辅助人员在执法工作中因违纪被追究责任。C18 无行政执法人员在执法工作中因违法犯罪被追究刑事责任,无行政执法辅助人员在执法工作中因违法犯罪被追究刑事责任。

5. A5 执法制度创新完善情况，权重 15%，得分 91.5 分，最终得分 13.7 分。C19 严格行政执法公示制度，现场执法时主动出示执法证件；执法文书主动告知当事人执法事由、执法依据、权利义务情况，确保行政许可、行政处罚、权责清单等事前、事中、事后公开。C20 严格落实行政执法全过程记录制度。C21 重大行政执法决定法制审核制度已经建立。C22 行政执法案件档案管理制度健全。C23 涉案物品管理制度健全并落实。C24 行政执法制度细化完善，没有及时率先研究制定配套制度措施、执法细则。C25 创新行政执法监管方式，包括"综合查一次"、监管"一件事"、信用监管等创新执法方式应用推广情况良好。

6. A6 执法活动情况，权重 15%，得分 97 分，最终得分 14.55 分。C26 行政执法主体合法，主要是指行政执法实施机关具有执法主体资格，从事行政执法的人员具有行政执法资格，并符合持证、人数等要求。C27 正确履行法定职责，主要是指事前事中事后监管履职情况。C28 未超越法定权限。C29 执法方式合法。C30 遵守法定时限。C31 执法程序到位。C32 案件事实清楚。C33 证据确实充分。C34 适用法律正确。C35 执法文书规范。

7. A7 执法监督情况，权重 10%，得分 96 分，最终得分 9.6 分。C36 设置专门的内部执法监督机构、岗位对执法行为进行内部监督。C37 内部执法监督机构运行全面有效。C38 设立公开投诉举报电话，确保群众诉求件件有回音，事事有结果。C39 绝大部分社会公众对综合行政执法体制改革比较了解。C40 社会公众认为综合行政执法队伍的形象整体有较大提升。C41 90% 的被访居民认为执法人员执法过程中出示执法证表明身份。C42 98% 被访居民对综合执法满意。

8. A8 执法保障情况，权重 10%，得分 100 分，最终得分 10 分。C43 行政执法经费总额能满足执法工作需要，行政执法经费充分使用。C44 人均办案经费能满足日常执法工作需要。C45 行政执法装备的配置能满足行政执法需求。C46 行政执法装备能充分使用。C47 对外服务场所,包括问询室、听证室和服务大厅等执法场所能满足执法工作需要。C48 内部办公场所,包括办公室、档案室等内部办公场所能满足执法工作需要。

第二节　浙江省综合行政执法改革推进所存问题与完善建议

一、浙江省综合行政执法改革推进情况

浙江省"大综合一体化"综合执法改革在具体推进过程中,各地都因地制宜,结合自己的地方特色进行创新。总体来说,可以概括为两大推进类型:一是具有一定改革基础,资源条件比较优越的乡镇(街道)采取直接赋权模式,执法人员连同编制从县级部门直接划拨到基层;二是改革基础不太成熟,采用"1+8"执行模式进行过渡。最终目标都是实现"一支队伍管执法"的大综合一体化改革目标。在此,我们以某某市的某 A 镇为个案进行深入而全面的调研和分析。某 A 镇是浙江省第二批改革试点单位。该镇于 2021 年 4 月开展相对集中行政处罚权工作,以"大综合一体化"行政执法体制改革为契机,在全省首创"镇队合一"体制,通过整合执法力量、规范执法行为、加强队伍管理、创新体制和数字化赋能等举措,推动行政执法人员机构精简、管理服务效能提升。虽然某 A 镇是一个特例,但其"大综合一体化"改革的具体推进措施,基本能够体现法律法规和政策的执行情况。笔者通过对该镇进行科学而规范的调研,对其改革推进情况进行客观描述。

(一)实施"镇队合一",推进部门联动

某 A 镇按照"精简、统一、效能"原则,整合"某 A 镇行政执法中心"和"某某市某某区综合行政执法大队某 A 中队",组建"某某市某某区某 A 镇综合行政执法队"。某 A 镇实行"镇队合一"执法体制,某 A 镇人民政府增挂某 A 镇综合行政执法队牌子,以某 A 镇人民政府名义开展综合行政执法工作,集中行使经省政府批准并向社会公告的行政处罚权及相关的行政监督检查权等。某 A 镇综合执法队队长由某 A 镇镇长兼任,副队长分别由名山建设管委会景区管理局局长、某 A 镇分管副镇长兼任,其中某 A 镇分管副镇长负责日常工作。核定科(股)级领导职数 8 名[其中正科(股)级 3 名、副科(股)级 5 名]。某 A 镇综合执法队下设 3 个中队,规格与某 A 镇内设机构相同,其中一中队主要负责执法协调、案件审核等工作,二中队、三中队根据执法领域负责具体的执法检查、办案等工作。

统筹优化区级部门派驻在某 A 镇的资源,密切部门关系,形成工作合力。整合交警中队、环保中队、交通运输中队、资规所、水利站等九个基层站所共 67 人派驻某 A 镇。统筹优化某 A 镇发展服务办公室、农业办公室、社会事务管理办公室、村镇建设办公室等职能机构和各执法中队的资源配置,建立模块化执法工作机制,形成工作合力。一方面,推进"一张清单管职权"。根据辖区实际,有序组织开展相关执法活动及专项整治行动。另一方面,开启"一张网格管治理"。充分发挥区级职能部门在镇派驻机构的专业优势,强化条块工作联动,整合执法力量和资源;以执法队伍为班底,信息采集员和协管员合一,确保各类问题智能发现、及时解决。

自"镇队合一"模式推行以来,已发起联合执法 78 次,累计解决各类问题 300 余个,提高了"大综合一体化"行政执法改革的管理服务效能。某 A 镇"镇队合一"体制改革前后执法案件的数量变化可以反映执法质效的提高。表 2-4 是笔者制作的某 A 镇"镇队合一"体

制改革前后综合执法案件查处统计表。该表可以反映改革前后执法
情况的变化。改革前,2018 年 4 月至 2021 年 4 月的三年中,查处一
般程序案件 187 起,平均每年 62 起;三年查处简易程序案件 124 件,
平均每年 41 件;三年执法抄告 11751 起,平均每年 3917 起;三年总
计执法案件 12062 起,平均每年 4021 起。2021 年 4 月"镇队合一"体
制改革以来,截至 2022 年 5 月 30 日,执法案件共计 4784 起,比改革
前三年的年平均执法数增加 763 起,其中一般程序执法案件数比前
三年平均执法数增加 44 起;简易程序执法案件数比前三年平均执法
数增加 157 起,是之前三年平均数的 4.8 倍。

表 2-4　某 A 镇"镇队合一"体制改革前后综合执法案件查处统计

序号	时间	一般程序/起	简易程序/件	抄告/起	总计/起
1	2018 年 4 月 20 日至 2021 年 4 月 19 日	187	124	11751	12062
2	2021 年 4 月 20 日至 2022 年 5 月 30 日	106	198	4480	4784

(二)强化数字赋能,推动协同高效

某 A 镇综合行政执法队与各执法部门建立顺畅的信息共享、资
源共享、协同联动机制,与农业农村、生态环境、公安等部门建立违法
犯罪行动线索和案件移送、联合调查等协同配合制度,在跨领域、跨
部门综合行政执法方面加强上下联动,形成符合基层特点的"统一指
挥、部门协同、整体联动"执法机制。省统一行政处罚办案系统应用
率达到 100%。截至 2022 年 5 月,已联合农业农村局办理陆域渔政
案件 2 起,联合生态环境分局办理噪声案件 2 起,联合文广旅体局办
理风景名胜案件 9 起。以"进一次门、查多项事"为宗旨,建立"一件
事"协同办理机制,明确由一个部门牵头领办,通过跨部门、跨领域、

跨层级协同,形成"大综合"执法生态。目前,已梳理形成餐饮油烟、非法违停、渣土运输、污水排放等 6 项"一件事"清单。

以"餐饮油烟监管一件事"为例,改革前,镇行政执法中队、环保中队、市场监管局某 A 所等部门需分别多次核查超标排放、经营执照、油烟扰民等问题;目前仅由某 A 镇综合行政执法队牵头对餐饮企业开展"综合体检",一个队伍查一次,一次检查五项事,检查时间可由原来的 120 分钟缩短至 30 分钟以内。

深入推进综合行政执法体制改革,加快实现"一体化、智能化"执法办案,一方面,统一执法文书,规范执法流程,加快对接省"互联网＋监管"平台,加大人员培训力度,进一步提高执法办案效率。以数字化改革为牵引,积极探索餐饮油烟监管、工程车监管等"一件事"场景应用,构建集智能巡查、指挥调度、分析研判、协同联办一体化的数字监管系统,实现执法全过程的数字化"监管"。另一方面,强化移动执法终端(PDA)应用,按照"现场发现,现场处理"的执法理念,健全了从拍摄取证到缴纳罚款的"一站式"办结平台,使综合执法和城市管理工作变得更加规范、敏捷、高效。

(三)梳理执法事项,明晰职责边界

某 A 镇聚焦基层执法力量分散、多头管理等突出问题,全面整合现有执法职责,结合景区特点,梳理发生频率高、与群众生活密切、专业适宜的执法事项。目前已经承接区级部门 16 个领域 575 项行政处罚权及相应的行政监督检察权,并由某区人民政府发布关于某 A 镇人民政府相对集中行使行政处罚权的公告,接受区级部门业务指导,确保接得住、管得好。同时,精准梳理业务主管部门和综合行政执法部门职责边界,实时动态调整和更新。2022 年 1 月至 4 月,共办理普通程序案件 52 起,较上年同期增长 30.7%,无行政诉讼、行政复议发生。改革以来,探索办理了陆域渔政、风景名胜、生态环境等新领域案件,其中 4 个领域 6 起案件均为全市首件,办理的 2 起陆域渔政案件成功获评法治建设"十佳创新案例"提名奖,有效化解了"看得见、需要管、管不着"的难题。

(四)优化队伍结构,提升执法能力

整合各类执法力量,坚持"人随事走",实现人员编制划转,落实指挥协调权、管理考核权、人事任免权等,全面推动执法重心下移。某 A 镇综合行政执法队核定编制数 30 名(其中参公编制 10 名、事业编制 20 名)。从区综合执法大队某 A 中队划转参公事业编制 8 名;从区水政监察大队、区文化市场综合行政执法队划转参公事业编制各 1 名;从某 A 镇行政执法中心划转事业编制 15 名;统筹增加事业编制 5 名;协管员编外用工控制数 120 名。目前实有执法人员 9 名、编外人员 99 名。结合执法工作实际,为了满足执法人员需求,在上级政策许可下,某 A 镇将机关和事业在编人员全部纳入行政执法资格考试范围,彻底打破身份、岗位等限制,最大限度扩大持证人员规模,依法赋予行政执法资格,实现行政、事业人员统筹使用。按照管理执法相衔接、人员岗位相适应的要求,有效集聚执法力量,弥补专业执法力量不足,选定部分干部担任相应领域的兼职执法员,既做好自身职责范围内的事前事中管理,又要兼顾事后处罚,注重在管理中消除各类问题,减轻末端执法压力。镇级持证执法人员从改革前的 26 人增加至改革后的 91 人,持证人数占比从改革前的 15% 上升至改革后的 80%。通过强化学习培训、组织岗位练兵、开展专项行动、加大督查考核力度等形式,全面提升队伍的综合素质,有效改善了学风不浓、干劲不足、落实不力、规矩不严、形象不佳等问题。自执法队成立以来,已累计编发工作简报 14 期,开展各类培训 28 期,培训队员 1200 余人次,累计开展各类督察 13 次,下发督察通报 8 期,处理队员 43 人次。

（五）完善管理制度，创新执法方式

为建立长效、高效的城镇监管体系，改革试点推行以来，某 A 镇制定出台了《某某市某某区某 A 镇人民政府行政执法全过程记录办法》《某某市某某区某 A 镇人民政府重大行政执法决定法制审核办法》《某某市某某区某 A 镇人民政府综合行政执法公示办法》《某某市某某区某 A 镇人民政府重大案件集体讨论制度》，既确保行政许可、行政处罚、权责清单等事前、事中、事后公开，自觉接受群众监督，又确保每件行政执法案件有记录、有案卷，保障执法全过程文字记录完整，执法文书规范，案卷完整齐全。突出抓好基层执法规范化建设，健全落实行政执法公示制度、执法全过程记录制度、重大执法决定法制审核制度。围绕执法有章程、操作有模板、结果有量化，统一规范执法流程、执法文书等各类执法要素，推动基层综合执法规范化建设。在完善执法制度的同时，建立完善内部管理制度，制定了科学精准的专职执法人员和兼职执法人员目标管理考核办法，构建了"一体化"执法指挥体系。

依托基层治理四平台及综合信息指挥室，构建"问题发现、信息收集、指挥交办、处理反馈、考核评价"线上全链条运行体系。创新"153"工作法，即指挥员在发现问题或接到报警后 1 分钟内下达指令，首批处置人员 5 分钟内到达现场，3 分钟内将初步处置情况反馈给平台，力求发现问题全面，处置问题高效。截至 2022 年 5 月，通过线上流转发现处置问题 2.5 万余个。

（六）严明执法规范，提升队伍形象

从电话访谈和问卷调查结果来看，社会公众普遍认为执法人员执法行为规范、文明、公正、合法，某 A 镇综合行政执法队伍整体形象有较大提升。98％的被访居民认为执法人员在执法过程中着装整洁。95％被访居民认为执法人员在执法过程中使用文明礼貌用语。

90％的被访居民认为执法人员执法过程中出示执法证表明身份，10％的人不了解执法人员是否出示执法证表明身份。62％的被访居民认为执法人员执法过程中听取当事人陈述、申辩，38％被访居民不了解执法人员执法过程中是否听取当事人陈述、申辩。50％的被访居民认为某Ａ镇执法人员执法过程中告知当事人权利救济渠道、时限，50％的被访居民不了解执法人员在执法过程中是否告知当事人权利救济渠道、时限。42％被访居民认为执法人员不存在诸如偏袒或包庇当事人、消极不作为、越权执法、以执法为名"吃、拿、卡、要"等违法乱纪行为；56％的被访居民不了解是否存在；2％的被访居民认为存在。88％的被访居民认为某Ａ镇行政执法队伍形象"有较大提升"，10％的被访居民认为行政执法队伍形象"有点提升"。

（七）加强执法监督，实现共享共治

以阳光执法、规范执法、依法执法为指导，完善执法程序，严格执法责任，积极营造严格规范公正文明执法环境。由镇纪委定期对执法案件办理情况、办结时限进行督查、介入问责，并积极对接省行政执法监管平台推进网上监督，切实提升行政执法监管实效。执法队内部成立督查工作领导小组，按照《内务管理规定》要求，每月不定期开展队内督查，纵深推进执法队伍纪律作风整治，规范化建设执法"铁军"。主动接受社会监督，防范行政执法风险，向社会公众公布0574－88860180举报投诉受理热线，做到咨询解答快、受理申诉快、调解查处快、信息反馈快，确保群众诉求件件有回音、事事有结果。为保证执法公正、促进办案人员自我约束，实现执法办案全公开，让最关心案件办理的群众有效监督执法，增加执法办案透明度、保障当事人合法权利，让综合行政执法活动始终在阳光下运行。社会公众对某Ａ镇综合行政执法有较高的满意度。问卷统计显示，60％被访居民对某Ａ镇综合执法非常满意，32％被访居民对某Ａ镇综合执法比较满意，6％被访居民对某Ａ镇综合行政执法满意，2％被访居民对某 A 镇综合行政执法不满意。

(八)增设场所设备,做好执法保障

加强基础保障,根据省、市综合行政执法工作规范化建设要求,按照标准配置和落实某 A 镇综合执法队伍的办公场所、通信工具、执法车辆和各类执法技术设备,统一标识和执法服装,加强日常使用管理。加强经费管理,按照区政府和某 A 镇确定的现行财政管理体制及相关政策规定,落实综合行政执法工作经费、能力建设经费和人员经费。对照省指导办关于建设文明公正规范基层执法队伍的标准和要求,落实独立办公场所 2688 平方米,执法车辆 5 辆,单兵执法仪 110 台、对讲机 110 部,照相机、录像机、PDA 移动执法终端等其他技术装备 20 套、无人机 2 部及执法经费保障。

二、浙江省综合行政执法改革存在的问题

(一)"一支队伍管执法"体制机制有待于进一步落实

区委办公室、区政府办公室发布的《某某市某某区某 A 镇"镇队合一"行政执法体制改革试点实施方案》(奉党办〔2021〕56 号)明确提出整合区级职能部门在镇派驻力量,形成治理"一张网",纳入某 A 镇综合执法指挥体系,及时接收镇里指令,形成执法合力。目前,体制转化没有完全执行。首先,各部门执法力量还没能统一到"一个框架下",也不是由某 A 镇综合执法队统一发号施令。其次,某 A 镇的原综合执法力量都整合到综合执法队,用于承接下放的赋权执法事项。下放到镇的 575 项执法事项以外的综合执法项目的工作是否继续开展及如何开展有待进一步明确。再次,综合执法改革存在处罚权和监管权不一致的问题。赋权乡镇的执法事项主要是处罚权,那么监管由谁来做依然需要明确。赋权事项的下放导致监管不到位,

必然会导致执法倚仗最末端的处罚环节,这必然导致执法资源的浪费和执法低效。最后,部门派驻到镇人员存在"双重领导"问题,影响执法效率和队伍建设。各部门没能派驻精兵强将,有的部门甚至把自认为不够优秀的人员派来,与某 A 镇综合行政执法需求不相适应。部门派驻人员不一定适应地方工作,可能导致某 A 镇政府面临行政复议的风险。

(二)赋权执法事项清单有待进一步验证和调整

某 A 镇已经承接区级部门 16 个领域 575 项行政处罚权及相应的行政检查权、行政强制权。从一年多的执法实践来看,赋权事项清单需要动态调整,应该做到"事项能下也能上"。首先,综合执法事项下放没有充分考虑基层政府能否"接得住,管得好"。目前某 A 镇综合执法队实有执法人员 9 名、编外员工 99 名。尽管有各种数字化平台和高科技手段赋能,这种执法力量和执法事项的比例关系仍然显示出执法任务十分艰巨。即便按照某 A 镇综合行政执法队核定编制数 30 名,协管员编外用工 120 名来核算,能否"接得住、管得好"也需要执法实践的进一步验证。其次,执法事项下放没有严格依据"基层管理迫切需要且高频多发"的下放标准。截至 2022 年 6 月,16 个领域 575 项中,只有 50% 的执法领域遇到过实际案件,还有一半的执法领域没有发生过执法案件。从改革以来发生的 4784 起综合执法案件来看,有些领域的执法事项执法频率不高,没必要下放。再次,执法事项下放没有充分考虑"易发现易处置,专业要求适宜"的执法事项下放标准。比如下放清单中的地震、气象、档案等领域的执法事项,某 A 镇不具备相关执法技术条件。这些专业执法事项还应该由相关部门负责。最后,有基层管理迫切需要的发生执法频率较高的事项不在执法事项下放清单中。例如发生频率较高的交通道路上的超载、违法停车、路边建筑垃圾堆积等违法行为,该类案件不在执法事项清单,某 A 镇综合行政执法队没有相关执法权。这就需要执法事项下放时考虑基层承接单位的实际需求和能力,尊重基层承接单位的自由选择权。鉴于第一批下放的 575 项执法事项存在的上述问题,某 A 镇目前尚未承接第二批下放的 200 多项执法事项。在执法事项下放过程中,一方面要尊重基层单位的自由选择权,真正做到执法事项"能上能下";另一方面上级单位也要出台与体制改革相配套的制度。如果不严格按照高频多发、迫切需要、"管得了,接得住"等执法事项标准进行执法事项划拨,而相应的监督和考核制度没能充分考虑地方面临的实际困难,会给基层单位带来巨大压力而影响到改革的执行效果。例如,当前综合行政执法考核是按照多少领域、涉及多少案名、具体案由等要素进行绩效考核,这些发案率低、基层缺乏技术条件的执法领域和事项会导致考核结果的不公正、不合理。

随着浙江省被确立为全国唯一"大综合一体化"行政执法改革国家试点,浙江省明确深化乡镇(街道)"一支队伍管执法"改革,推动执法力量进一步下沉,2022 年年底,85％以上的执法力量在县乡,其中乡镇(街道)占 60％以上。某某市则将 2022 年年底执法力量在乡镇(街道)的占比目标确定在 75％以上。在改革既定目标的倒逼下,有可能会出现为了完成数据目标,进一步忽略执法事项下放标准和基层单位的实际需求和能力。因此,坚定改革方向和目标的同时,依然要明确改革是为了执法组织扁平化,提高行政执法效率,需要对赋权乡镇的执法事项清单充分论证、科学评估、动态调整。

(三)执法队伍建设有待于进一步提供制度保障

从某 A 镇的改革实况来看,执法队伍建设需要进一步提供制度保障。有两个较突出的问题需要关注。第一个问题是综合执法队的人员编制性质需要明确。在基层综合行政执法改革的顶层设计中,忽略了对综合行政执法队的定性,即综合行政执法队是行政机关还是事业单位。由此引发一系列的人员编制问题,比如某 A 镇三个中队的中队长的岗位编制性质是公务员编制还是事业编制就不明确。

区里职能部门划出人员编制是参照公务员编制,镇里划入就存在一定难题,因为综合行政执法队只有公务员编制和事业编制。这些人员编制问题十分重要,需要予以明确。第二个问题是某 A 镇为了满足执法工作的实际需要吸纳兼职执法人员,引发一些潜在问题。某 A 镇将机关和事业在编人员全部纳入行政执法资格考试范围,拿到执法证的人员就可以做兼职执法人员。尽管兼职执法人员的加入提高了持证人员的比率,为满足执法人员不足提供了制度便利,但是兼职执法人员尚未实质性地发挥执法作用。大量的兼职执证人员并没有执法权。综合行政执法能力不是单单考取执法证就能具备的,兼职人员执法还需要一个必要的训练和实践成长过程,如果缺乏必要的训练与实践,势必会影响到执法效果和效率。兼职人员有本职工作,他们实际上发挥的执法作用有限。尤其值得注意的是,目前浙江省按照专职执法人员考核,如果政策发生改变,将兼职执法人员也纳入考核范围,这必然会影响到考核的效果。

(四)综合执法体制机制改革宣传力度有待进一步加大

某 A 镇综合执法体制改革在宣传力度上需要进一步加大。中共中央办公厅、国务院办公厅《关于推进基层整合审批服务执法力量的实施意见》(中办发〔2019〕5 号)明确提出对基层综合行政执法改革要加强舆论宣传,注重典型引路,引导基层党员干部群众理解、支持和参与改革,激发基层干事创业热情,营造良好改革氛围。从问卷调查结果来看,某 A 镇普通居民对综合行政执法改革了解程度有限。16％的被访居民不了解某 A 镇综合行政执法改革,36％的被访居民一般了解,30％的被访居民了解,18％的被访居民非常了解。从《浙江省综合行政执法条例》第三条关于深化综合执法改革的政府和部门的职权职责规定来看,由县级以上人民政府统一领导,机构编制、公务员管理、财政、人力资源社会保障、司法行政、大数据发展等部门,应当在各自职责范围内做好综合行政执法有关工作。该《条例》没有明确宣传主管部门在"大综合一体化"改革中的职权职责。某某市编办、市司法局、市综合行政执法局联合发布的《关于探索实行"镇队合一"行政执法体制的试点方案》和区委办公室、区政府办公室发布的《某某市某某区某 A 镇"镇队合一"行政执法体制改革试点实施方案》中也没有对综合行政执法改革的舆论宣传工作进行具体部署。当前舆论宣传力度不能满足综合行政执法改革实际需要,有待于进一步有组织有规划地在更大范围、更有深度和更大力度地展开舆论宣传。

(五)"镇队合一"改革模式如何推广有待进一步探索

1."镇队合一"改革模式推广存在的制约因素

某 A 镇是浙江省"大综合一体化"行政执法体制改革的第二批试点,也是某某市最成功的改革试点,但是某 A 镇"镇队合一"的综合执法改革模式如何推广,还要持续关注和积极解决相关问题。第一,某 A 镇"镇队合一"的综合行政执法改革具有某 A 镇特色,其他乡镇(街道)可能不完全具备相关条件。某 A 镇立足某 A 名山建设和国家 AAAAA 级风景名胜旅游区管理的实际需要,强化景区建设和旅游市场方面的行政执法。自 2000 年以来,某 A 镇就拥有自己的行政执法中心,在实际上已有多年实施类似现在的"1+8"综合执法派驻模式的经验。这种得天独厚的行政执法资源、行政执法经验模式是其他乡镇(街道)难以具备的。某 A 镇有效实施的"镇队合一"模式,对于其他经济能力不强、综合执法水平不高、执法实践经验不足的乡镇(街道)来说就很难"接得住,管得好"。第二,某 A 镇"镇队合一"的体制改革运作模式已经较为成熟,但还需要一个不断完善的过程。如上所述,某 A 镇改革还存在体制机制落实不到位、职权划分不明确、执法事项清单尚需动态调整、人员编制不明晰、队伍建设待强化等一系列问题,需要在深化改革中进一步解决。如果在其他乡镇(街道)推广某A模式,要提前做好解决这些问题的思想准备和解决方案,否则可能造成不必要的执法资源浪费从而增加改革的"沉没成本"。第三,推广某A镇"镇队合一"改革模式,要结合各乡镇(街道)的实际情况灵活调整推行方案。某A镇"镇队合一"模式主要是将执法事项和执法人员下放到乡镇(街道)。各部门很难有足够的执法人员下放到乡镇(街道)。比如文旅、水利等领域本身执法力量就不够,更无法将该领域的执法人员和执法事项一起下放到乡镇(街道)。例如某A镇有文旅领域的执法力量,其他没有景区管理需求的乡镇(街道)没有相关文旅领域的执法力量,同时也不需要划入文旅领域的执法事项和执法力量。就此而言,"大综合一体化"改革要结合各乡镇(街道)的实际需求,灵活调整相关执法人员和资源的调配。第四,"镇队合一"模式对基层单位领导团队有较高的要求,需要有一个过渡和适应的过程。某A镇的集中赋权改革模式,从某某市政府和某某区政府的角度来看是权力下沉,是一种分权,但是从乡镇(街道)的角度来看,则是一种典型的权力集中,是一种集权。这对乡镇(街道)领导团队的管理能力、思想格局、法律意识等各方面素质都有较高的要求。在"镇队合一"改革模式推行过程中要注重领导团队思想和意识的提升,避免出现领导不力导致综合执法的低效,甚至滋生诸如地方保护主义等弊政。

2. 江北区"1+8"派驻模式的参考

对于当前执行某A镇"镇队合一"赋权模式的确有困难的个别乡镇(街道),可以考虑暂时采用"1+8"派驻模式过渡。在此,江北区推行"大综合一体化"的工作经验可供参考。江北区在2021年12月以慈城镇为"一支队伍管执法"改革先行试点区域。江北区赋予慈城镇206项综合行政执法事项执法权,推行"综合执法统筹、专业执法联动"的"1+8"工作体系,整合综合执法、市场监管等"1+8"执法力量成立慈城镇综合行政执法队。目前该执法队一共34人,其中12

人来自江北区城管,6 人为慈城镇政府人员,16 人由 8 个执法部门下沉。慈城镇的综合行政执法改革取得了不错的执法质效。2022 年 1 月至 6 月执法案件数量为 213 起,相较 2021 年 1 月至 6 月执法案件数量 128 起,同期增加 85 起,增加 66.4%。江北区拟于 2022 年 7 月份将慈城的"1+8"综合执法改革模式推广到甬江街道、庄桥街道、洪塘街道、前江街道,拟赋权这四个街道 14 个领域 601 项执法事项。同时将向慈城镇增加赋权事项 431 项,这样共计向慈城镇划拨执法事项 637 项。慈城镇"1+8"派驻模式只是向镇政府划拨执法事项,并没有划拨执法人员。综合执法局和其他 8 个执法部门执法人员的编制依然在原单位。这样既能较快完成"大综合一体化"改革的相关目标任务,又可以避免或搁置推广某 A 镇"镇队合一"模式可能引发的编制和执法力量不足问题。

三、浙江省综合行政执法改革完善建议

(一)进一步落实"一支队伍管执法"的体制机制

"一支队伍管执法"是"大综合一体化"的重要改革目标,也是实现体制创新和提高效率的关键措施。如果要做到综合行政执法权力真正下沉到基层,归属到基层的"一个框架下",由基层统一发号施令,就必须有效落实改革设定的综合执法体制机制。

第一,不断完善和落实基层执法队的组织架构设置。"大综合一体化"综合行政执法改革,就是乡镇(街道)承担组织、协调基层执法队工作,基层执法队承担乡镇(街道)全域范围内的执法工作。基层执法队受乡镇(街道)领导,业务上接受各业务主管部门的指导和监督。下沉到乡镇(街道)的原县级执法人员由乡镇(街道)和各业务主管部门双重管理,考核以乡镇(街道)为主。在完善基层执法队伍组织架构的同时,乡镇(街道)还应建立健全乡镇(街道)内部管控体系,

制定完善岗位职责、选人用人、考核评价制度；严格落实协作配合机制、依法行政工作机制、执法保障机制、执法办案机制、日常管理机制、信息化管理机制、执法监督机制和行风效能机制等八个方面工作机制。

第二，明确乡镇（街道）与基层执法队的工作关系。"大综合一体化"的"一体化"，就是以乡镇（街道）为主体、有机整合行政管理与行政执法的"块状一体化"，将基层执法队全面、深度地融入乡镇（街道）之中，使其成为乡镇（街道）的直属机构或内设机构。因此，乡镇（街道）与基层执法队的关系就是整体与部分的关系，是领导与被领导的关系。当然，上述所说的乡镇（街道），是指以"赋权"模式组建基层执法队伍的地方。另外，"大综合一体化"改革试点还有两种模式，即派驻与辐射。派驻模式执法，是指各业务主管部门在某乡镇（街道）设立相应的执法机构，并由这些机构承担执法任务，最终仍以各业务主管部门的名义作出行政处罚。辐射模式执法，又有两种形式，一是由赋权乡镇（街道）的基层执法队承担周边乡镇（街道）的执法职责；二是由派驻某地执法机构承担周边乡镇（街道）的执法职责，而这两种形式都是以各业务主管部门的名义作出行政处罚。有必要指出，不管是赋权乡镇（街道）执法模式或派驻模式执法，其承担的辐射乡镇（街道）不能过多，比如，某县唯一一支赋权的综合行政执法队，既要承担本镇的行政执法任务，同时还要辐射另外 9 个乡镇的执法工作。这既加大了赋权镇与辐射乡镇的协调难度，又使得这一支执法队伍同时要对应 10 个乡镇执法工作，可能会使执法主业成为无法完成的任务。

第三，解决好监管与处罚问题。"大综合一体化"改革试点工作要实现的目标之一，是"有监督"。而要达到"有监督"之目标，在综合执法上，就是要将"执法权"与"监管权"相分离。一般来说，一个完整的行政执法，具有"许可、监管、执法"三个阶段。根据《行政法许可法》确定的"谁许可，谁监管"的原则，那么县级行政机关将"执法事项"下放到乡镇(街道),其"监管"工作并没有随之下放到乡镇(街道),也就是说,县级行政机关还要继续履行综合行政执法事项的"监管"义务。仍由县级行政机关继续履行综合行政执法事项的监管义务,这里确实存在两方面的问题:一是县级行政机关已经将部分行政执法人员下放到乡镇(街道),这些人原本就可能既承担监管义务,又履行行政执法职责,这些人因改革试点而下沉到乡镇(街道),势必使各部门的监管能力被削弱;二是县级行政机关承担乡镇(街道)的监管义务,确有不便之处,况且由县级行政机关发现违法行为再移交给基层执法队,又与"大综合一体化"改革试点需解决"看得见,管不到"的初衷相背离。要解决监管与处罚问题,还是要从"条抓块管"的总体思路来破解,一是构建监管、执法协同联动机制,督促主管部门落实事中事后监管,形成全覆盖监管体系。二是通过智慧管理平台和"综合查一次"来解决部分监管问题;三是将承担投诉举报工作从"监管"中剥离出来,由基层执法队承担投诉举报工作,确需由县级行政机关以监管方式解决的事项,以及因行政案件级别管辖应由县级行政机关办理的,再以移送方式交由县级行政机关办理。

第四,协调好各部门下沉人员与原单位工作关系。在没有正式解决乡镇(街道)缺少执法人员现状的前提下,只要存在执法人员"县属乡用"的运行模式,各部门下沉人员是否要兼顾原单位的工作,就是一个不容回避的问题。道理很简单,哪一个单位都缺人。况且下沉到乡镇(街道)的人员原本就是各部门的人,因此各部门总会有理由要下沉人员兼顾原单位工作的。特别是,假如乡镇(街道)又经常将下沉的执法人员抽调到非执法工作岗位,从事乡镇(街道)的日常行政管理事务,那么各部门更有理由认为下沉人员要兼顾原单位工作,甚至会提出将下沉人员抽回原单位工作的要求。为了解决这一问题,坚持日常管理考核主要归乡镇(街道)的原则,尊重乡镇(街道)"指挥协调、考核管理、推荐提名和反向否决"四权,不随意插手干扰执法队伍日常管理、不随意抽调执法人员离岗、不随意安排执法工作任务。与此同时,相关组织人事部门还要制定下沉人员参与乡镇(街道)工作"负面清单",明确乡镇(街道)哪些工作是不能交给下沉人员做的,并切实执行"负面清单"制度,让下沉人员安心从事基层执法工作。

第五,解决好下沉执法人员跨区域执法问题。由于乡镇(街道)缺少执法人员,故需要由县级行政执法机关抽出一定数量的执法人员下沉到乡镇(街道)从事执法工作,如果这些下沉人员原先工作区域就是要辐射到多个乡镇(街道),而现在却要具体落实到某一具体的乡镇(街道)从事执法工作。根据目前行政执法证的管理方式,这些下沉执法人员需领取双"行政执法证",以确定某位执法人员是在某个乡镇(街道)执法,而一旦某人被确定为某地的执法人员,他就不能到其他区域从事执法工作。这种管理方式,若在地广人稀、执法任务偏少的情况下,就应解决下沉执法人员的跨区域执法问题,以利于改革试点工作的顺利开展。

(二)客观、合理、动态地确定和调整赋权执法事项清单

首先,明确乡镇(街道)执法事项赋权原则和确定执法事项标准。赋权于乡镇(街道)执法事项的划转标准是"三高两易",其目标是做到基层行政执法事项要"放得下、接得住、管得好、有监督"。从理论上说,以"三高两易"(高频率、高综合、高需求、易发现、易处置)为赋权标准,精准梳理符合乡镇(街道)基层治理迫切需要的"共性"行政执法事项,以解决乡镇(街道)"有责无权"的痛点。上述赋权标准看似清晰,实则模糊,特别是何为"高频率"难以计算。这些执法事项原先没有划转到乡镇(街道),就不能统计出正确的"高频率"数据,因为有些执法事项在县级层面可能是"睡眠事项",而一旦下放到乡镇(街道)就有可能被"激发"成高频率的执法事项。赋权标准中"一高"尤其重要。"一高"即"高需求",也就是《行政处罚法》第二十四条第一款规定的"基层管理迫切需要的"行政处罚权。为了实

现"放得下、接得住、管得好、有监督"的目标,其立足点仍然要以"高需求"或者是"基层管理迫切需要"为中心开展赋权工作。"放得下",就是以解决乡镇(街道)"高需求"的执法事项为前提。以"高需求"为赋权标准,哪些执法事项要下放到乡镇(街道),就不是以各业务主管部门是否愿意为原则。也就是说,"放得下"应以乡镇(街道)是否需要为原则,乡镇(街道)需要下放的,各部门就是不愿意放也得放,这才是"放得下"的应有之义。同样,对"接得住"的理解,也不是以乡镇(街道)现有执法力量为衡量标准。如果按照改革试点之初乡镇(街道)的执法力量来说,赋权于乡镇(街道)执法事项都是"接不住"的,正因为"接不住"才要求县级执法机关下沉执法力量,让乡镇(街道)实现"接得住"之目标,正因为如此,才有了执法人员"县属乡用"之说。在此有必要说明,这里的"接得住"与《行政处罚法》第二十四条第一款的规定,乡镇人民政府、街道办事处能够"有效承接"县级人民政府部门的行政处罚权之规定,还是有区别的。这是因为"接得住"所要考虑的是,能否接得住;"有效承接"所考虑的是,承接的有效性。在乡镇(街道)能否"有效承接"的问题,还将在"如何解决级别管辖问题"中阐述。是否能实现"管得好""有监督"的目标,其抓手就是行政执法与行政管理的"块状一体化",通过整合乡镇(街道)原有的管理机制、监督体系,基层执法队的监管与监督才能落到实处。

基于此,既然执法事项赋权于乡镇(街道)的标准,不能仅以"高频率、高综合、易发现、易处置"为标准,也不能仅以是否"放得下、接得住"为原则,那么本次改革试点应如何确定赋权事项呢?答案只有一个,那就是以乡镇(街道)是否有"高需要",即以解决的问题为导向的标准。乡镇(街道)"高需要"的执法事项,只要不违反执法事项的级别管辖问题的,不论目前乡镇(街道)是否能接得住、是否易处置,都应该赋权于乡镇(街道),绝不能以乡镇(街道)"接不住"为由,将某些乡镇(街道)有"高需求"的执法事项留在县级执法机关,从而拒绝相关执法人员下沉到乡镇（街道）。

（三）为执法队伍建设进一步提供制度保障

首先，综合行政执法队伍融合水平需要进一步提升。执法力量尚未统筹配足，编制和人员难以下沉的问题比较突出。执法人员身份未定，不利于统一管理，容易造成执法上的推诿扯皮。对于这一问题的解决，可从两个方面开展工作。一是落实各部门下沉人员是否享受乡镇干部待遇。各部门的执法人员下沉到乡镇（街道）履行执法工作职责，其工作在乡镇（街道），其津贴补贴等待遇理应享受乡镇干部待遇。然而，受到"县属乡用"模式的影响，下沉人员的津贴、补贴发放没有上级部门，特别是财政部门的政策支持，使得执行"同城同待遇"原则成了扯皮的事，再加上有些地方财政并不宽裕，给下沉执法人员增加津贴补贴，就成了新的财政负担。同一城市不同级次政府机关相同职级人员，原则上应逐步实行大体相同的津贴补贴标准，这一原则理应在本次改革试点中得到落实，让下沉的执法人员能够安心在乡镇（街道）做好执法工作。二是将有行政执法证的乡镇（街道）公务人员或事业编制人员充实到基层执法队伍中。将有行政执法证的乡镇（街道）干部充实到基层执法队中，是本次改革试点的应有之义，这也是以乡镇（街道）"块状一体化"的核心内容，没有乡镇（街道）干部充实到基层执法队，全部执法人员由县级执法机关下沉人员组成，即所谓的"县属乡用"，这仅仅是改革试点初期的权宜之计，基层执法队要有战斗力，必须与乡镇（街道）干部融为一体，这也是解决业务主管部门下沉人员拥有归属感的路径之一。当然乡镇（街道）原有的行政管理事务繁杂，任务很重，基层执法队的组建后，可以通过开展综合执法工作，让原先由行政管理解决的问题，通过综合行政执法来完成或由综合行政执法提供保障，以全面提升行政管理效率。

其次，县级行政机关帮扶基层执法队开展工作。这个问题在理论上好解决，而现实中却困难重重。从各业务主管部门帮扶基层执法队开展工作来说，可以从三方面入手：一是培训，手把手教基层执法人员；二是提供专业技术支持；三是对基层执法队不熟悉的执法事项，以联合办案方式解决相对复杂、疑难的行政处罚案件的办理。与此同时，帮扶基层执法队伍更需从制度建设上下功夫。缙云县综合行政执法指导办推行"设置协助帮扶期"的做法值得推广。缙云县委、县政府要求，在事项划转和赋权的一段时间内，各业务主管部门要多"扶一扶、帮一帮"，与综合行政执法部门、乡镇（街道）共同履行主体责任，确保事项划转和赋权平衡过渡。在半年的帮扶期内，赋权事项如出现行政败诉或其他影响社会稳定等情况，部门同样追责。还有，青田县综合行政执法指导办明确基层执法队办理新类型案件，由各业务主管部门与基层执法队共同办理，并以此制作案件办理手册予以推广。

最后，以交换轮岗培训考核破解下沉执法权限承接能力不足难题。一方面，强化人员学习交流县镇双向流动，镇综合行政执法大队聘用人员与县局聘用人员实施定期互换流动，积累一线执法经验、提升独立开展大型执法活动业务能力；另一方面，继续实行以乡镇（街道）管理为主、县级主管部门做好业务指导的双重管理体制，在业务指导过程中更加注重对重大执法案件的法制审核。同时，强化双向考核，出台管理考核工作意见，进一步明确乡镇（街道）和县级主管部门对镇执法大队的考核管理权、推荐提名权、反向否决权，倒逼执法队伍快速成长。

（四）加大综合执法体制机制改革推进的宣传力度

加强宣传引导，强化改革共识，抓紧完善顶层设计，探索改革新路径。何为"大综合一体化？"，这个问题大部分人都没能真正理解。"大综合一体化"的"大综合"，其法律依据是《行政处罚法》第二十四条第一款的规定，即"省、自治区、直辖市根据当地实际情况，可以决定将基层管理迫切需要的县级人民政府部门的行政处罚权交由能够有效承接的乡镇人民政府、街道办事处行使，并定期组织评估。决定应当公布"。有关部门只要将"基层管理迫切需要的县级人民政府部门的行政处罚权"赋权给乡镇（街道），自然就符合"大综合"概念之要求，因为有明确的法律依据，大家说出来、做起来自然非常踏实。"大综合一体化"的"一体化"，应该是行政执法领域"块状一体化"。"横向一体化""纵向一体化"的行政执法模式，从"条抓块管"的行政体制改革来说，它们都属于"条抓"；而行政执法领域的"块状一体化"，就属于"块管"的范畴，也就是乡镇（街道）属地管理在行政执法中的体现。中共中央、国务院《关于加强基层治理体系和治理能力现代化建设的意见》指出要增强乡镇（街道）行政执行能力，依法赋予乡镇（街道）综合管理权、统筹协调权和应急处置权。根据本地实际情况，依法赋予乡镇（街道）行政执法权，整合现有执法力量和资源。为此，既然本次"大综合一体化"改革试点，不属于"横向一体化"，也不是"纵向一体化"，它应该是以乡镇（街道）为主体的属地行政管理与各业务主管部门的行政执法有机结合的"块状一体化"，基层综合执法要依托乡镇（街道）的行政管理资源开展行政执法工作，而基层综合行政执法也要为乡镇（街道）依法行政保驾护航。因此，"大综合"是指以基层管理的迫切需要为导向，将原属于各业务主管部门的行政执法事项综合起来赋权于乡镇（街道）；"一体化"是指以乡镇（街道）属地管理为基础，与各部门下沉到乡镇（街道）的行政执法力量有机整合的条块共管模式。为此，"大综合一体化"的本意是为解决基层存在的"看得见、管不着"问题，以乡镇（街道）属地管理为基础，组建条块共管模式的基层综合行政执法机构，为乡镇（街道）依法行政保驾护航。这是因为某些乡镇（街道）干部认为，赋权给乡镇（街道）的执法事项原本就是县级各部门的法定职责，基层执法队的主要执法人员也是由各部门下沉到乡镇（街道）的执法人员组成。根据目前改革需要，乡镇（街道）仅仅是指派一位分管领导兼任执法队的"队长"而已。再加上为了推进改革，相关文件明确规定，各部门下沉到基层执法队的行政执法人员采取"县属乡用"的人员管理模式,更让乡镇(街道)干部认为,虽然基层执法队是以乡镇(街道)名义挂牌运行,其实质仍是各部门以"执法进乡镇(街道)"模式的新尝试而已。某些乡镇(街道)干部的上述不正确认识,就是对"大综合一体化"改革的实质问题,即以乡镇(街道)为主体、有机整合行政管理与行政执法的"块状一体化"的错误理解。

(五)推进数字技术平台的建设和利用

推进数据融合,强化数字赋能,整合各类信息系统,加快信息资源开放共享、互联互通,打造具有特色的非现场执法应用场景。首先,解决好智慧基础设施建设落后导致的互联互通不足的瓶颈问题。前期,综合行政执法局以"模块化、框架化、集群化、服务化"为设计理念对已有的综合行政执法数字化信息平台进行升级改造,基本实现了城市管理业务从人工发现到物联感知、从动态巡查到智能预警、从被动响应到主动防范、从末端处置到源头治理的转变,但现有智慧城管指挥监管平台还不足以成为智慧城市大数据管理中心子系统,政务数据还不能实现"应归尽归"、应用系统还未实现"应接尽接",县级各部门之间的信息壁垒仍未打通。其次,将现有综合行政执法数字化信息平台打造成智慧城市大数据管理中心子系统。一方面,由相关部门负责,将城市管理各业务主管部门的政务数据平台嫁接共享,对预留端口(如井盖、河道监测等)进行补充完善,真正实现政务数据"应归尽归"、应用系统"应接尽接"、开放共享"应用尽用";另一方面,将现有综合行政执法数字化信息平台优化升级为智慧执法平台,将法制审核动力主轴与指挥调度二元融合,通过"执法办案区、案件管理区、涉案财物管理区"等功能区的模块化、数字化运行,实现一站式办案、智能化管理、全流程监督,推进综合执法工作管理信息化、数据化建设,提高执法效率。

综上所述,浙江省"大综合一体化"综合行政执法改革推进工作取得重大成效。各地大力推进"一支队伍管执法"体制改革，在执法事项实施、执法队伍建设、执法制度建设和执法行为规范、执法协同和数字化平台应用、内部监督和社会监督等方面的改革措施都得到有效落实。通过"大综合一体化"改革，综合行政执法质效有较大提升。综合执法体制改革，在破解乡镇（街道）综合行政执法力量不足、统筹不强、协同不够、机制不畅等问题上初见成效。在执法体制机制完善、执法队伍建设、制度建设、执法行为规范、执法保障等方面的质效都有明显的提升。在"大综合一体化"改革工作推进过程中，还要做好相关问题的解决工作。在改革落实过程中，还存在体制机制改革措施落实不到位、赋权执法事项清单需要"能下能上"的动态调整、人员编制性质不明确、兼职执法人员合理设置和发挥作用等方面的诸多问题。解决这些基层综合执法改革中出现的问题，需要上级主管部门的相关保障措施及时跟进。

第三节　"大综合一体化"基层综合行政执法改革的法理思考

一、全国"大综合一体化"综合执法改革推进情况

（一）全国整体上改革推进迅速

"大综合一体化"改革是在十多年来各地基层改革实践基础上形成的，其改革实质是将行政执法权下放到乡镇和街道。尤其是在2019年《关于推行基层整合审批服务执法力量的实施意见》、2021年1月《行政处罚法》修订和2021年4月《关于加强基层治理体系和治理能力现代化建设的意见》先后出台的背景下，全国各地"大综合一体化"改革得到快速推动。有学者统计，截至2022年3月底，有北

京、上海、浙江、广东等 15 个省、自治区、直辖市明确出台了"大综合一体化"文件,发布了具体行政执法权下放的清单,具体省(区、市)改革情况见表 2-5。从各省"大综合一体化"改革的具体推动实践来看,主要集中在 2019 年到 2021 年的三年时间内。

表 2-5 各省(区、市)综合行政执法权下放一览①

省(区、市)	下放数量/件	承接主体	下放方式	下放形式	下放时间
辽宁省	720	市职能部门	授权＋委托	行政决定	2020 年
浙江省	684	乡镇和街道	授权	规范性文件(指导目录)	2021 年
北京市	431	乡镇和街道	授权	行政决定	2020 年
上海市	423	乡镇和街道	授权	规范性文件(通知)	2021 年
江苏省	369	乡镇和街道	授权	规范性文件(指导目录)	2020 年
广东省	325	经济发达镇	授权	行政决定	2019 年
吉林省	225	经济发达镇	授权	规范性文件(指导目录)	2018 年
甘肃省	215	乡镇和街道	授权	规范性文件(指导目录)	2020 年
河南省	185	经济发达镇	授权	规范性文件(指导目录)	2018 年
陕西省	161	经济发达镇	委托	行政决定	2019 年
内蒙古自治区	99	乡镇和街道	授权	党政联合发文	2020 年
福建省	77	经济发达镇	授权	规范性文件(指导目录)	2020 年

① 陈明辉.行政执法权下放的地方实践及其法治优化.行政法学研究,2023(3):119-129.

续表

省 （区、市）	下放 数量/件	承接主体	下放方式	下放形式	下放时间
四川省	55	乡镇或街道	授权	规范性文件 （指导目录）	2021 年
重庆市	418	高新区	授权	行政决定	2019 年
黑龙江省	39	乡镇和街道	授权	行政决定	2021 年

从具体改革实施过程来看,各地纷纷出台相关法律法规规章为"大综合一体化"改革保驾护航,具体法律法规出台情况见表 2-6。

表 2-6　各地综合行政执法权法律法规规章一览①

地区	时间	法律、法规、规章
深圳市	2006 年	《深圳市人民政府关于全面推进街道综合执法工作的决定》
东莞市	2019 年 7 月	《东莞市城市综合执法条例》
广西壮族 自治区	2021 年 7 月	《广西壮族自治区城市管理综合执法条例》
河北省	2021 年 3 月	《河北省乡镇和街道综合行政执法条例》
陕西省	2018 年 11 月	《陕西省城市管理综合执法条例》
石家庄市	2019 年 5 月	《石家庄市城市管理综合执法条例》
珠海市	2021 年 3 月	《珠海市人民代表大会常务委员关于镇街综合行政执法的决定》
浙江省	2021 年 11 月	《浙江省综合行政执法条例》
上海市	2018 年 5 月	《上海市城市管理行政执法条例》（第二次修订）
上海市	2021 年 9 月	《上海市城市管理综合行政执法条例实施办法》

① 表 2-6 为非完全统计,笔者搜集了全国不同类型的省市具体法律、法规和规章的出台情况,目的是了解各地在综合行政执法方面的差异性。

（二）全国各地地区性差异较大

1. 各地在"大综合一体化"改革的进度和力度上差异大

部分省（区、市）综合行政执法条例没有规定综合行政执法权向基层下放的内容，只是规定了综合行政执法权向城市管理综合行政执法部门集中。广西壮族自治区于 2021 年 7 月出台《广西壮族自治区城市管理综合执法条例》。该条例在第十一条和第十二条明确规定了城市管理综合执法部门集中行使行政处罚权的范围和条件，但没有规定综合行政执法权向基层下放的条文。陕西省于 2018 年 11 月出台《陕西省城市管理综合执法条例》。该条例主要是规定城市管理综合执法主管部门集中行使行政处罚权，并没有对综合行政执法权向乡镇（街道）下放的内容。部分省（区、市）明确规定了基层综合执法"大综合一体化"的内容。深圳市早在 2006 年由市人民政府出台《深圳市人民政府关于全面推进街道综合执法工作的决定》，就规定了城市管理综合行政执法向基层下放。该决定明确规定："各区城市管理行政执法局（以下简称城管执法局），在辖区各街道设立街道执法队，作为区域城管执法局的派出机构，街道执法队以区域城管执法局的名义实施行政处罚。"浙江省在"大综合一体化"改革中走在全国的前列，通过立法对基层综合行政执法改革进行了较为全面的规定。

2. "大综合一体化"改革执法主体差异较大

在明确推行"大综合一体化"的省（区、市）中，综合行政执法权力的下放主体和承接主体的范围有所不同。权力下放主体的范围不限于省级政府，权力承接主体的范围也不限于乡镇和街道。从各地行政执法权下放实际来看，权力下放主体包括省级政府、市级政府和县级政府。另外，省级职能部门、市级职能部门也有下放综合行政执法权的权力。而承接主体主要为市职能部门、区管委会、区县职能部门、乡镇(街道)。从实际改革操作上来看,在综合行政执法权下放过程中,省市级人民政府及其职能部门大多是在下放下级政府及其职能部门的综合行政执法权,只有少数省市人民政府及其职能部门是下放自身的行政执法权。

3. 综合行政执法权下放方式有较大差异

综合行政执法权的下放方式多种多样,派驻、委托和授权为三种主要方式。派驻方式主要是市县级政府部门向乡镇或街道派驻执法人员执行相关行政执法权。石家庄市 2019 年 5 月出台《石家庄市城市管理综合执法条例》。该条例第六条规定:"县(市、区)人民政府城市管理综合执法部门负责本辖区内的城市管理综合执法工作,并可以根据辖区工作需要,在乡(镇)、街道派驻综合执法机构,履行综合执法的具体职责。"委托方式是市县级人民政府及职能部门将行政执法权委托乡镇或街道执行。授权方式是指通过法律或政策将原由上级政府或职能部门的行政执法权下放到乡镇或街道行使。东莞市 2019 年 7 月出台《东莞市城市综合执法条例》。该条例第四条第二款规定:"镇人民政府(街道办事处)依据省人民政府制定的赋权清单,行使相应的城市综合执法权。"第六条明确规定对基层综合行政执法改革的法律制度支持。其具体内容为:"市、镇人民政府(街道办事处)应当将城市管理综合执法工作所需经费纳入同级财政预算。根据区域面积、人口数量、执法需求及其变化等因素,合理配置城市管理综合执法人员和装备。根据城市管理综合执法事项的专业技术要求,合理配置专业技术人员和设备。"珠海市于 2021 年 3 月出台《珠海市人民代表大会常务委员关于镇街综合行政执法的决定》。该决定第一条明确关于综合行政执法权向基层下放的规定。具体内容为:"法律、法规、规章规定由区级人民政府及其行政执法部门行使的自然资源和规划建设、生态保护、市场监管、卫生健康、社区治理、城市管理、劳动保障、应急管理、物业管理、农业技术推广使用等方面的行政处罚权,按照实际需要、宜放则放的原则,调整由镇人民政府、街道办事处(以下简称镇街)以其自身名义行使,实行综合行政执法。"第一条第二款明确规定了向镇街下放行政执法权的限制性规定,"专业性和技术性强的,镇街无法承接的行政处罚事项"不予下放,"工作量较小、由区级集中行使成本更低的行政处罚事项"不予下放。该决定的第二条规定了下放权限的内容,包括行政处罚权、行政检查权、行政强制措施权。[①]

在"大综合一体化"改革过程中,各地在行政执法权下放形式上,往往采用多种方式。河北省 2021 年 3 月出台《河北省乡镇和街道综合行政执法条例》,专门对乡镇和街道的综合行政执法予以规定。该条例第八条明确规定:"乡镇人民政府和街道办事处应当按照相对集中行使处罚权要求,整合乡镇和街道现有站所、分局和县级政府有关行政执法部门下放的执法力量,组建乡镇和街道综合行政执法机构,以乡镇人民政府和街道办事处名义依法开展执法工作。"第八条第二款明确规定:"依法依规实行派驻体制的行政执法机构,单独履行监管职责,但应当按照规定纳入乡镇人民政府和街道办事处统一指挥协调工作机制。"可见,河北省就采用了委托和派驻的方式。

4. 综合行政执法权下放标准和清单不同

当下,各地行政执法权力下放的事项和下放权力的类型都十分广泛,涉及综合行政执法领域的所有类型。各地下放权力基本上都规定了遵循的原则,比如"根据当地实际情况""宜放则放""执法频率较高,基层能够接得住"的原则等。各地政府在执法权下放的内容范围方面没有确定的标准。《中华人民共和国地方各级人民代表大会

---

① 《珠海市人民代表大会常务委员会关于镇街综合行政执法的决定》第二条规定:"行政处罚权调整实施后,与其相关的行政检查权、行政强制措施权由镇街一并实施。"

和地方各级人民政府组织法》(以下简称《地方组织法》)所规定的县级以上人民政府拥有的行政管理事项基本上都在下放事项清单中。当然,下放事项清单主要集中在环境和资源保护、卫生、文化、民政、公安等八大核心领域。除行政执法处罚权外,行政许可权、行政强制权和行政检查权等权力也在下放权力类型之列。另外,行政征收、行政确认、行政激励以及其他行政权力的下放也很普遍。

二、"大综合一体化"改革存在法理上的问题及对策

(一)法律概念和标准问题

"大综合一体化"基层综合行政执法改革本质上就是行政执法权力向基层下放,更具体来说就是向乡镇和街道的下放。这是一个系统工程,涉及从省级政府到街道的不同层级职权配置。因此,如何准确界定权力的"下放"概念,是一个法理学必须明确的问题。一直以来,权力"下放"只是一个宽泛的描述性概念,并不是一个严格意义的法律术语。

2016年,中共中央办公厅、国务院办公厅印发《关于深入推进经济发达镇行政体制改革的指导意见》(以下简称《指导意见》),明确提出了省级政府可以将基层管理迫切需要且能够有效承接的一些县级管理权限,包括行政审批、行政处罚及相关行政强制和监督检查权等赋予经济发达镇,赋予经济发达镇政府的权力实施主体地位。该《指导意见》涉及的权力"下放"内容为:"法律规定的县级政府及其部门管理权限需要赋予经济发达镇的,按法定程序和要求办理。暂时不具备下放的管理权限,要积极创造条件,成熟一批,赋予一批。加强相关立法,为经济发达镇扩大经济社会管理权限提供法律依据。建立并公布行政权力清单和行政权力事项责任清单,明确权力下放后的运行程序、规则和权责关系,健全权力监督机制,确保下放权力接

得住、用得好。"从 2016 年的文件规定来看,这里的权力"下放",只是让镇政府具有实施行政执法的权力"主体"地位,先前只有上级政府或部门拥有的行政执法权可以让镇政府实施。虽然强调建立"行政权力清单"和"行政权力事项责任清单",并要求"明确权力下放后的运作程序、规则和权责关系",但是没有明确什么权力是"下放"。

2019 年中共中央办公厅、国务院办公厅发布的《关于推进基层整合审批服务执法力量的实施意见》(以下简称《实施意见》)对于行政执法权"下放"也没有进行明确界定。该《实施意见》强调"积极推进基层综合行政执法改革",具体就是推进行政执法权限和力量向基层延伸和下沉,强化乡镇和街道的统一指挥权和统筹协调职责。这里用词为"下沉"。具体"下沉"的方式也没有明确界定,只是说目标是"强化乡镇和街道的统一指挥权和统筹协调职责"。2019 年的《实施意见》,其实依然延续了 2016 年《指导意见》的改革目标提法,就是赋予基层实施行政执法权的权力主体地位,只是在范围上由"经济发达镇"扩展到普通"乡镇"和"街道"。2019 年《实施意见》中,实现乡镇和街道行政执法主体地位的方式是"整合现有站所、分局执法力量和资源,组建统一的综合行政执法机构,按照有关法律规定相对集中行使行政处罚权,以乡镇和街道的名义开展执法工作,并接受有关县级主管部门的业务指导和监督,逐步实现基层一支队伍管执法"。无论是 2016 年《指导意见》中的行政执法权的"下放",还是 2019 年《实施意见》中的行政执法权"下沉",目标都是明确的,就是把行政执法权集中到基层,由基层的"经济发达的镇"或普通乡镇(街道)集中行使,但是都没有从法律角度明确界定这种权力转移对应的法律术语,到底是法律赋权还是"委托",没有厘清基层与相关上级政府的职能部门的明确关系。

2021 年修订的《行政处罚法》的第十八条规定:"国务院和省、自治区、直辖市人民政府可以决定一个行政机关行使有关行政机关的行政处罚权。"这就规定了省级政府可以"决定"赋予基层行政机关行政处罚权。但是该法第二十四条规定："省、自治区、直辖市根据当地实际情况，可以决定将基层管理迫切需要的县级人民政府部门的行政处罚权交由能够有效承接的乡镇人民政府、街道办事处行使，并定期组织评估。决定应当公布。"无论是第十八条的"决定"，还是第二十四条的"交由"，都没有明确行政处罚权由基层行政机关获取的法律性质。有人认为"交由"可以有诸如相对集中、交办、委托、设立派驻机构、授权等多种方式。① 有人认为执法权"下放"或"交由"，应该从权力转移的本质上理解。执法权下放的本质是将上级行政机关的法定职权交由下级行政机关行使。而真正意义上的行政执法权下放只能有委托和授权两种方式，相对集中和交办都不是执法权下放的方式，设立派驻机构是执法权的下沉，属于不具有法律效果的执法权下放。② 其理由有三个：一是行政执法权的集中改变了行政执法权的所属部门，而行政执法权下放则是改变行政执法权的所属层级；二是行政法上的交办是指下级行政机关处理上级行政机关指派的具体事项，不是将某项抽象的行政权力交给下级行政机关；三是设立派驻机关虽然属于广义的执法权下放，但其实并没有改变行政执法权的归属，不具有行政法上的法律效力。从各地行政执法权下放的官方文件来看，省级政府的行政执法权下放普遍采用授权方式，市县级行政执法权下放大多采用委托方式。设立派驻机构以及服务窗口前移等执法力量下沉方式归入行政执法权下放，但这类行政执法权下放形式并没有引发管辖权转移的法律效果，并非行政执法权下放。

（二）下放的主体、方式与依据问题

"大综合一体化"基层综合行政执法改革实际上是行政执法权的

① 陈明辉：行政机关法权下放的地方实践及其法治优化[J].行政法学研究,2023(3)：119-129。
② 陈明辉：行政机关法权下放的地方实践及其法治优化[J].行政法学研究,2023(3)：119-129。

下放,用以解决基层治理效能低下问题。但在实际操作过程中,地方改革实践中存在不符合法治的情境。

首先,行政执法权下放的法律依据不足。行政执法权的法定职权来源有两种,一是组织法规定的基本法定职权,二是特别法授予的权力。如果为了提高行政效率、减少行政成本,进行行政执法权的转移,比如下放,则必须有宪法或法律上的依据。从《地方组织法》的角度来看,2016 年的《指导意见》、2019 年的《实施意见》和《行政处罚法》作为执法权下放的法律依据,都不具备法律上的充分要件。2016年的《指导意见》和 2019 年的《实施意见》属于党政联合发布的文件,其在性质上属于党内法规以外的规范性文件,是属于政府规章之外的行政规范性文件,对于各级党政机关仅仅具有政策指导作用,并不具有法律意义上的规范效力。《行政处罚法》第二十四条也很难作为各级政府全面下放行政执法权的法律依据。《行政处罚法》也仅仅规定行政处罚权可以下放,但是无法为其他类型的执法权下放提供法律依据。从理论上而言,地方性法规仅能以"一事一授权"的方式将行政处罚法授予基层行政机关。直接通过地方性法规授权乡镇人民政府、街道办事处作为行政处罚主体的做法并不符合法理。

其次,"大综合一体化"行政执法权的下放主体存在主体不适合问题。《行政处罚法》第十八条明确规定上级政府为下放主体。《地方组织法》第八十六条规定:"街道办事处在本辖区内办理派出它的人民政府交办的公共服务、公共管理、公共安全等工作,依法履行综合管理、统筹协调、应急处置和行政执法等职责,反映居民的意见和要求。"规定街道办事处职能为履行法定的行政执法权。也就是说,《地方组织法》本身并没有下放任何行政执法权,仅仅是允许以法定形式下放行政执法权。具体哪些主体可以下放行政执法权,哪些主体可以承接行政执法权,必须有法定依据。这里的法定,按照通常的理解,只能是法律、法规和规章的具体规定。能够下放行政执法权的最多只能是设区的市以上的人民政府,县级政府及其职能部门并不能以授权方式下放行政执法权。即便是设区的市以上的人民政府下放执法权,原则上下放主体职权也只以授权方式下放自身创设的执法权,否则只能以委托方式下放上位法创设的执法权。在"大综合一体化"改革实践中,地方各级人民政府及其职能部门均不加区别地下放行政执法权,市县区政府及其职能部门、乡镇人民政府、街道办,甚至有社区也成为执法权下放的对象。

再次,行政执法权下放方式比较混乱。"大综合一体化"改革多在社会治理语境下使用行政执法权下放。社会治理语境与法治语境并不具有必然的一致性。社会治理强调的是行政效率,而法治语境强调的是公平正义。行政执法权下放的方式,从中央到地方都没有给出明确限定。早期的行政执法权下放主要是委托给经济发达的镇。从 2019 年开始,从地方政府文件来看,不少地方将下放分为委托下放和直接下放,也有的地方政府将委托和下放并列,还有地方将下放分为委托、下放和服务窗口前移。下放方式的混乱意味着下放主体和承接主体对下放性质和下放程序在认识上的模糊。

最后,"大综合一体化"执法与社会秩序可能的冲突。法律是社会规范,也就是社会控制工具。正如法学家们所言,法律规范与社会发展往往并不同步,时常会出现不协调,甚至冲突。梅因说法律一经制定就与社会产生距离,需要通过法律拟制、法律衡平和立法来缩小法律与社会的关系。即便是法律能够与社会保持一致,法律也是要通过实施才能对社会产生相应的规范作用。综合行政执法是法律秩序得以形成的重要途径。"大综合一体化"改革后,由基层乡镇和街道的执法队伍进行"一个队伍管执法",而基层队伍负责的执法,是一个包括各行各业的、五花八门专业领域的内容,执法事项是个很长清单的综合执法任务。这样,可能造成"大综合一体化"执法与社会秩序运作的冲突。产生冲突的原因主要有三个:一是法律规范的内容相对于复杂的社会关系,往往是挂一漏万,只能对部分社会关系进行调整。随着社会发展,不断有新的社会关系产生,法律需要通过立法、司法解释等手段适应社会。如果综合行政执法者不具备与执法相应的法律思维能力和执法经验,其对法律事实的认定和法律适用就会出现偏差,从而与社会秩序产生冲突。二是"大综合一体化"改革实践中,各乡镇和街道的执法队伍大都会出现执法人员不足。比如先前属于市县交通部门的执法人员,现在要分别下沉到各县镇或街道,显然单单靠先前的交通执法人员的数量是根本无法实现的。经过选拔招聘补充新的综合行政执法人员是必然的。但是,新增人员要具备各专业领域的执法能力,这不是通过培训和短期实务训练就能解决的。三是社会在迅速发展和变化,"大综合一体化"改革后的行政执法人员面对复杂而繁多的执法任务已经是疲于应对,还要他们不断灵活而柔性地应对不断变化的新的执法任务,这是他们难以做到的。这就必然导致综合行政执法,对新的社会秩序的形成产生约束。

这种执法难以适应社会秩序发展的案例在实践中屡屡发生。城管没收瓜农在自家瓜地进行卖瓜宣传的旗帜,是不是对广告行为的正当执法?司机穿洞洞鞋开车,执法人员是否一定可以按其穿拖鞋开车而进行行政处罚?喝酒后的丈夫能否开车送患疾病需要及时抢救的妻子去医院?诸如这样的个案问题,基层行政执法人员即便不能恰当处理,也仅仅产生个案不公,导致执法队伍形象受损而已。但是对于一些社会发展出现的秩序问题,如果死板而缺乏温度地执法,则可能影响正常的社会生活,对社会发展造成障碍。比如,在幼儿园早晚接送时间,家长将车子临时停在路旁,是否按照违停处罚?周末公园有花展,市民车辆在路边停车应该疏导还是处罚?疫情过后,各地地摊夜市兴起,是进行"一禁了之",还是应该进行有效规范?诸如这样的问题,处理不当可能对民生和社会经济发展产生很大影响,甚至制约。

(三)"大综合一体化"改革法理问题的解决方案

"大综合一体化"基层综合行政执法改革是以提高基层执法效率和效能为目标的改革,如何确保改革的有效开展并同时避免改革可能产生的负面效应,从法理学视角来看,应该从以下几方面采取措施。

一是加强补充和完善改革的法律依据。加强顶层设计,通过法律法规规章的修改和制定,为改革的有效开展保驾护航。在法律层面,可以按照《行政处罚法》(2021年修订)的模式,通过对《行政许可法》《中华人民共和国行政强制法》等法律的修订,增加行政许可、行政强制等行政权力下放条款,允许省级人大和政府下放行政权力给乡镇和街道。地方性法规和规章在"大综合一体化"改革中,也要发挥应有的中坚作用。拥有地方立法权的人大和政府,应该通过积极立法和监督,让"大综合一体化"改革按照法治模式有序推进。

二是通过法律法规规章,明确授权和委托为行政执法权下放的基本方式。在各地"大综合一体化"改革中,存在派驻、"窗口前置"和联合执法等方式,用以取代授权和委托,但实际的人员配置、基层政府主导、执法效率提高等改革目标并没有有效完成。这需要通过立法明确授权和委托两种基本模式,减少地方以简单的行政执法权集中来取代真正的权力下放。

三是制定行政执法事项下放的禁止清单。"大综合一体化"改革实质是打破行政执法层级限制,解决基层执法体制权责不一致问题,但是并不是所有的行政执法权都可以下放到基层。通过立法明确禁止下放的事项清单,以防止随意下放,导致执法混乱。通常下列三类事项一般不适合下放。第一类是专业性强的执法事项,如金融监管、质量监管、医疗卫生领域等专业事项。第二类是需要排除地方干扰而提升管辖级别的执法事项,如环境检查、安全生产等领域的事项。第三类是需要形成合力而提升管辖级别的事项,如矿区、林区、牧区、海洋等特殊领域的执法事项。各地在改革过程中,应该根据地方实际明确禁止下放事项清单。

四是加强对行政执法权下放决定的备案审查。"大综合一体化"改革过程中,不能让地方对于行政执法权随意下放或该下放的不放,应该加强备案审查,进行有效监督。地方各级人大常委会可以通过备案审查制度对地方政府的文件进行合法性审查,对其行政执法权下放的方式、主体、下放的事项清单、下放的形式进行有效监督。

五是有效协调法律秩序与社会秩序之间的冲突。"大综合一体化"改革是一个浩大的系统工程,需要从顶层设计上注意协调法律、社会、政府和民众之间的利益,既要注意某一领域、某一事项的执法效果,又不能忽略整个社会的宏观发展趋势;既要注意基层综合行政执法的速度,又不能忽略执法过程的温度问题;既要注意政府行政执法效率,又不能忽略民生需求。

第三章

基层社会数字化治理创新发展

第一节　基层社会数字化治理

一、基层社会数字化治理的内涵

（一）基层社会治理

党的十八届三中全会提出了"国家治理体系和治理能力现代化""创新社会治理""创新社会治理体制"的战略任务，"社会治理"概念第一次在中央文件中正式提出。党的十九大提出要"打造共建共治共享的社会治理格局"，中国共产党第十九次全国代表大会修订《中国共产党章程》时，把"基层社会治理"提到了党的基层建设和政治发展任务的高度。党的二十大报告进一步强调，"健全共建共治共享的社会治理制度，提升社会治理效能""夯实国家安全和社会稳定基层基础"。

在我国话语体系下,国家治理可以理解为治国理政,地方治理则主要指省、市层级的治理,基层治理指的是县级以下行政层级的治理。作为中国最基层的政权机关,基层政府是国家法制落实到"最后一公里"的重要执行者,更是基层治理的重要组织者。① 基层治理是国家治理的基石,与国家治理、地方治理共同构成国家治理体系。基层社会治理作为一个实践中的、局部的政策性概念和社会实践,可以理解为对基层社会领域中公共问题的管控和处理。基层联结了国家与社会,从基层看国家,可以审视国家整体发展的效能;从国家看基层,可以了解顶层设计的具体实践。当下中国社会所经历的大变局是顶层设计推动与基层社会内需共同作用的结果,且已经深刻影响到基层治理的方方面面。②

基层社会治理,即"基层社会"与"治理"相互融合。在社会学看来,基层社会是一个将各种综合要素涵盖在内的场域,是一个由多种社会要素构成的复杂社会系统。从广义上定义,(区)县级政府也能被视为基层,但基层的主体仍然是城市里的街道、社区和农村的乡镇、村。事实上,"基层"在中国日常政治生活中的使用频率非常之高,是一种源于我国国家结构形式的国家话语。基层位于国家组织结构的基础,直接面对人民群众,从而生成基层社会,并有了基层社会的治理。③ "治理"不仅涉及政府、社会组织、公共事业单位等行为主体,还包含着社会公众等个体和群体利益者,应当是政府和社会的良性互动与合作。进入新时代,随着经济与社会体制持续优化,基层治理开始走向协同治理阶段,强调要以"服务人民为中心与动员群众广泛参与"为核心,加强多主体间的协同合作。总体上看,中国的基

---

① 黄树贤.加强乡镇政府服务能力建设推进基层治理体系和治理能力现代化[N].人民日报,2017-02-21(11).

② 吕德文.基层中国:国家治理的基石[M].北京:东方出版社,2021.

③ 徐勇.将基层带入国家:单一制、基层社会与国家建设[J].国家现代化建设研究,2022,1(2):83-94.

层治理理念经历了由"混沌无序"向"秩序协同"、由"线性逻辑"向"复合治理"、由"个体化思维"向"共同体理念"的转变。[①]

(二)数字化治理

关于数字化治理的研究和讨论,早期多见于商业变革和企业管理领域。近年来,在大数据等新技术推动下,人类社会进入数字时代,数字经济催生新的生产关系和社会关系,也对国家治理提出了新要求。基层社会数字化治理是国家治理能力现代化的重要内容,也是一项长期性的系统工程。将数字化治理运用于基层社会,代表着基层治理的新范式。数字化作为治理手段,助力基层治理从海量数据中快速获得有价值的决策信息,实现从"经验决策"向"数据决策"转变,是全面提高基层治理体系和治理能力现代化的必然要求。运用数字化手段建立大数据分析和动态分析系统,重构、拓展、升级基层社会治理体系,能够提高基层智慧化治理水平和治理效能,最大限度把各类风险防范在源头、化解在基层、消灭在萌芽状态。

伴随我国加快建设数字中国以及国家大数据战略的全面实施,近年来,全国各地各级政府主动顺应经济社会数字化转型趋势,以数字化转型整体驱动生产方式、生活方式和治理方式变革,将数字政府建设作为推进国家治理体系和治理能力现代化的有力支撑,为全方位推动基层治理数字化高质量发展积蓄了新动能。《中华人民共和国国民经济和社会发展第十四个五年规划和2035年远景目标纲要》专门设置"加快数字化发展 建设数字中国"章节,对加快建设数字经济、数字社会、数字政府,营造良好数字生态等作出明确部署;明确提出,"加快数字社会建设步伐""提高数字政府建设水平""营造良好数

---

① 张伟坤.协同共生:基层社会治理理念的传承逻辑与时代趋向[J].华南师范大学学报(社会科学版),2022(4):123-134.

字生态""全面提升城市品质""构建基层社会治理新格局"。① 《中共中央 国务院关于加强基层治理体系和治理能力现代化建设的意见》明确提出："加强基层智慧治理能力建设"。以数字化、信息化赋能治理精细化,着力提升治理智慧化能力和水平,不断提升公共服务均等化、普惠化、便捷化水平,更好造福人民群众。②

在基层治理领域,数字化转型已经成为地方治理改革创新的重要路径。以杭州市为例,杭州市积极创新优化矛盾纠纷调处模式,不断构建完善以"三级三层、六合六能"为主要框架的城市基层社会治理"六和塔"工作体系,为市域社会治理提供了杭州思路。③ 总的来看,浙江省在基层治理数字化转型方面起步早、发展快,但放眼全国,很多地方的基层治理数字化转型还处于起步探索阶段。

二、大数据时代基层社会治理机遇

(一)新兴科技重构社会治理体系

当前,社会治理体系建设面临内部挑战和外部机遇。在互联网时代社会发展日趋数据化、信息化的背景下,传统社会治理体系面临重构,治理结构向扁平化转变。现代基层社会治理体系是以政府、社区、社会组织和公众为多元主体,按照职能分工和利益分配协同合作,运用现代信息技术构建社会生产与社会组织彼此关联的形态。近年来,人工智能、大数据、云计算等新兴科技给我国基层治理模式带来了巨大变化,有必要利用技术优势,重构治理单元,加强各主体

① 中华人民共和国国民经济和社会发展第十四个五年规划和 2035 年远景目标纲要[N].人民日报,2021-03-13(1).
② 夏学娟,王思斌,徐选国,等.打造现代化的基层治理服务新格局(上)——解读《中共中央 国务院关于加强基层治理体系和治理能力现代化建设的意见》[J].中国社会工作,2021,454(22):13-15,22.
③ 姜方炳.理解"市域社会治理现代化"的三个着力点[J].杭州(周刊),2019(19):36-37.

间的协同联动,更加科学高效地配置基层资源,推动形成共建共治共享的基层治理格局。

1. 现代社会治理体系

推进基层治理体系和治理能力现代化,需要重构现代社会治理体系。社会治理体系既是规范社会行为的一系列制度体系,也是协调社会关系、规范社会行为、化解社会矛盾、解决社会问题、维护社会秩序、应对社会风险的基本制度保障。① 处在信息时代背景下,构建现代社会治理体系,除了在制度设计层面作出革新,还要在社会治理体系中嵌入数字技术。要让大数据技术发挥优势,成为推进社会治理现代化的切入点。

数据信息是现代社会治理体系的核心要素。构建现代社会治理体系就是要全面破解数据应用难题,加强数据互联与共享,降低社会主体交互成本,提升社会治理效率。在互联网大数据时代,整个社会信息交互频繁,信息传播速度呈指数级增长。随着表达诉求的渠道更加多元和畅通,公众参与公共事务的热情提升,诉求数量暴增且内容复杂。传统治理模式多依靠人力处理信息,显然难以满足需求,地方政府迫切需要引入科技手段以提升信息处理效率。此外,随着社会治理格局由条块分割向立体网络空间转变,数据资源面临合理化应用难题,这对政府部门数据调取和信息交流的协同性提出了更高要求。为了保障公共服务的顺利开展,各部门急需打破数据壁垒,改变数据碎片化状态,尽早实现数据跨区域、跨部门、跨层级调配整合。

社会信任机制是构建现代社会治理体系的重要保障。构建现代社会治理体系必须妥善解决多元主体间的信任难题,降低社会治理成本。在现代社会治理理念下,不同治理主体跨越区域、层级、部门等界别限制,通过联动协作共同参与治理,社会治理的权力结构将更

---

① 姜晓萍,阿海曲洛. 社会治理体系的要素构成与治理效能转化[J]. 理论探讨,2020,214(3):2,142-148.

加扁平化。① 传统社会信任机制主要依赖于政府公信力,尽管政府公信力较强但信任机制较为单一。随着治理主体多元化和治理模式扁平化,社会组织和公众的参与面更广,基于政府公信力的单一信任机制已然难以满足各治理主体之间互相信任的需求。由于缺乏有效信任机制,各治理主体必然需要投入更多成本以获得彼此间的信任,不利于协同合作。因此,为了适应数字社会秩序新要求,迫切需要通过信息化手段畅通沟通渠道、降低信任成本,构建协同合作的良好信任关系。

2. 大数据技术支撑治理现代化

大数据技术是社会治理体系获得科技支持的基础,也是统筹基层社会资源的重要依据。社会治理现代化就是要利用大数据技术,在虚拟平台上还原现实社会空间和生产关系。数据和信息作为基本的社会治理要素,是治理工作开展、公共服务供给、多方主体互动的前提。大数据技术为社会治理数字化转型提供了基础数据和技术支持,通过收集和分析海量数据,能够客观反映社会现实,甚至预测未来走向,从而有效评价不同治理主体的利益诉求和价值偏好,为政府决策提供科学依据。此外,大数据技术在政务、教育、交通、医疗等众多民生和公共事务领域具有广阔的应用前景。通过数据整合和共享,地方政府能够实现数字政务、一网通办,有利于为公众提供更加精细化和人性化的服务。

以区块链技术为例,区块链技术能够保障社会信任,为治理现代化构建高信任度的社会环境。区块链技术具有不易篡改、难以伪造、可追溯等优势,能够较好地解决社会治理主体复杂多样所带来的信任成本高的问题。一方面,以区块链技术记录社会治理领域各项信息,能够杜绝信息伪造篡改等问题,保证政务部门的权威,提升公共

---

① 刘祺.跨界治理理论与数字政府建设[J].理论与改革,2020,234(4):116-125.

服务的公信力；另一方面，将相关公共信息或政务信息"上链共享"，可以实现跨区域、跨部门间的协同互联，有效降低治理主体跨界搜集信息的成本。人工智能等技术能够提升社会治理效率，实现精细化、精准化治理。通过人工智能和云计算、大数据技术的融合应用，可以全面把握公众诉求、精准模拟政策执行，不断提升治理精准程度。当前社会治理涉及的领域、主体和方式纷繁复杂，迫切需要借助人工智能等技术提升治理效率、丰富治理手段、提高治理精细化水平。此外，在数据资源整合共享方面，大数据技术将分散在各业务部门的人口分布、房屋地址、公共事件、基础设施等社会治理要素，按照管理需要封装到各层级，形成多维关联的数据总和。

在大数据技术的支持下，基层政府能够围绕治理目标实现科学治理。首先，将社会治理要素标准化和数字化处理，聚集成社会治理智能化平台中的数据资源。其次，借助人工算法模型，对社会治理运行系统进行智能化改造，使数据在算力和算法驱动下高效流转，形成人机融合共治的社会治理协同机制。最后，在评价体系中引入大数据指标，衡量治理过程和治理成效的各项指标参数，客观反映治理偏差并及时优化提升。总之，围绕共同治理目标愿景，大数据技术能够高效处理复杂社会网络治理关系，支撑建立现代化治理体系。运用大数据技术驱动社会治理业务管理各环节，联结责任相关方、利益相关方和治理相关部门，压实基层治理责任，实现全周期多主体协同共治。

3. 数据驱动赋能协同治理

习近平总书记指出，"善于获取数据、分析数据、运用数据，是领导干部做好工作的基本功。各级领导干部要加强学习，懂得大数据，用好大数据，增强利用数据推进各项工作的本领，不断提高对大数据发展规律的把握能力，使大数据在各项工作中发挥更大作用"。[1]

---

[1] 习近平.审时度势精心谋划超前布局力争主动 实施国家大数据战略加快建设数字中国[N].人民日报,2017-12-10(1).

2022 年《国务院关于加强数字政府建设的指导意见》指出："强化系统观念，加强系统集成，全面提升数字政府集约化建设水平，统筹推进技术融合、业务融合、数据融合，提升跨层级、跨地域、跨系统、跨部门、跨业务的协同管理和服务水平，做好与相关领域改革和'十四五'规划的有效衔接、统筹推进，促进数字政府建设与数字经济、数字社会协调发展。"

大数据思维意味着要从海量数据中汲取有用信息，数据的价值在于挖掘其内在关联，把握社会治理基本规律，提高政府决策的预见性、主动性和科学性。传统的政府治理思维大多采用问题导向，遵循"提出问题——分析问题——解决问题"思路，强调事后总结经验教训，这导致政府在治理过程中往往较为被动。数据驱动社会治理变革就是要打破这一局面，变被动为主动，以应对快速变化的社会环境。数据驱动的实质就是以信息化平台重塑政府组织架构、业务流程、技术方案，以数字化改革助力政府职能转变，构建协同高效的数字化履职能力体系。可以说，数据驱动社会治理变革是政府主动顺应时代变化的必然选择，能够全面推进治理主体间高效协作，实现整体性、系统性、精准化和智慧化的公共治理。

数据驱动社会治理变革需要以大数据共建共治共享为导向，通过对原有数据要素资源体系、传播方式、共享机制和应用流程的整体重构再造，进而构建公共服务平台。这就要求政府部门对原始数据资源采集整合，通过数学建模将数据要素映射到虚拟平台并对数据分析处理，将数据转变为具有分析预测功能的战略资源，从而在社会治理中做到感知预警、风险预判、及时预防，高效排除社会安全隐患、及时解决社会矛盾问题。

（二）大数据战略推动治理理念革新

当前，以大数据为代表的新一代信息技术蓬勃发展，对经济发展、社会进步、人民生活带来重大而深远的影响。数据是新时代重要的生产要素,是国家基础性战略资源,也是数字经济发展的核心力量。党的十八大以来,我国深入实施网络强国战略、国家大数据战略,积极出台相关法律,推动数字经济蓬勃发展并取得了举世瞩目的发展成就。在这个数字信息技术突飞猛进的新时代,大数据作为一种宝贵的资源,正在悄然对国家治理理念进行重塑,也为提升国家治理体系和治理能力现代化水平提供了新的机遇。

1. 国家大数据战略

国家层面制定的大数据战略反映了我国应对大数据时代挑战的基本策略,为大数据发展提供了宏观指导方向和执行依据。自 2014 年大数据首次被写入政府工作报告以来,大数据及其相关政策逐渐成为各级政府和社会各界的关注热点。2015 年,党的十八届五中全会提出"实施国家大数据战略",国务院随后发布了《促进大数据发展行动纲要》。这是指导我国大数据发展的首部战略性文件,在国家层面确立了大数据战略发展的顶层要求,明确提出要促进数据资源开放共享、构建数据强国、推动大数据治国。2016 年 7 月,党中央和国务院立足中国信息化建设进程和新形势,出台了《国家信息化发展战略纲要》,对未来十年中国信息化发展作出了规范和指导。2016 年 12 月,国务院发布《"十三五"国家信息化规划》,明确提出要建立统一开放的大数据体系,加强数据资源规划建设,建立国家互联网大数据平台和国家治理大数据中心,深化大数据应用,强化数据资源管理,注重数据安全保护。2017 年 12 月,中共中央政治局就实施国家大数据战略进行第二次集体学习。习近平总书记在主持学习时强调,"大数据发展日新月异,我们应该审时度势、精心谋划、超前布局、力争主动,深入了解大数据发展现状和趋势及其对经济社会发展的影响,分析我国大数据发展取得的成绩和存在的问题,推动实施国家大数据战略,加快完善数字基础设施,推进数据资源整合和开放共享,保障数据安全,加快建设数字中国,更好服务我国经济社会发展和人民生活改善"①。

总体上看,我国国家战略层面的大数据政策较为全面,提出了数据强国的目标,始终强调推动大数据全面发展,注重整体宏观规划和顶层设计。主要关注点在建立健全组织领导体制、加快政府资源开放共享、建立大数据法治体系、推动大数据技术产业创新发展和关键核心技术突破、加强数据安全风险防范、加大高水平大数据人才培养等方面。具体措施有推动统筹国家基础数据资源建设、建立国家治理大数据中心、加强大数据关键技术及产品研发、提升大数据产业支撑能力、深化大数据应用、强化数据资源管理等。

2. 地方大数据战略

国家大数据战略的贯彻落实,离不开地方政府的协同配合。地方政府处在社会治理的最前沿,已经预见到大数据在未来经济社会领域的发展前景,并进行了积极探索。2012年,广东省政府办公厅率先发布《广东省实施大数据战略工作方案》,积极推进地方层面大数据战略。2019年,上海市公共数据开放平台正式开通运行,所开放的公共数据集基本覆盖各市级部门的主要业务领域,同时通过行业数据融合赋能,将公共数据开放打造成上海智慧城市建设的一张"全新名片"。此外,北京、天津、武汉等地也出台了相关文件,积极将大数据战略融入地方政策。地方政府的探索同样加快了中央政府进一步部署大数据战略的步伐。2015年,国务院印发《促进大数据发展行动纲要》,从国家大数据发展战略全局的高度,提出了我国大数据发展的顶层设计和统筹布局,明确支持地方开展大数据产业发展和应用试点,谋划当地的大数据发展规划。在这之后,各级地方政府更是积极响应,密集出台大数据发展政策,地方大数据管理机构也陆续成立。

---

① 习近平.审时度势精心谋划超前布局力争主动 实施国家大数据战略回忆建设数字中国[N].人民日报,2017-12-10(1).

　　总体来说,地方政府的大数据战略还要充分体现该地区的资源优势和发展特色,可以分为两类:一类是与地区发展现状紧密结合的引领性规划,如各省(区、市)制定的大数据发展意见,这类规划偏重对大数据发展作出战略部署,在宏观层面上提出发展目标和行动方向;另一类是与具体领域相结合,提出可操作性的措施,重点关注信息基础设施建设、数据人才队伍培养、法规标准制定等内容。

三、基层治理数字化转型面临的问题

(一)基层社会结构性问题

1. 多元主体关系协同困难

　　有学者指出,"风险社会的概念指现代性的一个阶段:在这个阶段,工业化社会道路上所产生的威胁开始占主导地位"[①]。随着社会现代化进程的推进,高风险阶段必将到来。在这一社会阶段,复杂因素作用形成系统性和结构性风险,也相应需要系统性和结构性风险防控。高风险社会产生的问题大多较为复杂,往往超出单一主体能力界限,因此更需要加强多主体间的协同治理。政府、企业和公众等多元主体共同参与区域治理,以改善社会环境和解决公共问题为合作目标,建立协同性治理结构和采取多样化治理措施。必须指出,尽管协同治理强调了治理主体的多元性,但并没有明确不同主体间的地位和关系。事实上,政府、企业和公众的作用和地位并不等同。政府承担着提供公共服务、维护社会稳定的基本职责,理应在协同治理关系中承担主导职责。此外,我国基层面临的社会问题十分复杂、琐碎,更需要突出政府的主导作用,以凝聚和运用好各方力量,最大限度地发挥协同治理效应。

---

　　① [德]乌尔里希·贝克,安东尼·吉登斯,斯科特·拉什.自反性现代化[M].赵文书,译.北京:商务印书馆,2001:10.

当前,社会治理模式已逐渐实现从封闭式向开放式转型,网格化治理方式成为协同治理的新走向。自2013年我国全面推行网格化管理以来,基层政府服务对象数量迅速增加。加之网格事项准入制度未能得到贯彻落实,大量原属于政府职能部门的工作逐级下沉至街道社区,最终下沉到网格,极大增加了基层治理难度。此外,居民群众参与基层社会治理的意愿不强、积极性不足、满意度较低。目前,社区、街道仍然是基层社会事务的主要管理者,社会多元力量参与程度不够,部分社区居民、物业公司等参与积极性不强。社会治安、城市管理、环境卫生、安全生产和法律服务等民生领域存在的痛点难点问题逐渐显现,原有的基层网格化管理工作出现了"社区拼命干、群众一边看"的现象。

新时代社会治理需要从传统的行政管理模式向复杂科学管理方式转变,在风险社会背景下,多元主体协同治理具有平等协商、高效整合资源等优点。因此,需要分析治理目标、治理主体、治理对象与治理机制之间的关系,借助数字技术记录治理主体和治理对象的痕迹化互动过程,以数字化变革推进基层社会治理职能重塑、流程再造、业务协同、效能提升,促进综合治理服务相互衔接和协同联动,推动传统粗放式管理向现代精细化管理转变,以弥补社会治理高成本、低效率和低响应的现实不足。

2.条块分割易产生矛盾

条块关系是中国政府间关系的一个重要内容,条块管理相结合也是中国地方政府管理的一个主要特征。[①] 条块分割问题的实质就是治理责任制的缺失或不完善以及治理体系间的不协调。纵向的"条条管理"和横向的"块块管理"是客观事实,要想打破条块分割格局,关键在于形成有效的协调机制。从我国几十年的实践经验来看,

---

① 燕继荣.条块分割及其治理[J].西华师范大学学报(哲学社会科学版),2022,237(1):1-6.

行政政治化、项目化管理、权力清单化、基层网格化是大部分基层政府采用的解决办法,在实践中取得了一定成效。

"行政政治化"强调党的全面领导,借助执政党在国家层面、地方层面和具体业务层面的政治和组织领导机制,保证中共中央最高决策的统一实施,以解决行政体系条块管理的协调性问题。"项目化管理"通常作为重要的治理手段而被采用,通过全国专项问题专项治理的方式,动员各部门、各地区、各层级的人力、物力资源,以综合整治社会问题。"权力清单化"就是梳理部门和地方管理机构的权力清单以明确责任主体和条块管理各自的职责权限,是"放管服"改革的重要内容。"基层网格化"是在既有管理结构中,将治理单元最小化处理,明确网格员责任制,能够在一定程度上避免条块分割在基层社会的治理空白,提高基层公共事务的可治理性。

基层工作面临着"条块分割、协同不力"的难题:一方面,基层工作事项不断增加,工作边界不断扩大;另一方面,各职能部门配置了大量"条线"服务管理人员,未能统筹形成合力,很难发挥整体效应。近年来,随着信息网络和数字技术的推广,基于互联网应用的数字政府在管理技术和管理方式上更加智能,这为打破传统政府管理的条块分割创造了机会。我国政府把网络建设、信息化建设作为国家基础工程,致力于推广"电子政务""数字政府"建设,各地方政府积极打造基于互联网、大数据、云计算的智能化管理平台,产生了许多打破和超越传统政府部门界限的智能化管理方案。地方政府借助智能化管理平台,集成政府公共管理和公共服务各项功能,将传统的条块型政府分解为前后端政府,实现了基层事务"小事不出社区",实行前端处理;"大事不出街道",提交后端办结。

3. 资源下沉但基层疲软

党的十九届四中全会提出"推动社会治理和服务重心向基层下移,把更多资源下沉到基层,更好提供精准化、精细化服务"要求以来,社会治理资源逐步向基层下沉,要求基层政府更加深入地探索治理改革路径。然而,尽管全国各地开展了不同形式、不同思路的基层治理创新,但很多创新举措和当地发展条件密切相关,存在推广障碍。事实上,基层政府在面对人员组织、治理事务、财政超载和治理资源错配等诸多复杂问题时往往表现疲软,治理对象和治理主体之间的信息不对称问题突出,社会治理要素存在底数不清、情况不明、责任不实等问题。

《中共中央 国务院关于加强基层治理体系和治理能力现代化建设的意见》于 2021 年 4 月 28 日发布,提出了夯实国家治理根基,加强基层治理体系和治理能力现代化建设的指导性意见,下文将从政府治理、社会调节、群众自治等方面逐一分析。在政府治理层面,不仅要解决前文提及的条块矛盾给基层政府造成的实际负担,还要在理顺条块关系的基础上进一步推动政府内部体制改革,解决基层政府中条块关系倒挂的现实情况,避免出现镇级体制、县级工作量、市级要求的窘迫境地。社会资源应当视为不受国家权力和地方政府控制引导的,分散于社会领域中的相应资源。① 在社会调节层面,一方面,要增强社会资源在基层治理中的广度和深度,既包括体制内的社会资源,也包括体制外的不受政府控制的其他社会资源;另一方面,要转变角色重心,政府逐渐向协调者和监督者转变,而社会团体、社区组织和企业则履行中介者和服务者角色,逐步成为推进基层治理的主力军。在群众自治层面,推进社会治理重心下移的本质就是要筑牢基层群众自治制度基石,有效回应基层群众面临的各项治理问题,通过结构性改革,扭转自上而下的科层意识,转向自下而上的广泛群众参与。

总之,治理资源下沉基层带来了许多新问题,需要深入分析基层

---

① 郑永年,黄彦杰.制内市场:中国国家主导型政治经济学[M].杭州:浙江人民出版社,2021:372.

社会治理体系与新时代发展要求不匹配的痛点堵点,从治理愿景目标、治理主体的分工协作等入手,认真研究复杂适应性社会系统特征,重建社会治理组织、机理和控制模型,推动社会治理体系和治理能力现代化,同时明确各方主体权利和责任,实现多元主体合作共治、平等协商、有序参与治理过程,系统性解决政府部门条块协同、社会力量多元融合的问题。

(二)数字化治理转型瓶颈

1.观念瓶颈

大数据思维强调数据公开的重要性,处理得当的公开数据不仅不会给个人造成损失,还能解决当下面临的诸多问题。[1] 大数据给人类的思维方式带来了巨大改变,呈现出三个特点:其一,人类研究的对象不是随机样本,而是数据整体;其二,在分析数据时,不应只关注其精确性,而是应当承认大数据的混杂性;其三,大数据时代所探寻的不再是事物之间的因果关系,而是无处不在的相关关系。[2]

在大数据时代,人们对世界的理解不需要建立在假设的基础上,而是可以通过对大数据进行相关关系分析,有效避免基于假想的易出错的方法。"建立在相关关系分析法上的预测是大数据的核心。"[3] 大数据的复杂性,不仅体现在体量上的"大",更体现在保证数据质量的难度大。数据的质量决定了数据的价值及能否被有效利用。数据具有可用性,意味着它能够全面、准确且真实地反映现实治理场景,为政府决策提供支持。为了确保数据被合理使用,还必须通过技术

<hr>

① 黄欣荣,李世宇.舍恩伯格大数据哲学思想研究[J].长沙理工大学学报(社会科学版),2017,32(3):5-11.

② 黎德扬.信息时代的大数据现象值得哲学关注——评《大数据时代》[J].长沙理工大学学报(社会科学版),2014,29(2):10-13.

③ [英]维克托·迈尔一舍恩伯格,肯尼斯·库克耶.大数据时代:工作、生活与思维的大变革[M].盛杨燕,周涛,译.杭州:浙江人民出版社,2013:75.

手段、管理机制、法律制度等保障数据的稳定安全、可靠可信。此外，政府作为数据的收集方和使用方，还必须善用数据，即能够科学合理地应用、合法合规地使用数据。在收集、使用、存储数据的全流程中，必须充分保证数据安全，保护个人信息，避免数据泄露等安全风险事件发生，破坏群众信任基础，增加政府治理成本。

政府作为基层治理的主要参与方，目前还不具备互联网企业所拥有的大多数数据资源，加上自身技术能力先天不足，导致其利用数据资源的效率不高。此外，政府部门要想从海量数据中寻找规律并应用于决策管理，还需要借助学术界和企业界的力量。因此，政府部门尽管面对大数据时代带来的诸多机遇，但尚未在观念层面实现转变，目前对数据的收集和利用还局限于"浅用"，远远没有发掘数据的真正价值。政府部门以往在现实生活中积累的管理方法和策略等优势，很难简单套用或移植到互联网时代，急需在观念和思维上作出转变。

2. 标准化瓶颈

数据治理标准化是以数据为对象，通过标准规范数据全流程活动，是破除管理困境、提高数据质量、释放数据潜能的关键所在。2021年《国家标准化纲要》发布，我国标准化工作向市场转变、向经济社会全域转变、向国内国际相互促进转变、向质量效益型转变，对我国标准化事业的发展具有里程碑意义。基层社会治理作为数字化改革的重点内容，直接关系人民群众切身利益。

然而实践中，各地方对于基层数据治理标准化建设仍处于摸索阶段，缺乏全面系统的顶层设计，在关键业务应用、安全技术等方面均未实现标准化统一。一方面，基层社会数据治理标准体系欠缺。"十四五"时期是我国工业经济向数字经济迈进的关键时期，数据治理工作迫切需要加强标准化工作，一系列政策、法规、愿景都需要转化为制度和标准才能落地见效。可以说，建立标准化治理体系是现阶段提高和改善基层治理能力的重要保障。目前,各地治理方式、治理手段各不相同,通用性较差,极大地阻碍了基层数据治理工作的推进落实,难以发挥出数字化在社会治理领域的最优功能。另一方面,基层社会数据治理关键标准欠缺。数据集成并应用于具体业务是治理数字化转型的关键,需要核心技术能力的支持。但目前各地对于数字化转型必需的数据采集、使用、分析、存储等能力和技术参差不齐,数据归集形式也没有统一标准,导致各地区"各自为政",不利于数据在全国范围或省内,甚至某一区域内交流,导致数据质量低、大数据分析结果不准确。

3. 基础条件瓶颈

数字政府建设是推进治理数字化转型的关键领域,是健全治理体系的先导。[①] 数字政府不仅将通信技术和互联网作为优化政府职能履行的工具,还强调推行平台化转型的流程再造和机构优化、构建多元社会主体的数字政府生态,并以此创造公共价值。[②] 数字政府建设与政府创新密切相关,是政府组织为了适应新环境的变化和挑战,探索应用行政管理的新方法。

不同于以往的治理模式,数字时代的基层治理更开放、透明,各主体能够借助互联网平台参与政府管理。虽然相比以往,政府拥有更广泛的参与主体,但主体身份识别难、互联网传播速度快等特点,也在无形中给政府施加了监管压力。不过,数字时代的基层治理终究还是要依托现实中的治理基础条件,需要在治理主体、治理结构、治理流程、治理制度等方面保持一致。政府只有妥善解决好数字虚拟平台与现实真实关系间的一致性问题,弥合虚拟与现实间的鸿沟,才有可能通过数字化基层治理服务来提高治理能力的精细化水平,

---

① 李齐,曹胜,吴文怡.中国治理数字化转型的系统论阐释:样态和路径[J].中国行政管理,2020(10):44-51.

② 鲍静,范梓腾,贾开.数字政府治理形态研究:概念辨析与层次框架[J].电子政务,2020(11):2-13.

实现基层治理数字化转型,更好地满足人民群众对基层治理的需求。

对标国家"横向到边、纵向到底"的基层治理范围指向以及中央的"治理重心下移"的要求,数字政府建设还需依赖包括网络设施、硬件设备、平台、系统、数据、人员、资金等在内的技术性或资源性基础条件供给。在协同治理机制方面,数字政府建设还需要对当前基层治理结构进行顶层设计和统筹规划,为基层治理数字化建设以至转型创造基础条件。此外,还必须依赖城市街道、社区居委会、基层党组织等治理主体的共同参与,实现治理内容和对象的全覆盖,真正做到治理资源和权力下沉。为此,应借助"互联网+"营造线下与线上双轨制治理场域,改善基层治理全域化生态环境,开通多元治理主体合作渠道,提供整合性治理数据、信息和知识资源,建构与提高治理主体的信息素养,实现基层治理的流程再造与组织结构变革,为数字政府建设及转型提供先决条件。

4. 保障体系瓶颈

以往的基层治理保障体系通常偏重依靠技术,强调技术方案。虽然也有主张辅以管理元素,但在实际应用中,治理与技术结合、融合或协同得并不好,"重绩效、轻保障"的观念始终存在。如何实现技术与治理的良性互动,将数字技术优势和基层治理制度优势转化为治理行动效能,是基层治理数字化转型面对的又一瓶颈。

基层数字治理行动效能,是指基层治理主体应用新兴数字技术推进治理变革,以精细化治理和服务满足居民日益增长的物质和精神需求。在大数据时代背景下,数字技术赋能效应有目共睹,充分实现了基层治理中的渠道疏解、主体扩充、关系重构、观念扭转、效能提升。[1] 面对当前基层治理实践中"多头管理、职责分散、协调困难"的窘境,必须强调数字技术保障体系的重要性并持续投入。数字技术

---

① 门理想,王丛虎.互联网+基层治理:基层整体性治理的数字化实现路径[J].电子政务,2019(4):36-45.

凭借强大技术优势,推动电子政务向数字治理转型,形成信息化和专业化的治理模式。围绕"大数据＋治理""互联网＋政务""城市大脑"等议题,数字技术在实践中探索具体应用路径,解决了城市治理和公共服务领域多项难题。

为减少治理成本,保障基层治理安全、可靠、优质、高效,可以通过建立"权责清单"实现利用技术巩固清单管理制度的效果,以明晰基层治理主体间的权限和责任。此外,基层治理主体之间需要公平竞争与深度合作,构建"人人有责、人人尽责、人人享有"的治理共同体,改善竞争与合作关系。只有这样,才能突破当前保障体系瓶颈,真正发挥数字技术效应,提升基层数字治理行动效能,针对治理需求提供精准化、精细化的治理服务。

第二节　数据驱动下基层社会治理创新

一、数字化提升基层社会治理效能

治理是政府统治的一种新型模式。治理不是一整套规则,也不是一种活动,而是一个过程、一种持续的互动;治理过程的基础不是控制,而是协调;治理既涉及公共部门,也包括私人部门。相对于管理而言,在治理模式下的公民参与度更高,是一个协调、动态、持续的过程。社会治理的目标就是构建和谐稳定的生活环境,其核心是人,重点在基层。基层治理既是整体性转型发展的基础,也是发展路径的一个重要切入点。[①] 步入大数据时代,我国基层社会也面临结构重组和体制转变,基层治理在内涵、体系和模式等方面都演变出了新的特征。

---

① 张康之.论社会治理中的法治与德治[J].学术论坛,2003(5):1-5.

1. 拓展治理内涵

詹姆斯·N. 罗西瑙认为:"治理既包括政府机制,同时也包含非正式、非政府的机制。"①随着移动互联网、物联网、云计算等信息技术的飞速发展,人类社会悄然进入了大数据时代。大数据不仅为我们带来了思维方式和行为方式的深刻变革,也为坚持和完善中国特色社会主义制度、推进国家治理体系和治理能力现代化带来了重要的战略资源和发展机遇。习近平总书记在主持召开中央全面深化改革委员会第十四次会议时指出:"改革创新最大的活力蕴藏在基层和群众中间,对待新事物新做法,要加强鼓励和引导,让新生事物健康成长,让发展新动能加速壮大。"②从基层治理现代化的发展趋势来看,大数据技术正在为基层治理打开新格局提供重要支撑。

数字治理的概念与电子政务、数字政府、数据治理等概念相比,其内涵更加深刻、外延且更为广泛,更具包容性。数字治理是数字技术条件下,以政府为主导,数字化平台与企业、社会组织、网络社群、公民个人等多元主体协同参与相关事务的制度安排和持续过程。数字治理是以公共利益增进、个人福祉提升为目标的治理,是多元主体协同参与、数字化赋能的治理,是开放共享、包容创新的治理。数字治理概念涵盖了数字政府治理、数字经济治理、数字社会治理、数字技术治理等,既有基于数字化手段的治理,又有对数字化发展引发问题的治理。而基层社会治理涵盖地方治理、乡村治理、社区治理、环境治理等诸多方面,涉及人口、环境、资源、民生等种类繁多的大量数据,这些数据是保障基层治理结构合理化和激发基层治理活力的宝贵资源。在新时代背景下,大数据赋能基层社会治理绝不仅仅是人口、环境或资源等要素的简单叠加,而是通过分析研判、深入调查和

---

① [美]詹姆斯·N. 罗西瑙. 没有政府的治理[M]. 张胜军,等译. 南昌:江西人民出版社,2001:15.

② 习近平主持召开中央全面深化改革委员会第十四次会议强调 依靠改革应对变局开拓新局 扭住关键鼓励探索突出实效[N]. 人民日报,2020-07-01(1).

科学决策,破解基层社会治理难题。

2. 提升治理能力

大数据时代的基层政府,拥有对海量数据占有、分析的主导权,信息获取和处理能力空前增强,能够运用大数据探索基层社会治理的合作共治模式,推动基层治理方式的系统性重构和创新。从观念层面看,应树立数字化思维、数字治理思维;从实践上看,应把握好政府主导与多方主体共同参与的平衡;从治理手段看,应把握好行政逻辑、市场逻辑、技术逻辑与价值逻辑的平衡;从治理过程看,应把握好垂直治理与水平治理、分散化治理与集约化治理的平衡。政府部门在推动基层治理实践中,应准确识变、科学应变、主动求变,进一步规范相关数据资源的采集、储存、传输、处理的程序和方法,制定相应的规则及标准,努力搭建纵向贯通、横向集成、共享运用、安全可靠的"多元共治"大数据信息平台,更加主动地谋划和引领科技手段的应用,从现代技术支撑中提升基层治理能力,确保基层治理大数据建设和应用过程中有法可依、有章可循,以更大的力度推动大数据资源开放共享和基层治理体系协调发展。

数字化治理的本质在于治理,只是在方法和手段上强调运用数字化技术作为科技支撑助推实现治理现代化。数字化治理能力绝不能仅仅从技术性的角度进行衡量,而是要清醒认识和正确把握"数字化"与"治理"之间的关系:"数字化"作为手段,务必要服从和服务于"治理"这个本质。[1] 因此,推动基层数字化治理能力提升,必须坚持党的全面领导贯穿于数字化治理的各个环节,有效运用数字化手段和措施解决公共领域的各种错配问题,同时还要注意从整体性、全局性的角度推进基层治理的数字化转型,进一步将系统思维延伸至数字化建设之中,有效整合数字化资源、平台和场景,最终汇聚形成强

---

① 李恒全,吴大华.提升基层数字化治理能力的四个维度[J].理论导报,2022,416(8):39-40,44.

大的治理合力,更好满足人民群众需求和对美好生活的向往。

3. 创新治理模式

基层社会治理是一项涉及面广、事关人民群众切身利益的综合性、系统性工程,需要形成整体合力,才能达到事半功倍的效果。大数据还给基层治理模式带来了新的发展方向。基于大量数据分析,基层政府能够通过对海量数据信息交换、共享、使用等一系列数据的采集和整合,强化科技手段运用,进一步科学评估基层治理效能,提供更加有针对性的基层治理方案,实现基层社会治理资源整合、力量融合与功能聚合。在区块链等技术去中心化、不可篡改、可以追溯、公开透明等特征加持下,基层政府将能够摒弃以往依靠经验的惯性操作而带来的问题,去除不必要的重复流程,更好地做到有的放矢、精准研判。借助现代信息技术优势,未来基层治理无论是治理改革,还是多元共建,都能够更好地采集有价值的数据信息,实时分析出动态状况和需求,使得基层社会治理在质量、效率、精度上实现较大进步。

当前,基层治理模式已经体现出基于现代社会治理体系构建的系统思维、基于信息化治理的大数据思维和基于科学研判的前瞻思维。基层治理能够依托大数据技术,在多个主体之间实现协作信任与一致行动。在数字化改革背景下,各地方政府持续推动社会治理重心向基层下移,不断拓展矛盾纠纷调解新思路,创新研发一站式多元矛盾纠纷调解数字化平台,用数字化手段充分保障矛盾纠纷调解的规范性、源头性、时效性,为矛盾纠纷多元调解机制加速融合发展提供了强大动能,助推基层社会治理体系和治理能力现代化建设提档升级,促进"共建共治共享"的基层治理格局加速形成。数字化智能平台的支持,为有效实现矛盾纠纷调解全过程的规范化操作提供了便捷支撑,同时也为全流程监督的实现提供了信息化保障。

4. 重塑治理生态

伴随各种先进数字技术的大量涌现,社会发展背景已经发生了翻天覆地的变化。基层政府在日常运行中,同样存在将数字技术应用于国家治理的需求,基层治理也应当积极拥抱数字化时代,适时推进数字化转型。在数字技术的强劲驱动下,现实空间与数字空间交互呼应,这给既有的风险治理机制带来了挑战。当现实空间与数字空间相连通,"信息的生产和传播从集中走向分散,治理的权力也从集中走向分散"[①],传统的带有行政化和层级化烙印的基层社会治理结构面临着去中心化、去等级化的深度解构,社会秩序和治理结构面临着整体性的转变和重建。

基于当前宏观治理态势需求,基层治理整体正向着开放生态转型。数字化技术工具嵌入治理过程,直接打破了原有封闭僵化的治理环境,塑造了一种全新开放的治理生态体系。首先,数字化治理工具丰富了基层治理实践,同时活跃了治理思维。大数据时代是信息爆炸的时代,基层政府所接收到的信息总量呈指数级增长,在这种开放性治理思维的影响下,整体性治理环境也会愈加开放和自由。其次,得益于数字化治理技术的联结和应用,治理主体更加多元化,治理过程的主体开放度更高。多元主体参与基层治理,不仅能有效消除治理政策落地障碍,还能为治理工作推进作出贡献。最后,信息技术的快速迭代更新,为基层政府提供了更加丰富多样的治理工具。在应对不同的治理事务时,基层政府能够选择最适宜的治理工具和技术,充分保障治理效能。在数字化治理技术的辅助下,基层政府还可以汲取多元主体的治理建议,开展多轮次的政策协商,极大地提高治理政策出台过程的开放度和透明度。

---

① 周学峰,李平.网络平台治理与法律责任[M].北京:中国法制出版社,2018:36.

二、数字化服务基层社会治理逻辑

(一)大数据思维融入治理

一般认为,利用大数据技术分析挖掘有用信息,能够探求事物内在联系和规律,从而预测未来趋势、消除不确定性因素。将大数据思维运用到基层社会治理,能够提升治理科学性和智能化。事实上,各国已经意识到数据作为战略资源的重要性,在国家层面出台了一系列宏观战略,确立了数据作为数字经济核心生产要素的地位。基层政府受制于社会结构和固有观念,还需要及时转变思路,将大数据技术切实应用于社会治理,明确服务定位,优化资源配置,实现治理思维和方式的创新。要让数据成为基层社会治理的"显微镜",以小见大;也要让数据成为基层社会治理的"望远镜",未雨绸缪。运用大数据思维要求用整体的眼光看问题,同时接受数据的不确定性和混杂性,关注数据之间的相关性,充分挖掘数据背后蕴含的有用信息。一方面,消除信息不对称,使基层政府更好地掌握治理对象的信息、动态,从粗放治理向精细治理转变。另一方面,及时辨明风险,减少不确定性,推动社会治理向预期方向发展,从被动治理向主动治理转变。运用大数据思维创新社会治理,能够增强工作的科学性和行动及时性,但大数据运用也在数据安全、隐私保护、网络空间治理等方面带来了风险和挑战,需要高度关注。

1.大数据思维及其特征

所谓思维方式,就是人们看待事物的角度、方式和方法。在不同时代和环境中,人们思考问题和解决问题的习惯都会受到影响,也就是思维方式的改变。在大数据时代,谷歌(Google)的崛起改变了人们获取信息的方式,支付宝的普及改变了人们日常生活中的支付方式,我们的生活已在无形之中与大数据紧密联系在一起。"一切皆用数据来观察,一切都用数据来刻画,一切数据也被当作财富来采集、存储和交易,这就是所谓的'数字化生存'。"[①]大数据浪潮时刻催促着人们适应这种以数据的眼光来观察和理解身边环境的生存方式,促使大数据思维的形成。

(1)用整体的眼光看世界

统计学中著名的样本研究法认为,当整体由众多部分构成而处理能力有限时,必须通过部分来代表整体。按照这一说法,科学抽样是样本研究的前提。然而再科学的抽样法都不可能还原研究对象整体,研究结果都不可避免地会走样,于是就有了整体论的兴起。整体论以系统科学和复杂性研究为代表,相较于样本研究而言,其研究结果更科学。但是,受到技术层面限制,对整体的研究一直停留在理论层面,难以落到实际。大数据时代的到来改变了这一局面,在大数据研究中,研究对象是数据整体而不是被抽样的个体。凭借更加先进的数据分析技术,大数据将研究对象这一"整体"落到了实处,保证了研究结果的科学性。

(2)接受数据的不精确性和混杂性

长期以来,人类已经习惯和适应了典型化、标准化的思维方式,要求获取的每个数据都必须精确。在小数据时代,由于搜集的信息量比较少,只有确保记录下来的数据足够精确,才能保证所得出结论的正确性。然而,因为收集的数据有限,即使是很细微的错误也会被放大,正所谓"失之毫厘,差之千里"。在大数据时代,每时每刻都在产生数据,且这些数据没有限制。因为放松了标准,人们掌握的数据多了起来。人们乐于接受数据的纷繁复杂,而不再追求精确性。在小数据时代,数据分类存储和检索一直是人们惯用的方式。当数据规模较小的时候,这种做法固然有效,但一旦把数据规模增加好几个

---

① 黄欣荣.大数据时代的思维变革[J].重庆理工大学学报(社会科学),2014,28(5):13-18.

数量级,这种做法就将面临崩溃。大数据时代的数据呈现出混杂性的特点,是这一时代的标准途径,不应被避免。大数据时代真正体现了百花齐放的多样性,而不再是单调乏味的统一性。

(3)关注数据之间的相关性

在西方科学传统中,因果性的核心地位不容置疑。一直以来,自然科学的终极目标就是探寻事物之间的规律,也就是因果关系。而在大数据时代,数据总量呈现爆炸式增长,数据内容上更加混杂,事物之间的联系更加随机。小数据时代所搜集的数据之间只有简单的、直接的线性因果关系,而大数据时代的数据整体是复杂的、间接的非线性因果关系。因此,我们必须将其作为一个整体来分析,关注大量数据背后所反映的客观事实,通过对比来发现数据与人们行为之间的相关性。换言之,大数据时代的数据分析不再注重因果关系,只要知道"是什么"就够了。在大数据时代,人们对世界的理解不需要建立在假设的基础上,而是可以通过对大数据进行相关关系分析,有效避免基于假想的易出错的方法。"建立在相关关系分析法上的预测是大数据的核心。"①这种分析法具有更准确、更快捷的优势,且不会受人们主观偏见的影响。

2. 大数据思维推动基层治理转型

在万物互联的时代,只要通过网络做出行为就会产生数据,无论是个人还是组织每时每刻都在产生大量数据。基层政府凭借自身在行政机构和组织模式方面的优势,借助大数据技术,能够为国家直接参与基层治理提供保障。所谓直接治理,是指基层政府将直接面向公众汇聚的数据信息输送到国家各部门,经处理后形成数据库,为国家参与直接治理奠定数据基础。未来一个国家的核心竞争力很大程度取决于其将数据转化为信息的速度和能力。运用大数据提高社会

---

① [英]维克托·迈尔-舍恩伯格,肯尼斯·库克耶.大数据时代:工作、生活与思维的大变革[M].盛杨燕,周涛,译.杭州:浙江人民出版社,2013:75.

治理科学化,做好公共事务基础保障工作,是推进基层治理体系和治理能力现代化的题中之义。

(1)创新社会治理方式方法

一直以来,"碎片化治理"问题是制约基层社会治理创新的重大瓶颈,表现为各自为政,各部门做出的决策容易片面、脱离客观实际。大数据技术能够将各部门信息资源进行整合汇集,从而解决跨部门合作难题,降低社会治理成本。有数据显示,英国政府通过使用公共大数据,每年至少节省 330 亿英镑的行政费用。[①] 此外,基层社会治理尤其讲究问题导向,要求政府部门充分考虑不同社会群体的诉求和特点,采取灵活且人性化的治理措施。针对社会治理中存在的突出问题,能够全面反映利益相关者的需求和建议,及时化解社会治理中存在的问题。运用大数据技术在全面分析数据的基础上了解民情社意,能够从海量信息中精准获取有价值的信息,将以往看似不可能的事情变成现实。

(2)加大社会治理改革力度

以往我国基层社会治理强调维稳,采取被动治理的思路,注重事后弥补而不是事前预防。可以说,传统的社会治理模式不仅效率低下,且对于潜在风险预防不够,社会危机监测预警系统建设十分落后。在数字经济时代,社会环境瞬息万变,事前监管和预防已经成为社会治理改革的当务之急。通过大数据分析精准预测潜在风险,精准调控社会矛盾,揭示社会发展规律和未来走向,能够提高政府治理的精细化水平。此外,政府在社会治理中要实现"有为"和"有限"相结合。一方面,借助大数据技术及时掌握社会问题发展趋势和社会心态变化,随时调整相关政策,提高自身对社会发展的预测能力和社会风险的预见能力;另一方面,借助大数据平台向现代治理体系转变,实现多元主体间的上下互动,充分发挥社会和公众等多元主体的

---

① 单志广.大数据治理:形势、对策与实践[M].北京:科学出版社,2016:137.

作用和力量,构建共建共治共享的高水平、高层次社会治理。

(3)提升社会治理服务水平

在大数据时代,政府要遵守"循数治理"的原则,突破以往经验决策的惯性思维,提升治理服务水平,社会治理要转向以治理对象需求为中心、以数据为中心。大数据的价值就在于可以为社会治理决策提供科学依据,让决策者透过现象发现本质规律,发掘社会治理中诸多变量间的内在联系。数据驱动社会治理,要求政府利用大数据技术关注社会焦点、了解民众诉求、梳理民生民意,将日常记录治理对象的海量数据进行融合汇集,使不同领域、不同时间的数据相互关联,以便对治理对象形成整体和科学的认识,精准分析治理对象的诉求和偏好,进而根据这些信息作出积极响应,合理配置社会资源,及时提供有针对性的精细化、人性化优质服务,全面提升社会治理服务水平。

(4)培养社会治理专门人才

大数据时代的社会治理转型离不开人才支持。目前各级政府部门掌握的数据资源大多处于待开发状态,急需培养一批具有大数据思维、掌握大数据技术的专门人才。一方面,要加强对现有社会治理工作人员的培训,要把握大数据时代特征、跟上时代步伐,充分认识到大数据思维是领导干部做好社会治理工作的基本功。这就要求基层工作人员跳出舒适圈,自觉提高大数据知识储备,积极运用大数据思维和工作方法解决社会治理实际问题,克服工作中的经验主义、实用主义和惯性思维。另一方面,要制定和推进大数据人才培养战略,将数据科学专业人才培养与社会工作专业相结合,主动开展复合型人才培养,推动政府、行业与高校协同育人,培养创新型、应用型大数据人才。

(二)技术治理思维激发创新

基层治理数字化转型的核心逻辑在于对技术治理思维的科学应

用。先进的技术治理手段能够在改变传统封闭单调治理生态的同时，不断激发基层治理工作创新。基层政府借助数字化治理技术，一方面，能够理顺基层治理架构，加速治理信息在不同群体间的传播，消除信息壁垒和治理鸿沟；另一方面，也能拉近与多元主体间的距离，科学构建并打造双向型基层治理链条。[1]

1. 数字技术理顺基层治理架构

数字技术的广泛应用有助于理顺基层治理架构，为推进基层治理工作创造良好的条件。在数字现代化场景下，通过科技赋能，能够有效提升基层社会治理的效率。基层政府要想通过数字化手段提升治理效能，必须着力架构基层数字治理体系，推动基层治理与科技赋能的深度融合，例如，依靠数字治理重构社会风险防控体系，坚持把精细化、标准化、常态化的理念贯穿于基层治理工作全过程，推动基层治理工作与网络信息技术的高度融合。

在治理流程方面，数字化技术的应用能够简化治理流程，使得政府部门对外展示路径更加便捷。借助数字化治理工具，原先治理流程烦琐、进展不清的状况得以改善。数字化治理工具既帮助基层政府厘清工作流程，也利于外界监督政府工作进展。在以往治理信息流通不畅的情况下，很多工作如任务布置、政策传达等很难及时推进，且很难充分了解治理成效并适时做出调整改进，导致基层治理架构体系运转效能低下，而应用数字化治理工具能够有效理顺基层治理架构，快速发现实质性的治理梗阻并及时破解。与此同时，数字化工具的运用能够压缩治理层次，通过点对点的治理任务下达和治理诉求上传，有效拓宽基层政府治理覆盖面，引导更多治理主体参与治理工作。此外，简化且清晰的治理流程还能够缩减信息传递时间，避免信息流失，提高治理效能，确保治理工作的顺利开展。

---

① 王文彬,王倩.基层治理数字化整体性转型:生态、逻辑与策略[J].深圳大学学报（人文社会科学版）,2022,39(5):103-111.

2. 信息传递消除基层治理鸿沟

步入信息社会后,人际互动已然围绕信息交换展开,信息生产和传播日趋扁平化。① 具体到基层数字化治理的推进过程,政府部门与人民群众之间的交流互动是双向的,其中政府部门主要是向群众提供多方面的服务,而人民群众则负责接受这些服务,两者之间的信息化应当呈现出相互协调的局面。但是从现阶段基层政府数字化建设的实践情况来看,政府部门与人民群众对于彼此信息的掌握程度存在明显差异,这种差异会给双方的互动带来负面影响。

在基层治理数字化转型过程中,借助数字化技术能够消除信息传递鸿沟,增进各主体间的信任。首先,治理信息的数字化流通,丰富了信息传播途径,更易触达各方主体,在很大程度上弥合了基层政府与其他治理主体之间的信息鸿沟,有效解决了信息不对称问题。其次,数字化技术增强了治理信息的开放度和透明度,有效消解了治理主体间的信任鸿沟。在治理信息更加公开透明的情形下,各主体都能较为清晰地了解其他主体的治理需求,能够增进各主体间的信任和理解。最后,在实现治理信息共享和建立信任关系后,基层政府可以借助数字化技术整合多元主体的治理力量,引导各主体相互协作,围绕共同的治理目标建立高效合作关系。

3. 治理链条拉近社会主体距离

社会治理现代化过程中面临的最大问题是没有"社会",特别是没有社会组织。如何激发社会内在活力,使其与其他治理主体形成有效的对接与合作,是凝聚多元主体合力的焦点。社会治理只有与民众的生活契合起来,才能真正激发起民众参与治理的积极性。此外,社会治理共同体需要解决的一个核心问题是"主体之间是什么关系",要有边界清晰、分工合作、平衡互动的多主体和谐关系。社会治

---

① 戴长征,鲍静.数字政府治理——基于社会形态演变进程的考察[J].中国行政管理,2017,387(9):21-27.

理共同体建设,就是通过参与社会治理,使各个主体从原来的不熟悉、不交往、没有感情的关系状态转变为交往密切、彼此熟稔、感情友好的日常生活关系状态。

要想提升基层治理效能,离不开社会主体的积极参与和协商治理。从现实需要来看,基层治理数字化整体性转型的核心在于构筑治理链条,缩短多元主体与治理工作间的距离。一方面,基层政府借助数字化技术得以在更广范围内扩散治理信息,使多元主体知悉治理事项并为其参与基层治理提供机会,拉近了治理主体与治理事项间的心理距离、认知距离,便于治理主体响应治理工作。另一方面,数字化技术的广泛应用,便于多元治理主体间进行沟通和互动,进而在加强彼此认同和理解的基础上,形成紧密结合的治理链条,促进各主体间的有效协商和共同行动。

三、基层社会数字化治理创新案例

(一)上海市"一网通办"创新实践

近年来,地方政府将数字政府建设作为"数字中国"的重要构成,积极创新实践。上海于2018年全国两会期间率先提出全面推行"一网通办",通过线上线下政务服务流程再造、数据共享、业务协同,形成一网受理、协同办理、综合管理为一体的政务服务体系。2019年,上海市政府出台《2019年上海市推进"一网通办"工作要点》,将2019年定位为"一网通办"建设的攻坚年,大力推进业务流程再造。同年11月,习近平总书记考察上海时要求抓好"一网通办"等"牛鼻子"工程,并提出"实战中管用、基层干部爱用、群众感到受用"的要求。① 2020年,上海市政府出台《2020年上海市深化"一网通办"改革工作

_____

① 习近平.深入学习贯彻党的十九届四中全会精神　提高社会主义现代化国际大都市治理能力和水平[N].人民日报,2019-11-04(1).

要点》,在已有建设成果上进一步"攻坚提升",着力实现从"侧重行政权力事项"到"行政权力和公共服务并重"转变,从"能办"到"好办"转变。

上海市"一网通办"的数字政府建设实践是典型的组合式创新,贯穿政府组织的边界内外,既有政府组织边界内部的技术创新和管理创新,也有跨政府组织边界的服务创新和合作创新,以及政府组织边界外部的治理创新,包含技术、管理、服务、合作、治理五类创新举措的分布及其有序组合,坚持"以人民为中心"的重要理念,将信息技术应用于治理支撑。

1. 以人民为中心

数字社会治理体系的完善是一个共建的过程,社会稳定向前发展是社会共同治理的过程,毫无疑问,数字社会治理的成果也必然应该由广大人民群众所共享。近十年来,在党中央、国务院领导下,各级政府坚决贯彻实施网络强国战略、大数据战略等,数据共享和开发利用取得积极进展,为人民服务成效显著,也为迈入数字政府建设新阶段打下了坚实基础。坚持以人民为中心加强数字政府建设,不仅体现在直接为群众造福的具体事项上,而且要着眼于社会全面进步,全面引领驱动数字化发展。推动数字技术和传统公共服务融合,着力普及数字设施、优化数字资源供给,推动数字化服务普惠应用。推进智慧城市建设,推动城市公共基础设施数字转型、智能升级、融合创新,提升城市治理科学化、精细化、智能化水平。[①]

上海市"一网通办"的创新举措围绕业务流程和管理模式进行组合,集中体现出"以人民为中心"的理念。"一网通办"从实践早期就确立了"以人民为中心"的数字政府建设导向,提出了"让政府办事像'网购'一样方便""群众感到受用"等发展目标。在具体的创新举措

---

① 邵景均.以人民为中心加强数字政府建设[J].中国行政管理,2022,445(7):5.

层面,虽然上海市"一网通办"包含有多种创新举措,但并非零散地应用,而是依据一定的内在逻辑进行有效组合,形成数字政府建设的"组合拳",充分提升整体效应。优化业务流程和改进管理模式作为创新举措组合的核心位置,也反映出上海市"一网通办"数字政府建设的重点已经不在于信息技术应用,而是在于提升公众的公共服务体验。[①] 共建是共治和共享的必要前提,共治是共享的重要保障,共享则是共建和共治的必然结果,人民群众不仅是数字社会治理现代化的支持者和参与者,更是数字社会治理现代化的受益者。

2. 信息技术创新

2022 年 6 月,《国务院关于加强数字政府建设的指导意见》发布,提出要将数字技术广泛应用于政府管理服务,推进政府治理流程优化、模式创新和履职能力提升,构建数字化、智能化的政府运行新形态。2022 年,上海市全面深化"一网通办"改革,强调坚持业务和技术双轮驱动,依托多元技术持续开展系列服务创新。如青浦区融合大数据、云计算、5G、物联网等新技术,推出"一网通办"远程政务"云"服务,以微信小程序为业务办理入口,结合"云"视频平台,对接全国公安人口信息库身份认证接口以及综合窗口信息系统,保障企业和群众足不出户即可办理 26 项政务服务事项。

纵观上海市"一网通办",正是运用大数据技术挖掘数据资源价值,支持政府向治理现代化转变的有效实践。"一网通办"建立在数据完整和数据互通的基础之上,虽然上海市在很早以前就建成了法人、人口以及空间地理三大基础数据库,并于 2010 年在"中国上海"门户网站开通了上海市网上政务服务大厅,各部门的自身信息化程度较高,但是彼此间的数据互联共享仍处在"割裂"状态。为打破信息壁垒,徐汇区通过整合人口库、法人库、地理信息库等

---

① 陈子韬,李哲,吴建南.作为组合式创新的数字政府建设——基于上海"一网通办"的案例分析[J].经济社会体制比较,2022,220(2):133-144.

六大基础数据库,形成了大数据中心、行政服务中心和网络中心"三位一体"运行模式,将日常工作经验转化为数据标准,更加客观真实地反映社会现状。数据互联共享建成之后,各部门从原来的单一办理转换为协同办理,以往需要每一个部门重复办理的事项现在可以做到由一个部门办理,以往需要在部门间来回调取资料现在只需按照一个流程集中办理,互联网的便利性和大数据的高效性得以充分体现。

(二)浙江省数字政府建设实践

浙江省是互联网大省,也是习近平法治思想重要萌发地和法治中国建设重要实践地。近年来,浙江在顶层设计、法治支撑、协同治理、基层实践等方面探索先行,出台《浙江省公共数据条例》等首创性政策法规,以办理典型案件确立互联网数据要素流动等实体规则。在政府治理领域,《浙江省人民政府关于深化数字政府建设的实施意见》在2022年发布,提出要以数字化改革助力政府职能转变,不断提升政府治理体系和治理能力现代化水平,加快建设现代政府,为实现"两个先行"提供强大驱动力。

信息技术以其特有的迭代演进和集成创新能力不断赋能政府治理范式变革,深度重塑政府组织架构、治理理念和治理模式。数字政府建设从政府对政府的G2G、政府对企业的G2B到政府对公众的G2C,不断从认识到实践、再从实践回到认识,在建设和应用的反复迭代中不断发展,最终在传统实体政府基础上构建起越来越精细和量化的数字形态的政府。[①] 数字政府以信息技术为核心驱动,强调平台建设,突出过程优化,塑造了以大平台、大数据、大系统、大集成为战略导向,以数字化、协同化、透明化、智慧化为实施路径,以跨部门、

---

① 孟天广.政府数字化转型的要素、机制与路径——兼论"技术赋能"与"技术赋权"的双向驱动[J].治理研究,2021,37(1):2,5-14.

跨系统、跨地域、跨层级高效协作为重要支撑的政务模式,从而为国家治理现代化提供了技术支持,让国家治理现代化在信息的加持下行稳致远。[①] 数字政府是国家治理现代化背景下政府应用数字技术履行职能而展现的一种政府运行模式,本质上是政府治理的数字化转型。[②]

1. 数字化平台

近年来,为了简化群众和企业到政府办理事件的流程,浙江省研究推出了"基层治理四平台"改革新举措。浙江省着眼于基层治理现代化,抓基层打基础、抓治理优服务、抓机制增活力,积极探索基层社会治理核心业务梳理、流程再造、场景应用的标准化建设,按照"全省一盘棋、市级抓统筹、区县负主责、镇街强基础、网格为底座"的设计理念,建设"基层治理四平台"。浙江省通过运用矩阵化管理理念,把乡镇(街道)和部门派驻机构承担的职能相近、职责交叉和协作密切的日常管理服务事务进行归类,完善机制,整合力量,形成综治工作、市场监管、综合执法、便民服务四个功能性工作平台,并以综合指挥、属地管理、全科网格、运行机制为支撑。以点扩面,从数字赋能到制度重塑,使经济社会的运转以及治理趋于网格化、信息化、智能化,有效推进基层社会治理纵深发展,并取得明显成效。数字化平台的搭建有效推动了政府职能整合、条块关系理顺与基层治理的数字化转型,深刻贯彻落实了中央关于基层社会治理"条块结合、以块为主""重心下移、属地管理"等决策部署要求,有效提升了基层政府治理效能,增强了群众的获得感、幸福感和安全感。[③]

---

　　① 刘淑春.数字政府战略意蕴、技术构架与路径设计——基于浙江改革的实践与探索[J].中国行政管理,2018(9):37-45.

　　② 刘学涛.行政法典编纂进路中数字政府的形塑[J].法治社会,2022(1):21-32.

　　③ 王剑侯.浙江:以"基层治理四平台"改革 推动基层治理体系现代化[J].社会治理,2019(12):13-15.

社区建设也是基层治理的重要内容,社区履行经济、社会化、社会参与、社会互助等功能,承担着"上传下达"的重任,是基层治理的"最后一公里"。然而,有的社区中存在社工工作负担重、工作内容无留痕、辖区底数不清晰、服务居民渠道少等诸多痛点。为此,杭州市多个街道社区紧扣数字化改革、全面深化改革要求,推进城乡社区现代化建设,通过打造"邻里治""盈丰里"等数字化平台,实现自动化数据采集、标准化建模计算、可视化指挥调度、便捷化居民服务,提高基层治理质效和精细化水平,解决基层治理"最后一公里"的难点痛点,提升居民的满意度和幸福感。

2. 数据标准化

数据是基层治理与服务的数字底座,不仅对基层数字化建设起着关键支撑作用,也是推进基层治理的重要抓手。为了解决基层治理中日常工作数据留痕难、各条线数据多头录入、重复报送、统计烦琐的难点痛点,杭州市借力"邻里治"等数字化平台,通过资源整合,打造街道端、社区端、居民端管理服务闭环,实现了各条线数据信息横向纵向贯通,让数据"一头录入,多方共享",并为街道精准管理、科学决策提供数据支撑。数字化治理让政府能够全面掌握社区整体数据,还能更加直观地管辖辖区内发生的动态情况,让数据活起来,并且能够实实在在用起来。

浙江省数字化改革在条抓块统的基础上着力推进数据标准化建设工作。一体化智能化公共数据平台,是浙江数字化改革的一大创举。浙江省在数字化改革应用中,利用"一体化数字资源系统"(Integrated Resources System,IRS)将分散在各地各部门的数据进行统一的分类和标准设定,从而实现部门之间、层级之间的信息沟通。在浙江省委、省政府推动下,通过省大数据局统一了标准,除公共数据之外,还明确了应用、组件、云资源等数字资源。省市县三级3430家单位参与,对浙江全省政务信息化建设成果进行了系统总结,涵盖了 10129 个政务类数字应用系统。① 政府有关部门对梳理出来的数字资源做了唯一的身份编码,系统运行依托的硬件资源、产生的数据资源、算法组件等通用模块都进行了分类编目,利用智能检索、图谱推理等数据智能技术进行精细化管理,推动全省政务数字资源"家底"实现一本账管理、一站式浏览。这些实践探索为浙江基层治理数字化的结构化建设奠定了平台基础,实现了基层治理平台数字化的结构再造。

(三)宁波市江北区数字创智举措

在浙江省数字政府建设引领下,宁波市借势数字化、大数据发展应,构建基层社会治理新格局,显著提升了社会治理水平。在数字法治系统建设方面,宁波市加强政法行业云、法治行业数据、司法存证能力等建设,打破信息壁垒,建立统一的协同流程、数据标准、接口规范,突破跨部门信息共享难、电子卷宗统一格式难等瓶颈。同时强化办案协同,加快"政法一体化办案系统"提质拓面,构建覆盖各级政法部门一体化的协同办案信息化体系,实现执法办案流和信息流互融互通。宁波市江北区早在 2020 年就提出要全方位打造"创智之城、和美江北",这一目标围绕如何更好地聚焦高效能治理及如何不断提升群众的获得感、幸福感和满意度,该目标对江北的治理理念、治理手段和治理水平都提出了更高要求。近年来,江北区树立整体治理理念,强化数字治理支撑,充分激活江北区的改革基因和开放风气,以改革破题开路、以开放激发活力,其治理水平始终走在全市前列。

1. 创新执法监管模式

近年来,宁波市江北区借助数字化改革东风,依托大数据、区块链等现代信息技术,在综合执法领域内积极打造数字法治应用,打破

---

① 施力维,应磊,王黎婧.IRS,把"信息孤岛"连成"数字大陆"[N].浙江日报,2021-11-30(4).

信息孤岛,实现跨部门高效协同。为进一步解决基层执法工作中跨部门协作信息提取耗时久、效率低的问题,宁波市江北区以数字法治建设为切入点,利用区块链技术建设"综合执法处罚办案协同应用"。以基层综合行政执法为核心业务场景,探索执法证据收集、共享、应用新形式,推进执法业务协同办理,促进执法数据跨部门、跨区域共享。

通过"联盟链"技术,部门间数据信息在区块链系统中以密文的形式保存和传递,有效搭建起部门协同的桥梁。同时,推进远程办案模式,实现案件处理"云上办",使行政执法既有力度又有温度。执法中队可以和当事人线上完成案件办理的信息收集、文书送达、线上缴费等全流程业务,最终实现线上办理案件,当事人不需要到执法中队即可完成罚款缴纳、信息提交、文书确认,从而实现办案"零次跑"。

2. 数字助力检察监管

实践中,有的驾驶员专挑变道车辆下手,看准时机故意撞上去"碰瓷"。这样一来,无辜的变道车辆需要承担全部事故责任,"碰瓷"者反而无责,还能骗取保险理赔金。对此,江北区检察院工作人员主动把法律监督职能融入社会治理当中,通过大数据筛查的方式,精准识别"碰瓷型"车险欺诈行为,以数字化手段助力行业乱象治理。

为解决传统人工筛查方式难以满足保单海量增长的突出矛盾,江北区检察院调取了保险公司近五年车险理赔数据,通过"三者车驾号""三者车驾驶员"等关键词,筛查出部分特定对象,经与公安机关警务百度平台"车损""变道"等关键词筛查结果碰撞,将频繁驾驶某一或某几辆车,且均作为三者出险的人员,列为初步可疑对象。通过保险行业协会平台,调取初步可疑对象在全国范围内的车险理赔数据,筛选出"事故类型高度雷同"或"相同部位重复索赔"的,锁定为高度嫌疑对象。再排查这些对象的"人员关系""理赔资金流水"等,将账户"收款累计达诈骗罪构罪标准"的线索移送公安机关。针对车险理赔中驾驶员"碰瓷"骗保问题,宁波市江北区检察院利用数字化技术,高效筛查相关数据,实现了主动和精准监管。

(四)江苏省司法量化评估经验

2021年,江苏省苏州工业园区人民法院发布国内首个"县域基层治理司法指数"(以下简称"司法指数"),用司法大数据为基层社会治理体系"打分",重点解决基层治理状态难以量化评估以及薄弱环节和隐性风险难以被发现等问题。"司法指数"以大数据技术为依托,以唯亭街道的治理情况作样本,发挥出了司法审判作为基层治理"晴雨表"、风险隐患"预警器"、辅助决策"数据库"的积极作用。[①]

"司法指数"选取与基层社会治理相关的特定类型案件,对案件数量及变化趋势进行加权计算,同时综合各地区经济总量、人口等指标,最终得出结果并通过可视化平台呈现出来。苏州工业园区人民法院从受理的唯亭街道区域内的案件中,选取善良风俗类、社区治理类、治安治理类、行业治理类、重大风险类等与基层治理密切相关的五大类案件类型,对这些案件进行统计分析,以案件数量及变化趋势进行加权计算,以基准比例为参照统计出"司法指数"。"司法指数"采用百分制,85分以上为优秀等次,75分至84分为良好等次,60分至74分为合格等次,60分以下为不合格等次。

这一创新方式能够科学测评基层社会实际的治理状况,对基层社会治理的水平进行"体检",更早更精准地发现"病情",对症下药。在案件选取方面,善良风俗、社区治理、治安治理、行业治理、重大风险五类案件,实质上是观察基层社会治理水平的几个维度。比如,善良风俗类案件,主要为离婚、赡养、抚养、继承等纠纷,常常发生在家庭成员之间,能够反映一个地区孝老爱亲、家风建设等方面的情况。

---

① 朱旻,赵淑雯.苏州工业园区法院:以案为据创设基层治理司法指数[N].人民法院报,2021-09-19(4).

社区治理类案件,主要为物业纠纷、相邻纠纷、建筑物区分所有权纠纷等,与社区和谐程度、社会治理基础稳固程度有关。

"司法指数"对基层治理决策具有较强的参考作用,集中体现为指数具有一定的分析、预判和风险防范参考作用。根据 2021 年的"司法指数"报告,某银行的"某某贷"产品涉诉案件数量居高不下。注意到这一异常情况,园区人民法院及时就该问题与银行负责人进行交流并作出提醒。经过几次流程优化与合同版本修改,该产品纠纷数量明显下降。可以说,数据直观传递出了薄弱工作的预警,第一时间抓住了基层治理的着力点。随着人民法院的信息化水平日益提升,在司法大数据内涵将越来越丰富的背景下,"司法指数"的应用场景也将更加多样,其为城市发展提供了强大智力支持。借助大数据技术,原本处于社会治理"末端"的司法服务,将触角延伸到社会治理的方方面面,护航城市发展。数据赋能是社会治理现代化的重要特征,苏州工业园区的这一探索,为改善县域基层治理法治化水平提供了新的视角。

第三节　基层社会数字化治理能力提升路径

一、公共数据开放法治化

(一)公共数据开放的必要性

从我国数据治理实践来看,数据开放表达方式各不相同,政府数据、政务数据、公共数据等概念往往交替使用,但其内涵基本一致,都指的是国家机关或者法律、法规授权的具有管理公共事务职能的组织在履行法定职责过程中收集到的数据。《中华人民共和国数据安全法》采用"政务数据"的表述,将获取主体界定为国家机关以及法律、法规授权的具有管理公共事务职能的组织。2019 年发布的《上海市公共数据开放暂行办法》则采用"公共数据"的表述,规定公共数据是各级行政机关以及履行公共管理和服务职能的事业单位在依法履职过程中,采集和产生的各类数据资源。在 2022 年实施的《上海市数据条例》中,公共数据的主体范围进一步扩大,将公共管理和服务机构纳入其中。

公共数据开放的目的是进一步释放数据潜能,促进全社会对公共数据的开发利用,实现社会发展进步。公共数据开放既是行政机关内部通过跨部门、跨层级开放共享提升治理水平的活动,也是行政机关将其掌握的数据依一定程序向公众开放的活动。公共数据开放是政府促进数据利用的行为,也是政府不断提升治理水平和服务能力的行为。

根据《中华人民共和国数据安全法》的规定,除依法不予公开的数据外,政务数据都应当公开。政府有数据开放共享的义务,应当尽最大可能进行开放。目前,大部分地方政府将公共数据进一步细分为三种,即无条件开放、有条件开放、不予开放。首先,涉及国家秘密、商业秘密、个人隐私的数据属于不予开放类。由于国家秘密关系国家安全与稳定,具有特殊性,其豁免公开已经得到广泛认同。因此,涉及国家秘密的政府信息是普遍接受的免予公开事项。① 而涉及商业秘密、个人隐私的数据是否绝对免于公开,目前在理论和实践中还存在争议。其次,政府对于有条件开放的数据享有决定权,例如政府内部事务信息可以在特定条件下开放。《浙江省公共数据开放与安全管理暂行办法》就将严重挤占公共数据基础设施资源或者虽有开放价值但现阶段风险难以评估的数据列为有条件开放类数据。《上海市公共数据开放暂行办法》则是将那些对数据安全和处理能力

---

① 杨伟东.国家秘密类政府信息公开案件审查模式的转型[J].法学,2021(3):178-191.

要求较高、时效性较强或者需要持续获取的公共数据加入了有条件开放类数据。最后,除了不予开放和有条件开放的政府数据外,凡是能够提供给公众使用的数据都应当无条件开放。

(二)公共数据开放理论基础

在公共数据开放语境下,政府以一定开放模式将自身掌握的数据提供给公众使用。政府作为占有数据资源的一方,仅承担管理职责,不应独享数据资源价值,应当创造多方合作共享机制来发挥数据资源的社会价值和经济价值。向社会开放其履职过程中依法采集、制作的数据资源,是大数据时代政府的当然义务。一方面,开放公共数据资源有助于数据在市场和社会中畅通流动,能够激发市场活力、创新生产方式,促进经济和社会发展。另一方面,公共数据本质上具有公共性,并非私人所有,政府开放数据是履行公共职能、增进公共福祉的要求。

1. 公共数据权属

从数据产生及其价值实现过程来看,数据权利主体包括个人用户、平台企业、政府。数据权属规则就是要合理平衡各方主体间的权责利益,建构有利于数据生成和利用的市场运作规则,同时处理好个人用户数据隐私保护与平台公司数据资产激励间的内在矛盾,最终实现"数据治理共建共治共享"的新时代格局。[①] 公共数据是指政府部门以及法律法规授权的具有公共管理或服务职能的事业单位和社会组织在履行公共职能时收集、生成和管理的数据。公共数据不同于互联网平台企业在日常业务中收集的商业数据,在法律属性上表现为"公"与"私"的区分。商业数据属于"私财产"领域,而公共数据

---

① 彭辉.数据权属的逻辑结构与赋权边界——基于"公地悲剧"和"反公地悲剧"的视角[J].比较法研究,2022,179(1):101-115.

属于"公财产"范畴。① 根据国有财产理论,对"公有物"的使用需依照法律法规明确规定、由特定主体基于特定使用目的开展,不得设定私权或影响公务用途,除非其公有物属性发生变化。②

近年来,随着大数据发展上升到国家战略高度,数据被认为是关键的生产要素,其重要性日益与劳动、资本和技术等传统生产要素相当,为我国数据市场发展打开了新局面。在市场交易和经济利益导向下,原本仅供内部公务使用的政府数据逐步向社会开放,旨在服务公众并推动经济发展。政府数据的法律属性也从"公有物"向"公共财产"转变。政府提供公共服务客观上就包括提供公共数据信息资源的服务。政府采集数据的目的在于开展公共行政、提供公共服务,其经费来源于公共财政,政府数据本质上是行使公权力的产物,具有公共性。作为公共财产的数据资源,当然能够被开放共享。

公共数据开放的首要目的是数据利用,数据权属不仅是数据利用环节亟须解决的制度难题,也是公共数据开放所面临的核心问题。只有明确了公共数据权属的公共性,才能更好地鼓励地方立法合理探索公共数据开发利用模式。上海市政府就通过《上海市数据条例》确立了公共数据授权运营机制,以提高公共数据社会化开发利用水平。公共数据授权运营能够更好地兼顾数据安全可控和开发利用。由于公共数据开放是由政府直接向社会公开数据,面临较大的不确定性和安全风险,因此政府公开数据的意愿不强,不利于公共数据价值的释放。授权运营机制为解决数据开放高风险性和不确定性提供了新的思路,在政府直接供给数据的基

① 李海敏.我国政府数据的法律属性与开放之道[J].行政法学研究,2020,124(6):144-160.

② 李昌庚.国家公产使用研究[J].政法论丛,2014,159(2):40-49.

础上引入第三方机制,提升公共数据资源配置的有效性。《上海市数据条例》规定被授权运营主体应当依法履行数据安全保护义务,并接受政府对其业务行为和应用场景进行合规性审查。借助授权运营机制,政府得以发挥行政监管优势,被授权运营主体发挥专业技术优势,既能保证公共数据在更大程度上实现开放共享利用,也能确保数据安全和个人用户利益。

2. 开放政府理论

公民的基本权利是政府数据开放的重要理论支撑,开放政府起源于公民知情权制度化。知情权是指公民有权知道政府持有的、保存的,与其权利行使有关的一切信息,除非法律有例外的规定。① 在社会管理关系中,公众作为被管理者,享有获知与公共事务相关信息的自由和权利,这是知情权的体现。知情权理论的提出,有助于促使政府公开各项事务性信息,推进政府信息透明化。开放政府的目标是为了确保政府活动处于公开透明的状态,更高的透明度意味着更好的治理、更高的效率和更强的合法性。数据开放是大数据时代的新课题,随着大数据时代的到来,数据的作用和价值被社会所关注。原有的信息公开制度仅仅要求政府公开政务信息,已经难以满足大数据时代公民知情权的要求。开放政府的外延和范围不断拓展,要求政府既公开政务信息,也开放公共数据。

如果从治理维度来理解开放政府,其实质在于公众参与和社会合作。社会公众在政府数据开放过程中,通过特定方式和程序参与其中,公民通过政府获取信息和数据是公众参与的前提。参与主体应当涵盖自然人、企业法人、社会组织、自治组织等;参与环节包括数据收集整理、公开发布、分析利用的全生命周期;参与方

---

① 章剑生.知情权及其保障——以《政府信息公开条例》为例[J].中国法学,2008,144(4):145-156.

式和途径既要有传统的民主恳谈会、听证会等,也要有信息网络时代的在线调查、开放数据对话等;参与价值在于增强民众对政府数据开放的政治信任、支持度和满意度,提高政府数据开放的政策认同和服务质量。[①]

开放政府是一种治理理念,通过信息公开、数据开放、政府与公众之间的互动和对话,以及政府与企业和非营利性社会组织之间的合作,提升政府的治理能力。[②] 在开放政府治理范式下,制度化的透明开放有助于打破传统封闭固化的管理体制,构建互联互通、动态弹性的行政体制。在大数据时代,开放政府不仅是将管理方式从"封闭"向"开放"转变,更是政府治理结构从"僵化"向"灵活"变革。开放政府在治理策略上更加注重依托数字技术的政务流程再造,符合政府数字化转型要求。此外,随着国家治理体系和治理能力现代化逐步推进,"以人民为中心"的治理取向对传统政府治理模式提出了更高要求。开放政府能够在治理维度上体现公众参与,切实回应人民利益诉求,提升政府治理效能,这种良性治理能够密切政府与公众的关系。在大数据时代,按照"公开为常态、不公开为例外"的原则,政府向社会公众开放其所保有的数据,能够激发数据潜能,便利公众生活,推动经济和社会发展。

(三)公共数据开放法治化重点

探究公共数据开放法治化路径的前提是具备公共数据开放法治化思维,即公共数据开放必须依法而为、循法而行,将公共数据全流程管理纳入法治化轨道。早在 2015 年,国务院发布的《关于印发促进大数据发展行动纲要的通知》就已经在政策层面对政府数据开放

---

① 陈朝兵,简婷婷.政府数据开放中的公众参与模式:理论构建与案例实证[J].图书情报工作,2020,64(22):58-68.

② 王本刚,马海群.开放政府理论分析框架:概念、政策与治理[J].情报资料工作,2015,207(6):35-39.

提出了要求,从数据开放的基本理念、战略部署、体制机制和平台建设等方面,为我国政府数据开放构建了顶层设计。当前,"数字政府""智慧政府"已经成为政府改革和发展的一大趋势,数据治理也已经成为推进国家治理体系和治理能力现代化的一项重要内容。2021年6月10日《中华人民共和国数据安全法》正式通过,这是我国关于数据开放与安全的首部专门法,其中对政务数据安全与开放也做了规定,公共数据开放法治化越来越得到重视。

1. 确保公共数据安全

如今,数据已经成为新的生产要素,在国家发展中承担着基础性、战略性资源的角色。具体到政府层面,数据在政府信息化、数字化转型中发挥着举足轻重的作用。公共数据开放共享一直是公共数据应用的重点,但与企业数据相比,公共数据的安全保障工作更加艰难。公共数据往往包含大量个人信息和重要数据,数据共享和流动进一步加大了这些数据被泄露和被非法利用的风险。传统的"基于边界的安全"理念建立的安全管理和技术措施,已经无法适应当前以"数据流动"为主要特征的安全管理的需要。针对流动的数据的安全管控必须建立"以数据为核心"的安全管理理念,围绕数据从产生到销毁的整个生命周期阶段建立管理机制和技术措施。既需要有统筹管理者,又要层层落实责任,以督促各相关方切实满足以流动为主要特征的公共数据安全保护要求。①

在国家政策指引下,各地方政府加快了数据开放共享进程。贵州省发布《贵州省政府数据共享开放条例》,加快政府数据汇聚、融通与应用。深圳市发布《深圳经济特区数据条例》,在规范公共数据活动、促进公共数据开放利用等方面进行探索。深圳市还通过了《深圳市数据交易管理暂行办法》,为规范数据交易活动和数据交易市场主

---

① 刘迎风,梁满,冯骏. 以数据为核心:构建上海市公共数据安全保障体系思路[J].中国信息安全,2019,(12):64-67.

体行为、促进数据有序高效流通、引导培育数据交易市场健康发展提供政策制度保障。

与此同时，伴随着政府数据开放共享的不断推进，保障数据安全的重要性日益凸显。政务数据开放共享使得数据资产集中存储和管理，固然方便了数据利用，但大量数据汇集到统一平台，给数据管控带来了巨大挑战。各地公共数据采集标准不一、分类分级方法不同，导致数据管理混乱，极易发生过度采集和数据滥用。此外，政府部门在数据安全防护技术方面较为薄弱，欠缺互联网企业成熟且先进的技术储备，容易发生数据伪造、泄漏等安全事故。

《中华人民共和国数据安全法》针对政务数据开发利用作出了明确指示，要求省级以上人民政府应当将数字经济发展纳入本级国民经济和社会发展规划，加强数据开放共享的安全保障措施，建立统一规范、互联互通、安全可控的机制，利用数据安全运营，提升数据服务对经济社会稳定发展的效果。此外，《中华人民共和国个人信息保护法》对个人信息处理的基本原则、与政府信息公开条例的关系、协调个人信息保护与促进信息自由流动的关系等作出了规定。为此，政府部门应当树立法治思维，将提升数字化治理能力的工作重心放在确保公共数据安全可控之上，保障各项法律落地见效，坚持以人民为中心，切实保障广大人民群众的合法权益。

2. 加强个人信息保护

随着国家大数据战略的推进，各地方政府纷纷构建数据开放共享平台，各类数据被收集汇聚用于分析利用，虽然这为民众的生活和工作提供了便利，但也带来了个人信息泄露及滥用风险，有可能会损害广大人民群众利益。为了解决数据碎片化问题，就要构建统一高效、互联互通、安全可靠的数据资源体系，依托统一的数据开放平台，打通各部门信息系统，推动信息跨部门、跨层级共享应用，加快推进公共数据资源开放应用。数据开放平台在数据共享应用方面的重要性毋庸置疑。作为基础数据的采集者、提供者、传播者,其提供的数据资源是释放潜能的关键,也是数字创新的重要源泉。① 与此同时,由于平台具有开放性,降低了数据使用的门槛,任何人都可以免费搜索、自由使用,导致个人隐私泄露问题时有发生。②

为了平衡数据开放应用与个人信息保护,国家颁布施行了诸多与个人信息保护相关的法律法规,旨在加强数据收集和使用的法律规制。2021年《中华人民共和国个人信息保护法》颁布实施,用专门法的形式直接回应了个人信息保护的若干问题,涉及个人信息处理规则、个人信息跨境提供的规则、个人在个人信息处理活动中的权利、个人信息处理者的义务、履行个人信息保护职责的部门、法律责任等相关内容。政府作为数据开放平台的建设者和管理者,在享有数据开放利用利益的同时,当然还要承担起维护数据安全和保护个人信息的职责。

《中华人民共和国个人信息保护法》是政府履行个人信息保护的制度基础,赋予个人主体知情同意权,要求个人信息处理者告知信息收集和使用的目的及范围。实践中,大多数企业通过隐私保护政策等书面文件,详细列举个人信息的收集类型、使用目的等。然而,我国各省市已上线的数据开放平台,在隐私政策设置方面并不完备,存在隐私政策无法查阅、未设置专有隐私政策、无隐私政策的情况。③

为了规范公共数据开放利用,政府数据开放平台要基于个人同意原则,确保在个人充分知情的前提下获取个人信息,同时告知个人信息收集和使用的范围及目的,不得采用误导、欺诈、胁迫等违背个

---

① 朱永伟.工业互联网平台间数据开放共享研究[J].中国信息化,2019(11):87-89.
② 张茂月.大数据时代公民个人信息数据面临的风险及应对[J].情报理论与实践,2015,38(6):57-61,70.
③ 孙瑞英,李杰茹.我国政府数据开放平台个人隐私保护政策评价研究[J].图书情报工作,2022,66(12):3-16.

人真实意愿的方式取得同意。如果要在公共场所采集数据，安装"面部特征采集""个人身份识别设备"等涉及个人信息的装置，必须以维护公共安全为目的，且必须设置显著标识。总之，政府数据开放平台最根本的职责就是提升政府治理能力，促进数据资源的整合，为人民群众提供更加便利的服务。为此，要加强公共数据开放治理，提高公共数据共享应用的效率，构建公共数据开放与个人信息保护相平衡的公共数据运营机制，充分发挥公共数据在推动政府数字化转型和促进经济社会发展中的驱动作用。要提高政府个人信息保护意识，倡导制定隐私保护政策，确保个人信息收集使用的合法和规范。

二、基层政府数字化转型

（一）提升数字化治理能力三大维度

基层社会治理是国家治理的基石，提高基层治理效能才能提升人民群众幸福感，维护好国家长治久安。借助数字信息技术，以数字化转型为契机，加快推进基层政府治理能力提升是应对当前复杂经济系统的必然选择。从本质上讲，数字化治理是政府治理现代化的关键。因此，要深刻理解我国经济社会发展格局，有效推动数字化与基层社会治理有机融合，全面提升政府政务服务水平，优化办事流程。具体说来，提升政府数字化治理能力就是要将大数据融入政府工作的方方面面，运用大数据辅助政府决策、改进社会治理、提升公共服务质量。

1. 运用大数据辅助政府决策

受行政体制、公共利益考量、传统政治文化等因素的影响，地方政府的决策行为容易形成路径依赖，导致出现决策偏差。这种传统的政府决策模式不可避免地还会受到个人主观思维和经验的影响，很难满足决策科学化的需求。大数据技术能够弥补政府决策易受主观影响的不足,通过对超大规模数据的分析为决策的制定提供依据,保证决策质量。① 依靠大数据优势,为公共决策科学化提供坚实基础和技术支持,能够优化政策执行环境,整合政策执行资源,形成政策执行合力。此外,大数据技术能够将政府的政策导向与公众真实需求相结合,提高政府决策的预见性。依托大数据技术,政府可以将收集到的数据进行整理归类,通过对大量数据的分析和挖掘,客观真实地反映社会发展和公众需求。在制定决策环节,基于大量有效数据的支撑,政府决策的时间成本大大降低。此外,政府可以运用大数据技术手段,对权力运行过程中产生的数据进行全流程记录和分析,及时发现和处理各类不作为、乱作为及腐败行为,推进法治政府建设,进一步完善权力运行监督机制。

2. 运用大数据改进社会治理

社会治理是国家治理的重要方面,大数据作为新兴数据处理技术,能够为社会治理提供重要的治理平台和治理路径。针对社会治理资源共享程度不足的问题,通过数据整合共享、搭建大数据平台等举措,能够提升数据资源的利用度,为社会治理提供强有力的支持。大数据平台能够突破治理分散化带来的信息壁垒,将已有的社会资源与数据信息进行统一筛选、整合、发布,逐步形成基于社会治理需求的平台,该平台着力于打通各业务部门间的信息对接渠道,为社会治理提供更便捷的途径。大数据平台还能有效吸纳其他社会资源力量,提高多元主体的参与程度,在优化公共服务的同时实现管理效率的稳步增长,向智能化方向不断迈进。在开放政府理念下,政府、企业、社会组织、公众等多元主体共同参与、协同治理是现代社会治理的发展趋势。此外,公共信息资源平台能够畅通社会治理多向协调交流,使公众能够借由平台参与政府治理工作当中,在拓宽民意表达

---

① 王子迎,高乐田.论大数据的科学特性及其决策学意义[J].决策与信息,2018,503(11):29-36.

空间的同时,也使管理者能够更清晰地了解公众诉求,进一步优化协同治理格局。

3.运用大数据提升公共服务质量

党的二十大报告指出,要增强问题意识,必须坚持以人民为中心的发展思想,采取更多惠民生、暖民心举措,着力解决好人民群众急难愁盼问题。公共服务管理要坚持问题导向,深度挖掘人民群众的困难问题与民生需求,使公共服务质量改进与供给水平提升足以精准满足人民群众的需求。由于政府是公共服务尤其是基本公共服务的主要供给主体,公共服务管理的制度设计总体属于"供给主导"型模式,公共服务需求表达机制严重缺失。[1] 要想提升公共服务质量,就要改变过去供给主导的运行逻辑,准确地将人民群众的需求传递到公共决策机制中,使公共服务运行管理达到精准匹配效果。在数字化、智能化、智慧化的"万物互联"时代,能够实现基本公共服务均等化,有助于政府从被动管理转变为主动服务,找准民生服务的难点、痛点、堵点,解码公众的需求,真正让公共服务有温度。运用大数据促进保障和改善民生、提升公共服务质量,既是新时代发展的内在要求,也契合了中国共产党"以人民为中心"的执政理念。

(二)提升数字化治理能力具体路径

大数据技术嵌入基层治理,为基层治理带来新的发展机会,政府管理人员应顺应发展趋势。首先,政府管理人员应当培养和树立与时俱进的大数据思维,以大数据为视角分析问题、解决问题。树立大数据思维,就是要正确认识大数据中相关关系的地位和作用,以及相关关系与因果关系之间的联系。大数据主张"用数据说话",以此来减少人的主观性产生的影响,让决策具有更强的客观性。其次,政府

---

① 尹栾玉.基本公共服务:理论、现状与对策分析[J].政治学研究,2016,130(5):83-96,127.

管理人员应当学会运用大数据技术,以数据驱动加强基层社会治理,使用大数据系统来维护政治安全、社会安定、人民安宁,通过建设城市网格化管理中心来实现城区"事件"的精准感知,让社会治安效率更高、成本更低。最后,实施精准的社会治理。结合特定管理需求,制定标签体系,对相关情况进行统计分析,了解基层社会公众的状态,便于有针对性地采取措施。

1. 推进基层数据标准化治理

当前,大数据与实体经济深度融合发展趋势在社会管理和公众服务领域日益增强。在数据治理方式支持下,政府服务质量和效率显著提升。提升基层社会治理水平是实现国家治理体系和治理能力现代化的重要内容。数据标准化治理是在遵循国家和相关部门数据标准化规范的基础上,依据科学客观的标准化规范指导,实现数据高效运行和有效治理。2021 年 10 月 10 日,中共中央、国务院印发了《国家标准化发展纲要》,首次将标准化提到了国家战略地位,指出标准化是经济活动和社会发展的技术支撑,是国家基础性制度的重要方面。可以说,标准化作为新型国家治理机制,通过对治理过程及结果的标准化控制,能够实现国家权力运作的清晰化及治理流程的无缝对接。因此,要想推动数字经济高质量发展,迫切需要加强数据标准化治理工作。

一是确定数据标准规范。明确制定统一的数据标准规范,涵盖数据目录、数据采集、数据管理、数据分析、数据保障各环节,确保政府数据治理的科学性和客观性。为了满足基层治理和民生服务的需求,还需要整合管理治理系统,厘清综合治理、民政、卫健等各部门的业务需求,建立构建一套集业务应用、技术支撑、运维保障标准为一体的治理架构体系,紧扣数据智能共享应用的数字化社会治理标准,积极打造具有普适性的重大应用,及时总结经验,形成一批可在全省甚至全国范围内推广的标准化成果。二是建立数据统筹管理机制。

政府数据治理以"数据共享、互联互通、业务协同"为原则,构建多元主体共治共享的政府治理新体系。要建立健全基层社会数字治理运行机制,切实发挥基层党组织在社会治理中的核心作用,加强党的思想、组织和工作引导,促进多元主体在基层社会协同治理,实现多种社会力量的有机统一。针对政府及其职能部门权责不匹配问题,需要明确数据权责清单,尽快加强其职能改革,更好地实现基层政府数据全周期运行和标准化治理,真正做实做强社会治理效能。三是加强数据融合化治理。"跨层级、跨地域、跨系统、跨部门、跨业务"的数据治理正在成为趋势,促使政府决策模式从"经验决策"到"科学决策"、政府治理理念从"权威治理"向"数据治理"、政府治理方式从"模糊治理"向"精准治理"转变。数据融合化治理的核心要义是要将数据要素嵌入政府职能,重塑政府数据治理价值。需要明确数据各方主体的权利和义务,在数据整个流通周期建立完善的参与治理机制,明确数据治理主体的权责边界。同时不断提升数据管理组织能力,通过强化顶层制度设计、优化管理机制、科学设定运行机制等方式,更好地提升基层政府治理绩效。

2. 提升基层治理精细化水平

"精细化管理"最早应用于企业管理过程,指的是注重企业科学管理过程中的各个环节,在降低生产成本的同时提升经济效益,是有效提升企业管理和经营效率的跨时代理念与模式,具有"规范标准化、职责明确化、技术专业化"等特征。随着数字技术赋能基层治理,各地方在迅速发展和功能增进过程中,基层精细化治理体制改革滞后、资源分配不均、信息安全隐患、资金人才欠缺等问题也暴露出来,限制了区域经济发展和居民生活水平改善。因此,以数字技术提升基层治理智能化精细化水平,是坚持数字政府建设的政治方向。

传统的基层管理是自上而下的管理模式,而数字技术智能化能充分运用数字技术汇总基层社会问题并加以分析,为科学决策提供支持。一是要加强顶层设计,构建数字赋能制度体系。这需要加强制度规范体系和顶层设计的衔接,从组织结构、规章制度、过程规范、保障机制等方面进行梳理,加强各部门间的沟通与协调,明确职责关系。同时重视提升治理主体人员素质,在社会道德准则和制度规范体系范围内,强化数据资源的安全性和开放性发展,制定严格的信息安全和个人信息保护规范,完善监督保障机制。二是要站稳数字政府建设的人民立场,着力解决好民众关切问题。在数字时代,民众需求向着个性化、立体化和精细化转变,政府治理方式也应随之调整。应充分利用数字优势共享数据资源,重点解决民众关于教育、医疗、养老、交通等民众关注的问题。同时,加强基层数字服务平台建设,强化线上"互联网十民生问题"服务与完善线下实体服务双向相融合发展,实现民众对生活事务"一网通办"的普惠性期盼,健全公共服务体系,提供精准高效的公共服务。三是要构建政府、市场和社会多元主体联合治理的格局。构建多元主体共建共治共享的合作氛围,改变传统政府自上而下单向的管理模式,积极变革政府治理模式,由条块分割转向跨部门、跨层级、跨地区高效协同,发挥政府统筹保障作用,激励市场多元主体发挥功能,形成政府部门业务协同、政企联动、公民参与的协作治理机制。此外,运用数字技术赋能基层治理,加强数字政府建设,必须始终强调用好基层海量数据和丰富应用场景优势,发挥好数字技术对基层社会治理的便捷、高效作用,努力运用大数据、云计算、区块链、人工智能等前沿技术推动基层治理手段、治理模式、治理理念创新,充分释放数字技术红利和创新潜力。

3. "互联网十基层治理"模式

互联网技术创造了新的社会交往空间,不仅改变了社会生产和生活方式,也给公共事务治理带来了重要变化。政府在基层治理实践中运用互联网技术,与党群、政务、民生等板块结合,构建了诸多"互联网十"平台,其兼有信息采集、利益表达、民意征集等功能,实现了线上办事,便利了公众参与,增进了社会福祉。随着智能感知技术的普及应用,智慧社区建设兴起,多样化系统平台和应用终端的投入,大大提升了基层治理的数字化和智慧化水平。"互联网＋基层治理"模式意味着更加灵活、多样的投资、建设和运行模式。由地方政府直接投资建设,致力于让基层治理更高效、更智慧,同时由企业主导建设,负责项目运行。由于政府部门的基本职责是提供公共产品和公共服务,"互联网＋基层治理"要聚焦公共事务领域,同时强调政府与企业的角色分工,明确政府职责定位,合理安排行动路径,力求改进行政流程、提高行政效率、便利公众参与、支持数据共享。

一是营造良好的数字发展环境。相比于政府部门,企业在新技术开发和应用方面具有高度敏感性。运用互联网技术推进基层治理数字化转型,需要营造政企合作的良好数字发展环境。基层政府应理性看待自身在数据资源方面的优势和技术能力方面的不足,结合发展实际,从技术路径比较成熟的领域入手,基于互惠合作原则,通过合同外包、政企合作等形式,调动企业在技术开发和系统维护方面的优势。此外,有步骤、分重点科学规划建设,有序加快 5G 网络、政务云、数据中心等新型基础设施建设,持续缩小"数字壁垒",深入推进数字基础设施和数据资源在开放共享标准内均等化发展,努力营造开放、公平、公正、非歧视的数字发展环境。二是提升系统开发的实用性。互联网、大数据等技术极大地便利了信息收集和使用,催生了大量新应用。如果脱离具体应用场景空谈"互联网＋",对于改进基层治理没有实际意义。以"个人所得税"应用软件为例,个人通过手机下载应用软件后,只需在线点击相关模块,即可快速完成税务申报及查询,极大地节省了申办时间。作为基层治理数字化转型的具体应用,"互联网＋"应当从单一领域走向拓展应用,根据各地实际情况,因地制宜地选择技术方案,涉及基层党建、行政执行、民生服务、应急管理、居民自治等多样化领域,形成丰富应用场景。三是建立统筹性数字平台。在治理层面,制定严格的数据安全规范,确保数据在汇聚、共享、开放、服务、存储、销毁各环节的安全性,形成安全可靠的集聚效应。在技术层面,加快基础设施的数字化改造升级,推进数据标准管理平台建设,执行数据标准管理相关办法,执行并贯彻数据管理流程规范。此外,积极推进智慧社区建设,支持数据集成、融合,推进数据管理标准化,提高数据资源共享使用的效率。

三、数字技术驱动共同治理

(一)社会治理共同体

党的二十大报告指出:"完善社会治理体系。健全共建共治共享的社会治理制度,提升社会治理效能。……畅通和规范群众诉求表达、利益协调、权益保障通道……建设人人有责、人人尽责、人人享有的社会治理共同体。"随着社会的进步与发展,社会领域的治理方式已经从"社会管控"过渡到"社会管理",并逐步向"社会治理"演进。当前,我国已经进入一个开放的社会,社会的多元化正在成为时代的新特征,社会治理难度与复杂性日益加剧,单纯依靠政府力量难以解决社会所有问题。社会治理需要凝聚多元主体合力,需要政府、市场和社会加强合作,实现社会治理多元主体的广泛参与,构建共建共治共享的社会治理共同体,进而推动国家治理现代化进程。

社会治理共同体可以认为是"社会治理"和"共同体"两个词的汇聚,但不是简单汇聚,需要厘清两者的内涵,把握两者之间的关系。[①]社会治理共同体的本质内涵是以开放、系统与新发展理念为指引,坚持社会治理主体与客体的统一性,发挥人的主观能动性与客观实践性,培育"人人有责、人人尽责、人人享有"的社会治理图式。社会治理共同体强调从人出发,在谋求共同行动中既要通过尊重差异发挥

---

① 黄意武,许志敏.社会治理共同体的形成机理及策略选择[J].重庆理工大学学报(社会科学),2022,36(9):125-132.

人的自主性，又要通过处理好多元关系推动高质量发展，还要坚持人民立场共同创造美好生活，更要基于建设"两型社会"（资源节约型、环境友好型社会）促进人与自然的和谐共生。[①] 社会治理包括治理主体和治理客体，既有治理主体的共同参与，也有治理客体的协同运行。新时代要建设的社会治理共同体，既是生活的共同体，又是权益的共同体；既是发展的共同体，又是传承的共同体；既是基于共识认同的共同体，又是尊重个性差异的共同体。[②]

"共建共治共享"是社会治理共同体的应有之义，充分体现我国社会发展稳定性、适应性与效能性的统一。在新发展阶段，我国社会治理领域提出完善"共建共治共享"的社会治理制度，并具体落实到建设社会治理共同体这一重要举措，要求坚持共同体理念，树立开放性和系统性思维，营造多方主体参与的社会治理良好环境，不断推进经济社会各领域的高质量发展。中共中央、国务院发布的《关于构建更加完善的要素市场化配置体制机制的意见》指出了土地、劳动力、资本、技术、数据五个要素领域改革的方向，明确了数据市场化配置的具体措施，为推进我国社会治理共同体建设提供了方向。在数字化时代，数据已然成为构建社会治理共同体的关键要素，因而需要不断健全数据收集和利用相关制度，以数字技术驱动社会治理共同体建设。

（二）以科技支撑智能化治理体系

数字技术的革新与发展为治理共同体的构建提供了权责对等、激励机制、共识机制与共享机制等关键要素。在与社会治理的深度互动与融合发展中，数字技术形成了赋能工具、治理机制、价值标准

---

① 刘琼莲."共生共在"的社会治理共同体建设：理论探索与实践推进[J].天津社会科学，2021，239（4）：83-88.

② 黄建洪，高云天.构筑"中国之治"的社会之基：新时代社会治理共同体建设[J].新疆师范大学学报（哲学社会科学版），2020，41（3）：2，7-17.

与治理手段等治理属性,能够拓展社会治理网络、整合与优化社会治理资源、重塑社会治理公共价值以及推动社会治理制度再生产。① 社会治理共同体是与数字时代相适应的现代化社会治理模式,强调治理主体的能力提升与整体性治理功能的发挥。大数据、区块链和人工智能等数字技术的发展为培育社会治理共同体的关键要素提供了更多可能性,推动了"共建共治共享"的社会治理共同体的形成。此外,为了全面提升整体治理效能,有必要维护治理机构的稳定性,同时确保治理资源最大限度整合与优化,这些都离不开数字技术的强大支撑。

1.科技赋能社会治理

科学技术作为新时代社会治理智能化的重要工具,能够打破数据孤岛和壁垒,促进物理空间和信息空间深度融合,激发社会治理的创新创造活力。近年来,我国社会治理社会化、法治化、智能化、专业化水平大幅提升。社会治理智能化以科学技术为支撑,通过大数据、云计算、人工智能等数字技术,挖掘并收集社会治理数据,经技术分析并转化为有价值的信息,凸显社会治理的科学性、预测性、精准性、高效性等特征。

第一,社会治理更加科学。大数据时代的社会治理基于数据分析所得出的客观结论,一方面,能够改善传统治理不够精细化、过于主观化的弊端,为社会治理体系创新打开局面。另一方面,众多新兴科技应用于数据分析,提高了社会治理风险预测的精准性,为关联社会治理中的人、事、物、组织信息,推进多元主体系统共治等提供了科技支撑。第二,社会治理可预见性更高。要想改善社会治理的效率和成果,必须提高治理行为的可预见性,做到未雨绸缪,及时发现并解决问题。大数据分析和挖掘技术能够敏锐捕捉社会微小变化,帮

---

① 关爽.数字技术驱动社会治理共同体建构的逻辑机理与风险治理[J].浙江工商大学学报,2021,169(4):153-161.

助治理主体突破时间和空间限制,从深度和广度上拓宽对社会的认知。将科技创新嵌入社会治理领域,依据信息化、智能化技术对社会治理风险进行预测,减少了治理的被动性,为基层政府源头治理的主动预测提供可行路径。第三,社会治理更加精准。精准的社会治理有助于节约治理成本、提高政府治理效率。科技创新为社会治理提供了精准解决问题的工具,运用人工智能、区块链等新兴技术,在数据网络的各个节点实时记录并抓取有用数据,为精准化社会治理提供数据支撑。此外,得益于大数据技术的分析和研判能力,政府部门能够从海量信息中精确获取有用信息,找出治理问题的根源,突破了传统治理问题偶发性、模糊性等局限。第四,社会治理更加高效。依托科技创新提高社会治理效能,是实现高效社会治理的重要途径。科技创新作为告别传统治理的革命性技术和工具,为社会治理智能化提供了便捷且高效的途径,例如公共数据库、政务服务平台,为各方主体提供了获取、传递、储存数据信息的渠道,也为各方主体在治理目标、治理决策、治理方案等方面达成共识提供了便捷平台。

2. 发掘数据要素价值

数据作为新型生产要素,对人们生产方式、生活方式、社会治理方式具有变革性影响。中共中央、国务院发布的《关于构建数据基础制度更好发挥数据要素作用的意见》将数据分为公共数据、企业数据、个人数据三类,对数据基础制度建设提出明确要求,对激发我国数据要素市场发展潜力、实现经济高质量发展、构筑全球数字经济竞争优势具有积极而深远的影响。其中,公共数据要素蕴藏巨大的经济和社会价值,要求针对公共数据建立确权授权机制、全流程合规与监管体系以及价值收益分享方式。

一是要完善制度设计。政府是参与数据要素配置的供给方,在厘清公共数据内涵与外延、开放与开发利用的区别、公共数据管理权益划分等概念的基础上,还要不断健全公共数据开发利用监管制度,落实各环节监管执行。制度是数据要素市场有序运行的依据，必须建立合规高效、场内外结合的数据要素流通和交易制度，破除数据壁垒，促进数据流通使用，同时建立体现效率、促进公平的数据要素收益分配制度，发挥市场在数据资源配置中的决定性作用，按贡献参与收益分配，保障各方主体权益能够实现，进而吸纳不同主体参与数据要素市场建设。二是鼓励多方协同。数据要素市场的建设，离不开政府、企业、社会组织等不同主体的参与和支持，必须探索更有效的动力机制，以激励各类市场主体促进形成多元协同共创的生态体系。政府应当从完善制度规则入手，加强对不同行业数据治理态势的监督，敦促数据使用方在开发数据产品或服务时提升数据安全和数据质量意识。数据使用方应当积极履行社会责任，在日常运营、技术研发等方面压实数据治理责任，维护数据安全。三是强化技术创新。数据不同于土地、劳动力等传统生产要素，其价值发挥依赖于各种信息技术的融合应用。在数据要素市场建设中，要进一步强化技术自给，支持区块链、隐私计算等新兴技术的研发攻关，以数据"可用不可见、可用不可得"等形式，实现数据流通使用全过程的可控可计量。同时强化数据要素市场监管技术创新，支持发展"监管沙箱"等新技术，通过穿透式监管不断夯实数据要素市场发展底线。此外，针对公共数据产品或服务形成相应标准，并推进实现价值评估与定价。公共数据作为一类较为特殊的数据，在原始数据不允许出域的前提下，可针对授权运营形成的公共数据产品或服务，进行价值衡量以实现公允定价，并根据需求反馈机制实现市场化的价格和自动调节。

(三)社会治理共同体培育路径

社会治理数字化转型的根本目标就在于提高社会治理服务水平，推进国家治理体系和治理能力现代化，实现共建共治共享目标。社会治理的数字化转型就是数据赋能与制度重塑并重，突出数字技术"重构式价值"，通过构建治理网络建设与支持性的治理架构,将政府、社会组织、市场组织、公民个体等多元化主体纳入治理框架,注重国家、社会与市场的协同共治,强化主体兼容与功能互补的治理格局。

1. 健全政府秩序

社会责任最主要的承担者是政府,政府必须履行社会治理的主体责任。首先,要强化公共精神培育机制,全面提升各治理主体的责任意识、法治意识和合作意识,同时完善信息资源共享机制,建立顺畅的信息沟通渠道,增进各类治理主体间的相互信任。利用各类科技手段,推动政府与社会组织、企业和公众共享信息,及时沟通涉及治理事项的相关信息,通过社会治理综合信息共享、公共诉求信息管理等平台,为各类治理主体搭建有效沟通与信息传递机制,联动解决问题。其次,要始终坚持以人为本的原则。科技创新赋能社会治理智能化,要求政府始终坚持以人为本的根本原则。科技是一把双刃剑,不能一味追求提高社会治理智能化水平,而是要根据受众人群的年龄、职业、接受度等实际情况,有针对性地推进科技创新融入社会治理,深入挖掘科技创新为人服务的功能,打造信息驱动、人机协同、数据共享的社会治理体系,推动各项便民工程建设。最后,要建立协同合作的执行机制。要始终坚持党建引领,形成"一盘棋""一张网"的总体思路,充分联动各部门,以整体行动协同解决社会治理问题。政府应当统筹兼顾,明确各职能部门的职责范围,督促各部门根据分工要求切实履行各自职责,同时对各社会治理主体的功能进行协商、配置、整合,确定好具体的实施方案及治理规则再全面执行,实现协同效果。

2. 维护社会秩序

社会治理共同体的关键在于处理好国家与社会的关系,努力促使两者关系格局从不平衡不充分状态朝着均衡协调状态转变。从"国家—社会"关系视角来看,共治实质上就是推动公权力主体和私权利主体在社会治理实践中结成伙伴关系、实现良性互动,并最终达成合作治理。① 具体到治理实践,包括国家和社会在内的多元行动主体在汇聚治理合力时要各尽其责、协同配合。要完善民主参与、协商融合的民主协商机制。作为实行社会治理的根本方式和实现汇聚治理合力的过程性要求,民主协商机制能够让各方治理行动主体充分表达意见、需求和偏好,培养主体意识,发掘治理知识和智慧,协调利益关系,最大限度实现求同存异并促成协作协同,形成社会治理的最大合力。此外,共享理念和机制强调社会治理共同体建设成果享有的全民性。在建设社会治理共同体过程中,应当通过制度安排平衡好公权力和私权利之间的关系,确保全体社会成员都能够共享社会发展与改革创新的成果,实现人民安居乐业、社会安定有序、国家长治久安的目标。此外,乡镇、街道在基层社会治理中承担着重要的"一线"职责,其治理能力很大程度上决定了整体治理成效。因此,要增强乡镇(街道)行政执行能力、为民服务能力、议事协商能力、应急管理能力、平安建设能力,在处置权限、资源调配、人员力量、专业水平等方面进行全面提升,真正实现社会治理的重心下移。

3. 规范技术秩序

数据要素的市场化应用对于激发数字技术创新发展具有促进功能。数据作为数字经济发展最重要的原材料,既可以通过数据分析赋能产业的数字化发展,也可以指引数字技术创新改革,反哺数字技术,为数字技术发展及其创新应用提供新动力。此外,数字技术是数字经济发展的关键工具,数据要素市场效益最大和效率最优的目标,亦会倒逼数字技术工具加速变革优化,推动数字经济体系化发展,达到事半功倍的效果。科技创新是转变治理方式、发挥治理效能、实现社会治理智能化的重要抓手。新兴科技在改变社会治理内涵、范围、

---

① 李志明.“国家—社会”关系视角下社会治理共同体建设研究[J].人民论坛·学术前沿,2023,266(10):95-102.

理念和方式,为社会治理体系提供新思维、路径和工具的同时,也带来了诸如个人信息滥用、数据泄露等问题。为此,提高社会治理智能化水平,还要求规范技术秩序,保障数据安全。一方面,要高度重视并充分挖掘科技创新的促进作用,全面提升社会治理服务水平,建设政务服务便民化、普惠化工程,同时依托科技创新提高社会治理在风险预警、治理评估方面的水平,加强科技创新与社会治理的有机融合。另一方面,不仅要运用科技获取和使用海量数据,还要运用科技管理数据,守护数据安全。例如,加大科技创新在数据安全管理方面的投入,通过设置数据传输特定通道、构建数据安全共享平台等途径,筑牢数据安全防护墙,为提高社会治理智能化水平提供支持。

第四章

法治乡村建设促进提升

第一节　共同富裕背景下的法治乡村建设

一、法治乡村建设背景与现状分析

（一）党的十九大首次提出乡村振兴战略

乡村振兴战略是我国社会高质量发展的重要战略之一，由党的十九大首次提出，党的十九大报告还对乡村振兴战略的重要意义、战略目标、实施阶段、主要内容等进行了详尽的阐述。关于乡村振兴的重要意义，报告认为，乡村振兴是新时代"三农"工作的总抓手，是决胜全面建成小康社会的重要内容，关系到全面建设社会主义现代化国家的重大历史任务的完成。为乡村振兴战略的实现，需坚持优先发展农业和农村，加快实现农业农村现代化，即建立健全城乡一体化发展的体制机制和政策体系，以有效治理推动农村产业繁荣、生态宜居、乡风文明、生活富足。

从全社会发展的角度看,我国全面建成小康社会是有时间节点的,实现"两个一百年"的奋斗目标也是分两个阶段实现的。因此,2017年中央农村工作会议将乡村振兴战略的实施分为三个阶段。第一个阶段是到2020年取得重要进展,基本形成乡村振兴的制度框架和政策体系;第二个阶段是到2035年,乡村振兴要取得决定性进展,基本实现农业农村现代化;第三个阶段是到2050年,全面实现农业强、农村美、农民富的发展目标,乡村得到全面振兴。

对我国经济社会发展方式而言,乡村振兴战略代表着两个方面的转变。一方面是针对我国长期存在的城乡二元经济结构的转变。在新中国成立之初,我国的农业农村就肩负着为国家和社会发展积累资本的重要任务,在很短的时间内有力推动了国家的工业化和社会经济的发展,为我国的快速工业化做出了巨大的贡献,这就是我国城乡二元经济结构形成的历史原因。但随着我国城市和工业的不断发展、城市基础设施的丰富和完善、城市居民生活条件不断提高,农业农村发展相对落后、广大农民收入相对较低的问题就凸显出来。这导致了从整体上看,我国的城乡社会发展水平差异比较大,城乡居民收入差距也扩大了。并且,农业落后、农民收入低还有可能进一步影响我国整个社会经济的高质量发展。也就是说,国家经济社会的进一步发展也要求解决农业农村发展落后和农民收入低的问题,也就是"三农"问题。因此,早在20世纪90年代,我国就开始对城乡二元经济结构进行调整和纠正,改变重视城市而对农村不够重视、重视工业而对农业不够重视的理念,加大对农业进行政策上的支持。在战略上对农业少取多给,放活农业,甚至在国家条件逐步改善的基础上,工业和城市从物质、技术、人才等方面促进和支持农业农村的发展,全社会范围内城乡统筹进行发展。这些措施一定程度上促进了农业农村的发展,提高了农民的收入,改善了城乡二元结构,但由于城市工业、第三产业都在高速发展,实际上我国城乡居民间的收入水平差别仍然不小,城乡居民所能够享受到的公共服务上也存在着差别,城乡二元经济结构仍然存在,城乡差距、城乡居民收入差距还没有完全消除。另一方面是城市发展战略的调整。在重视大型城市发展的同时,也要着力促进中小型城市的发展,建设完善大中小型城市协调发展的布局。这样有利于促进城乡之间的协调发展和不同区域的均衡发展,对于缓解大城市的生态资源紧张、社会负担过大、通勤时间过长等大城市病也有积极意义。

乡村振兴战略有几个方面主要内容,分别是:(1)城乡关系,重塑城乡关系,促进城乡融合发展;(2)农村经济发展,坚持和完善农村基本经济制度,实现城乡共同富裕;(3)坚持质量兴农,深化农业供给侧结构性改革;(4)人与自然关系,坚持农村绿色发展,建设人与自然和谐发展的乡村;(5)农村文化建设,促进乡村文化的兴盛,传承发展提升农耕文明;(6)乡村治理,建立和完善科学的乡村治理体系;(7)打好脱贫攻坚战,精准脱贫,彻底消除贫困。总之,乡村振兴战略需在统筹谋划的基础上逐步科学推进。

(二)我国高质量发展和共同富裕奋斗目标要求乡村发展

我国全面建成小康社会之后,已经实现了第一个百年奋斗目标,今后长远的发展目标是高质量发展和共同富裕。为此,2021 年3 月,十三届全国人大四次会议表决通过了《中华人民共和国国民经济和社会发展第十四个五年规划和 2035 年远景目标纲要》(以下简称《纲要》)。该《纲要》是对我国国民经济和社会发展的全面远期规划。《纲要》明确指出,"十四五"时期是我国发展非常关键的时期,在我国全面建成小康社会、已经实现第一个百年奋斗目标的基础上,"十四五"期间正应该乘势而上开启新征程。这五年我国开始全面建设社会主义现代化国家,在新的发展阶段,我国既具备了更坚实的发展基础,也面临很多新的问题和挑战。各方面条件都在发生深刻变化,机遇和挑战并存。我国的目标是,到 2035

年全国基本实现社会主义现代化。作为社会主义现代化国家，首先在经济上需要提高人均国内生产总值，达到中等发达国家水平。其次，扩大中等收入群体，缩小城乡居民收入差距和生活水平差距。在社会总体发展方面，协调城乡区域发展的不平衡，逐步实现公共服务均等化。总之，人民生活水平显著提高，全体人民在全面发展方面、共同富裕方面都能够取得实质性进展。

中国特色社会主义建设完成全面脱贫、实现全面小康目标，进一步全面开启现代化建设新征程，乡村的发展、法治乡村建设也是其中很重要的内容。《纲要》第七篇专门规划布局了如何坚持发展农业农村、如何全面推进乡村振兴工作。具体工作围绕城乡协调发展和农村的高质量发展而展开，即不断深入探索完善城乡融合发展体制机制；在巩固拓展脱贫攻坚成果的基础上，把乡村建设、乡村振兴与前一阶段工作经验有效衔接，不断提高农业的质量效益和竞争力，实现农村的高质量发展。

1. 乡村发展和富裕是共同富裕的必然要求

2021年8月，中央财经委员会第十次会议召开。习近平总书记在会上发表的重要讲话强调，共同富裕是社会主义的本质要求，是中国式现代化的重要特征，要坚持以人民为中心的发展思想，在高质量发展中促进共同富裕。[①]

紧接着在2021年第20期《求是》杂志上，习近平总书记又发表了《扎实推动共同富裕》重要文章。文章分析和强调了党的十八大以来我们面临的新的历史阶段和新变化，以及在新的历史阶段共同富裕奋斗目标的重要意义、实现共同富裕的良好条件等。我们面临的新的发展阶段是，在党的领导下，经过多年奋斗，我国已经打赢脱贫攻坚战，实现全面脱贫，全面建成小康社会。因此，我们也面临着新

[①] 在高质量发展中促进共同富裕统筹做好重大金融风险防范化解工作[N].人民日报,2021-08-18(1).

的变化,那就是奋斗目标的变化,第二个一百年,需要扎实推动共同富裕。在新的历史阶段,全体人民共同富裕具有重要意义。一方面,共同富裕是人民的需要。小康之后,人民有美好生活与全面发展的需要。因此把促进全体人民共同富裕作为为人民谋幸福是新的历史阶段我党工作的着力点。另一方面,在新的历史阶段,推动区域协调发展,采取有力措施保障和改善民生,不断推动共同富裕,不断夯实党的长期执政基础。①

当然,在"两个一百年"奋斗目标交汇之际提出和大力推动共同富裕,是我国社会主义事业历史发展的必然要求,同时也具有坚实的制度基础、理论基础和实践基础,是中国特色社会主义建设完成全面脱贫、实现全面小康目标、进一步全面开启新征程、全面建设社会主义现代化国家的必然选择。

2. 乡村发展和富裕是高质量发展的必然要求

2021 年 11 月,党的十九届六中全会通过的《中共中央关于党的百年奋斗重大成就和历史经验的决议》,强调必须实现高质量发展,高质量发展是我国经济社会发展历史、实践和理论的统一,是开启全面建设社会主义现代化国家新征程、实现第二个百年奋斗目标的根本路径。2022 年 10 月,党的二十大报告提出:"高质量发展是全面建设社会主义现代化国家的首要任务。"2023 年 3 月,在十四届全国人大一次会议上,习近平主席着眼于全党全国人民的中心任务,强调"在强国建设、民族复兴的新征程,我们要坚定不移推动高质量发展"。②

为学习贯彻党的十九届六中全会精神,2021 年 11 月,针对高质量发展问题,中共中央政治局委员、国务院副总理刘鹤在《人民日报》

---

① 习近平. 扎实推动共同富裕[J]. 求是,2021(20).
② 习近平. 在第十四届全国人民代表大会第一次会议上的讲话[N]. 人民日报,2022-03-14(2).

发表署名文章《必须实现高质量发展》，对我国现阶段高质量发展问题的历史原因、实践需要、重大意义等方面进行了充分论述。文章认为，进入新时代，当前我国社会主要矛盾已经发生变化，已经转化为人民日益增长的美好生活需要和不平衡不充分的发展之间的矛盾。不平衡不充分的发展最主要的体现就是城乡、地区发展的不均衡，城乡和地区发展的不平衡不充分也就是发展质量不高。高质量发展要求乡村振兴。

从历史看，高质量发展目标是一个历史过程，是我国经济建设不断发展的必然要求。我国的经济建设可以分为几个阶段：（1）新中国成立初期建立工业体系和国民经济体系阶段。（2）改革开放高速粗放发展阶段。（3）从党的十三大到现在的战略发展阶段、高质量发展阶段。新中国成立初期，我国经济建设还处于比较低级的形态。当时国家毫无工业基础，既没有资金、设备，也缺少技术、人才和管理经验。在党的领导下，国家在很短的时间内集中资源，建立起相对完整的工业体系和国民经济体系。到了党的十一届三中全会，我国全面改革开放，提出以经济建设为中心，社会主义现代化建设成为全党工作的重点。党的十二大提出的经济建设目标是全国工农业年总产值到 20 世纪末翻两番。这个阶段，我国经济加速发展，经济规模越来越大。但总的来说，经济发展是放在第一位的，效率优先、兼顾公平，整个经济结构和经济增长方式存在不合理之处，还比较粗放，经济增长也比较依赖能源和资源，对环境也造成了一定的负担。从党的十三大以来，国家注重经济发展战略的调整，面对前一阶段经济发展过程中的问题，提出调整经济结构，强调经济效益，重视经济发展对环境造成的影响，强调可持续发展，逐步明确加快转变经济发展方式。党的十八大以来，中国特色社会主义事业进入了新时代，针对经济发展的新常态，党中央提出要坚定不移贯彻新发展理念，积极主动适应新常态，把握、引领新常态。到了党的十九大，经过充分论证，认为我国已经到了新的发展阶段，社会主要矛盾也发生了重大变化,我国经济已由高速增长阶段转向高质量发展阶段。因此,高质量发展是我党不断推动经济建设向高级形态迈进的必然要求。

从实践看,实践呼唤高质量发展。在新的发展阶段,要想谋求经济继续发展,也需要调动力量、资源积极主动提高发展质量。低效和粗放换不来发展,反而可能由于市场的盲目性而带来风险和造成损失。在解决温饱、建设小康社会的阶段,我国主要解决的是经济的增量问题,需要快速发展。目前我国经济体系中也存在低效的、过时的生产力,不符合高质量发展理念。在全面建设社会主义现代化国家的新发展阶段,必须依靠科技创新和高质量发展突破经济发展的束缚,解决好经济持续健康发展的质的问题,在质的大幅提升中实现量的持续增长。

从理论看,高质量发展理论是我党从长期领导社会主义经济建设伟大实践中得来的宝贵经验,是重大理论创新。党的十八大以来,以习近平同志为核心的党中央提出我国经济发展进入新常态,这一判断是高质量发展的前提。在经济发展新常态的前提下,摆脱对国民生产总值增长率等经济指标的简单要求,大胆提出深化改革,即供给侧结构性改革。党的十九大明确判断我国经济进入高质量发展阶段。"新常态""高质量发展阶段"等思想密切结合我国经济发展实际,紧紧围绕我国经济形势,回答了我国现阶段经济形势"怎么看"和经济建设"怎么干"的问题,体现了我党较高的理论水平。高质量发展理论是习近平新时代中国特色社会主义经济思想的重要组成部分,也是中国共产党发展马克思主义政治经济学的最新成果。在全面建设社会主义现代化国家过程中,我们必须长期坚持这些重要思想,以正确思想武装头脑、指导工作。

（三）法治乡村建设的实践开展

1. 法治乡村建设的法治保障

乡村治理现代化表现于基层，但受制于宏观的国家治理体系[①]，在法治乡村建设方面，近年来，党和国家出台了若干相关规划、指导意见等，推动乡村治理体系的现代化。具体包括：2018 年中央一号文件、《乡村振兴战略规划（2018—2022 年）》《关于加强和改进乡村治理的指导意见》《关于加强法治乡村建设的意见》等。具体形式包括在阐述乡村振兴战略的重要内容时，明确列明"建设法治乡村""推进乡村法治建设"等要求；或者进一步明确"法治乡村建设"的目标任务；或者如司法部要求在全国范围内建设民主法治示范村，要求各级司法行政机关加强对乡村的法治服务供给，要求把农村群众反映强烈的困难和问题作为司法工作的重点内容之一，切实增强村民的法治获得感。

全国各级人民法院和检察院积极参加法治乡村建设，依法服务乡村振兴。积极促进城乡基层治理和平安法治乡村建设，通过公益诉讼等多种方式优化农村法治化营商环境，守护美丽中国，回应民生关切，为乡村振兴贡献法治力量。法治乡村建设是城乡协调发展的重要促进因素。法院系统要加强新时代人民法庭建设。基层人民法院和人民法庭贴近村民，方便村民直接参与司法活动，便于村民与司法工作人员的沟通交流。充分发挥基层法院和人民法庭的积极作用，有助于向村民传达和解释法律法规，有助于村民更好接受判决、定分止争，有利于村民法治素养的提升。"枫桥式人民法庭"作为扎根基层、服务村民的先进典型和特色工作经验，值得宣传、学习和推广。在乡村振兴最前沿为村民提供法律服务具有特定优势，今后还

---

① 赵树凯.乡村治理的百年探索：理念与体系[J].山东大学学报（哲学社会科学版），2021(4)：11-28.

要不断推进人民法庭规范化、信息化、智能化建设，确保在新时代能更好地为乡村振兴提供司法服务。调整好人民法庭的区域布局，明确好功能定位，发挥好面向基层、面向农村的优势。圆满化解大量诉前纠纷，参与基层治理效果明显。近年来检察机关则通过充分履行公益诉讼检察职能，为法治乡村建设和经济社会高质量发展保驾护航。目前检察公益诉讼主要着力方向有三个方面：一是在生态环境保护方面，坚持维护绿水青山就是金山银山的绿色发展理念，用公益诉讼的方式推动全国各地生态环境保护，促进美丽中国建设；二是在公益诉讼的过程中，检察机关积极推动其他相关部门共同参与，联合构建协同联动的社会治理新格局；三是在关系到人民群众切身利益的食品安全领域、公共安全领域等持续发力，积极履行检察公益诉讼职能，以法治方式维护人民群众生活。

近年来，全国法检系统以人民法庭、公益诉讼等为抓手，促进法治乡村建设、服务于经济社会高质量发展，针对某些城乡存在的黑恶势力，开展了一系列扫黑除恶专项斗争，取得了一定成效。目前，我国扫黑除恶专项斗争宝贵经验已经形成《中华人民共和国反有组织犯罪法》，并于2022年5月开始实施。具体到农村地区，在扫黑除恶前，某些乡村还存在着一些"村霸""渔霸""矿霸"等黑恶势力，他们或垄断当地资源、市场获取高额非法利益，或操纵、干预乡村基层自治组织的选举和运行，给当地百姓的生活和人身财产安全带来威胁。扫黑除恶专项斗争以来，"两高"严惩包括农村黑恶势力在内的黑恶势力，明显改善了农村的社会治安形势。彻底铲除黑恶势力使村民的安全感大大增强，取得了优化农村营商环境的良好效果。乡村良好文明的社会风气是农村经济社会进一步发展的必要条件，是乡村振兴的必要条件。只有农村治安状况良好，乡村特色旅游、农产品等的农村电商、农村特色产业投资等直接推动乡村经济发展的措施才能更好地实施。农村的企业不被黑恶势力干扰和侵害，其生产经营能够得到法律充分的保护，才能促进乡村的就业和繁荣。

2. 法治乡村建设的基层经验——以宁波市江北区为例

为切实提升乡村治理的法治化水平，宁波市江北区司法局采取多种形式为乡村振兴提供法治保障。如采取示范创建、阵地建设和普法宣传等村民喜闻乐见的形式，积极推动法治乡村建设。已经建成省级民主法治村 13 家，全国民主法治村 3 家。

第一，紧密结合乡村治理和村民生产生活实际情况和具体问题，以示范创建活动提升村民法治意识。在民主法治村创建过程中，避免脱离乡村和村民生产生活实际情况和实际问题，自上而下提要求，造成乡村治理的负担，造成村民不关心和不理解。坚持从乡村治理的实际情况出发，了解和关注村民生产生活具体问题，以法治思维出谋划策，推进乡村治理的具体制度建设。具体而言，就是建立和完善乡村治理重要事项的村民参与和评议机制。以参与和评议制度支撑村民意思的表达、沟通和整合。一是建立"村事我评"机制。结合区民政局组织开展的达标测评活动，建立群众评价机制，即通过建立村民评价渠道将村民吸纳到评价体系中来，形成更为全面的评价体系，即群众评价、街道（镇）评价、区级测评的三级评价体系。此外还组织开展街道（镇）互评，组织村干部到示范创建典型村进行考察学习，以多种形式增强村干部的法治意识，提高其民主治村、依法治村的治理水平。二是建立"村事我议"机制。对于关系乡村发展和村民切身利益的重要事项，在决策前的议事阶段就充分调动村民的积极性，引导和鼓励村民参与，在介绍情况、政策等工作的基础上，广泛听取村民的问题和意见，集思广益，民主议事。民主议事制度，把村务的议事权交给了村民，村民通过民主参与的具体实践，民主参与意识得到切实提高。一些乡村的乡村休闲旅游项目、民宿项目，以及服务村民的基础设施项目等，就是通过依靠村民的民主议事、民主协商、民主决策制度，逐步落实的。这种实践探索极大调动了村民参与乡村治理的积极性，推动了乡村的高质量发展，实实在在推动了乡村振兴。三是建立"村事我讲"机制。在乡村选拔和培训法治意识强、法治水平高的乡村能人,利用他们在乡村有较高的威望、良好的人际关系、熟悉乡村和村民实际情况的优势,充分推动发挥乡村能人在乡村治理过程中的积极作用。各地严格按"三公""四不""五好"原则,已累计选拔"法治带头人""法律明白人"140人,通过"法治带头人""法律明白人"用法治思维来讲乡村事、分析乡村问题,推进法治思维深入人心。

第二,紧紧贴近村庄和村民的特色风俗营造法治氛围,使法治意识深刻融入村民生活,建设高质量特色法治乡村阵地。一是法治乡村阵地的特色化建设。如慈城镇毛岙村,建设了乡村法治公园、乡村法治讲堂等宣传法治、学法用法的设施,取得了较好的法治效果。结合我国《民法典》的颁布实施,该村打造了宁波市首个乡村《民法典》主题公园。在《民法典》主题公园中,设置了民法年轮、民法谜语会等载体,以寓教于乐的方式向村民传递法律知识。该村还建设了法治乡村知行讲堂等学法设施,为村民提供了新型、生动、贴近生活的普法阵地。二是法治乡村阵地的高质量建设。在法治乡村建设过程中提出"一地一品"的要求,以阵地建设为抓手提高乡村法治建设的质量。按照"一地一品"的原则,相继打造了宁波市廉政法治文化园、槐树路宪法主题园、宁波水产市场法治公园等法治阵地。联合区国税、区税务局在浙江省法治宣传教育基地——慈城半朴园开辟税收普法教育示范基地和税法学堂。三是法治乡村阵地的精品化建设,鼓励乡村打造自己的法治品牌。结合江北区域特色,主要凸显了江北慈孝、宜居宜业等特色法治文化品牌。同时还将普法宣传与民俗文化、乡土文化相结合,打造了"林阿姨"普法工作室、慈孝文化宣传志愿者队伍等本地普法队伍。

第三,注重吸收先进有效的村规民约,坚持将普法宣传与村庄原有的村规民约相互融通,更好树立文明的乡村风气。一是在学法教育培训方面,抓住重点人群即村干部的法律教育培训工作。利用好建成的乡村法治知行讲堂、村文化礼堂等法治阵地设施,坚持村委会每季度都学法。结合现代远程教育网等平台,组织农村党员干部进行线上线下学法活动。通过经常性举办"学习民法典推进法治乡村建设"直播课等法律培训,提高村干部知法用法、依法治村的乡村治理水平。通过法治培训教育,村干部在乡村事务的日常处理过程中能够运用法治思维分析问题解决问题,对于广大村民能够起到非常好的带头示范作用,有助于树立文明的乡村风气。二是结合行政执法"清单式"服务机制,把执法现场作为进行法治宣传的良好平台和窗口。以规范的行政执法进行示范,向群众传递法治意识。按照执法清单,各相关单位各司其职、齐抓共管,政府执法各部门作为整体体现出较高的法治水平,在一次次的规范执法场景的影响下,逐步提高村民法治意识和法律素养,构建法治乡村新图景。三是结合重要时间节点,组织指导司法所开展送法进乡村活动。抓住每年税法宣传月、国家安全日、安全生产月等契机,通过各种媒体和平台进行法治宣传。江北区"法在身边"专栏以及微信微博、网络、移动通信终端等平台都是传递最新法治资讯的有效途径。[①]

二、法治乡村建设的问题与挑战

实施乡村振兴战略、推进全面依法治国都要求扎实推进法治乡村建设工作,法治乡村建设是基础。目前,虽然我国在不断完善社会治理相关法规,但我国乡村法治体系和理论仍不够系统和成熟。我国目前乡村法治理论还具有较强的"拿来"的特点[②],也就是说,"从基

---

① 江北区司法局.江北区司法局坚持"三项互融"推动法治乡村建设[EB/OL].(2021-04-21)[2023-07-09]. http://sft. zj. gov. cn/art/2021/4/22/art_1659552_58931735.html.

② 张林江.从"送法下乡"到"法治乡村"——中国乡村法治建设的社会学考察[J].政治与法律,2023(2):93.

层上看,中国社会是乡土性的"①。目前我国法治乡村建设面临的问题挑战主要有几个方面,如乡村的法律制度供给和法律服务供给还不够完善,村民法治意识和村干部等的法治能力和水平还有待于提高,乡村文明健康风气还有待于进一步培养,等等。总之,对于乡村基层自治组织而言,目前法治建设相对仍然薄弱,应抓紧补短板,提高乡村基层治理的法治水平,营造良好的乡村法治环境,乡村振兴战略才能顺利实现。

(一)目前我国乡村在法律法规的供给上仍不够充分

新中国成立以来,我国已经从根本上改变了无法可依的状态,法律体系日趋完备,我国的法治建设取得了丰硕的成果,已经形成了具有中国特色的社会主义的法律体系。社会生活的方方面面都达到了有法可依的理想状态。② 但是由于我国乡村社会现代化进程相对滞后,乡村基层社会治理仍缺乏具体的规范和制度支撑,乡村法律法规供给仍不充分,适用于农村基层治理的法律法规明显不足,这种法律供给的不足,从某种程度上对法治乡村建设有一定的限制和不利的影响。

农村要发展,乡村要振兴,同样也离不开相关法律规范的保障和推动。针对农村的特有问题,如农地问题、宅基地问题等,如果在法律关系上能够理顺并提供专门法律法规作为依据和保障,不仅对于农村经济活动和振兴发展在法治框架内展开具有非常重要的意义,也是乡村法治化的最好体现。时代在发展,国际国内形势越来越处于高速变化的过程中,乡村也同样处于这种变化和发展之中。目前我国农村村民的物质生活水平已经获得了很大的提高,尤其是我国

---

① 费孝通.乡土中国[M].北京:人民出版社,2008.
② 王建国,郝洁.新时代农村法治的实践障碍与制度逻辑[J].哈尔滨工业大学学报(社会科学版),2020(1):16-22.

已全面建成小康社会,农村也早已解决温饱问题达到小康,农村社会
的主要矛盾也转变为农村高质量发展的要求、村民全面发展的要求
和乡村治理法治化、现代化水平仍有待提升的矛盾。具体表现之一
就是,有关乡村及其群众的法律法规在质量上和数量上都远远不能
适应现实发展的要求,更不能适应实施乡村振兴战略的需要。党的
十九大报告专门谈到实施乡村振兴战略,在乡村振兴战略中明确提
出要"壮大集体经济",而农村集体经济组织大多数被村民委员会所
代替,存在功能缺位、淡化乃至异化的状况,集体经济组织的性质"名
存实亡"。目前我国还缺少规范农村集体经济组织的专门法律法规,
在这一条件下,想通过生产、管理、服务、协调、分配以及资产积累等,
来实现壮大集体经济的目标,就直接面临法律供给不足的问题。再
如,对于农村集体土地的产权归属和利用,尤其是其利用方面,现行
的法律、法规的规定还比较模糊,或者说还存在着空白之处。按照法
律规定,集体土地所有权是属于集体所有,但事实上,由于法律地位
尚有不明晰之处,集体土地的利用并不充分。根据《民法典》,我国农
村宅基地使用权是一种用益物权,但宅基地不能进入市场流通,虽然
某些地区允许宅基地有偿退回,还探索出台了宅基地流转等法规和
管理办法,但仅限于地方性法规。在国家层面,宅基地的有偿退回、
流转尚无法律支撑。这都体现出农村土地、宅基地利用方面法律供
给不足,束缚了农村经济的进一步发展,这也是目前法学研究和探索
的重点领域。

(二)目前我国乡村在法律服务的供给上仍不充分

公共法律服务对农村的发展和振兴具有重要意义。共同法律服
务既是保障和改善民生的重要举措,也是政府公共职能的重要组成
部分。全面依法治国也要求国家能够为城乡提供一定的公共法律服
务。乡村基层社会原本对于法律服务的需求较低,国家对此的相关
投入也较低。但随着整体经济社会的发展,特别是脱贫攻坚和乡村

振兴战略的实施,乡村基层社会矛盾纠纷也呈现出复杂化的趋势,村民运用法律维权的意识不断增强,对法律服务的需求也在增加。虽然目前我国在乡村的法律服务供给仍不充分,但对于村民的法律服务需求,应该给予积极回应。各地区、各部门应互相协调配合,积极投入人力物力,有计划、有步骤地推进乡村公共法律服务体系建设,切实推动法治乡村建设。

同时,增强乡村公共法律服务供给,推进乡村基层社会治理法治化也面临着新的挑战。随着我国全国范围内城镇化水平的不断提高,人口老龄化加剧,我国农村人口长期大量向城市转移,不少地区的农村出现了空心化趋势。社会发展导致劳动人口流向工作机会多、收入水平高的城市。农民工群体外出务工一方面推动了城市的快速发展,另一方面也使得农村失去了劳动力,留下了留守儿童、留守妇女、留守的空巢老人。随着我国社会老龄化的加剧,农村空心化、常住人口持续减少的趋势不容易扭转,甚至农村的老龄化问题将更为突出。农村的空心化、老龄化并不会带来乡村公共服务需求的减少,而是会使乡村公共服务需求显得更集中、更迫切。这是因为留守的妇女、儿童、老人都是更容易产生公共服务需求的群体,无论是医疗服务需求、教育服务需求、养老服务需求,还是心理服务需求,甚至因财产侵害、人身侵害、性侵害的风险更高所带来的法律服务需求,都将更高、更迫切。因此,空心化和老龄化的乡村需要政府提供更多的公共服务,包括公共法律服务。而空心化趋势下,很多农村地区普遍面临法律资源短缺的现实问题。不少农村地区仍属于基层社会治理的薄弱环节。如何开展好乡村公共法律服务,守护平安,成为摆在当地政府面前的一大课题。

开展好乡村公共法律服务面临的困难主要有两方面:一方面,乡村基层司法机构和法律服务机构数量少、规模小,在政策支持、人力保障和资金投入方面都很欠缺,很多地方司法所与法律服务所两所合一,与服务人民群众"最后一公里"的要求还存在一定的差距;另一方面,提供法律服务的人员能力水平也存在不足,较难实现专业法律素养与熟知乡土人情、村规民约的有机统一,对于根植于乡村基层土壤的特定矛盾纠纷很难及时有效化解,距离乡村基层群众对法律服务的期待还有差距。这种法律服务的差距和不足,进一步导致村民对于司法程序的排斥,影响法治乡村建设的顺利推进。①

总之,目前乡村地区推进公共法律服务还面临诸多客观困难,如乡村法治人才不足、法治经费分配不足,基层法治机构提供的法律服务针对性不强、专业化水平不够,法律资源分配不均衡,村民对于公共法律服务的知晓率和使用率不高等。

(三)乡村干部法治能力有待提高

乡村受传统文化的影响更为深刻,因此很大比例的乡村干部在乡村基层治理工作中,一定程度上还存在法治思维欠缺、法治观念淡薄的问题。他们喜欢用过去的思维模式和思维习惯来审视各种社会矛盾和问题,在维护稳定、化解矛盾时不能完全做到依法行政、依法决策。部分乡村干部因缺乏基本的法律知识,依旧更多地凭经验处理具体事务,习惯用权力说话,以言代法,不习惯依靠法律、运用法治思维来解决问题。将法治方式和法治思维运用到实际工作中,对某些乡村干部而言,目前还是一种比较高的要求。部分乡村干部工作任务比较繁重,乡村发生矛盾纠纷时,想要依法解决,却不具备相应的法律知识,从而不利于矛盾化解。部分乡村干部还没有扭转"人治思想",恣意"选择性执法",或执法尺度不一,或执法因人而异,这种做法不仅与法治乡村相悖,也损害了法律的权威。对普通群众严格依法办事,对自己网开一面,遇到法律规定对自己有约束就把法律丢在一边,甚至不惜违反法律规定,随意侵害或剥夺群众的合法权益,

---

① 王建国,郝洁.新时代农村法治的实践障碍与制度逻辑[J].哈尔滨工业大学学报(社会科学版),2020(1):16-22.

导致与村民的矛盾激化。还有一些乡村干部在日常工作中仍然以权力思维代替法治思维,导致法律的稳定性、权威性丧失。部分乡村干部在维护稳定、化解矛盾时,觉得依法处理和解决费时费事,程序繁杂,影响工作效率。遇到问题,习惯于按照自己的方式来处理,看似提高了工作效率,一旦处理失败,则容易导致矛盾激化,甚至引发群体性事件。此外,部分乡村干部文化水平偏低、年龄偏大、政策理论功底弱、法治观念淡薄,遇到问题沿袭本地长期形成的民间"习俗"来处理,让他们带领群众开展法治乡村建设难以达到预期效果。

推进法治乡村建设,加强乡村基层法治人才队伍建设是关键。习近平总书记在 2017 年考察中国政法大学时谈道:"建设法治国家、法治政府、法治社会,实现科学立法、严格执法、公正司法、全民守法,都离不开一支高素质的法治工作队伍。法治人才培养不上去,法治领域不能人才辈出,全面依法治国就不可能做好。"①充分揭示了法治人才队伍对于法治建设的重要意义,法治人才队伍对法治乡村建设同样具有重要影响。只有不断培养、培训大量熟悉乡村情况和问题的法治专业人才,才能够切实提升乡村基层法治水平。为此,有必要持续强化法治教育,通过专题讲座、定期培训等多种方式,不断提高乡村基层工作人员的法律知识和法治素养,提高法治乡村建设的工作水平和服务能力。

(四)村民法治意识有待提高

法治乡村建设需要村民的参与,村民的法治意识提高是法治乡村建设的重要内容,它与乡村基层社会的持续发展和稳定发展息息相关。提高村民的法治意识,关系到农村的振兴和发展,也关系到共同富裕目标的实现。很长一段时间以来,"普通群众眼中的基层民众

---

① 习近平.习近平在考察中国政法大学时强调:立德树人德法兼修抓好治人才培养,励志勤学刻苦磨炼促进青年成长进步[N].人民日报,2017-05-04(1).

法治尊崇水平变化不大"①,目前我国村民的法治意识仍较为淡薄。大部分村民还是会受到传统厌讼思想的影响,不到万不得已是不愿意依靠法律、寻求法律途径解决问题和纠纷的。而只有少数村民会最终依靠法律武器维护切身利益。这种局面是由多种因素导致的,其中很主要的一个因素就是村民对法律知识不了解、法律经验极度缺乏,有了纠纷只是靠经验和直觉感觉到利益受到侵害,但对于法律内容和程序非常陌生,这使得村民无法预期通过法律途径解决问题的最终走向。再加上诉讼同样无法估量的时间成本和经济成本,这就很容易使村民放弃寻求法律帮助。最终这些村民间的邻里纠纷、用地用水等常见于农村的纠纷冲突,有可能因得不到法律的专业裁决而作为隐患埋藏下来,在有其他条件触发的时候,矛盾有可能激化进而演变为刑事案件。

首先,目前村民对法律知识的掌握总体还是欠缺的,即村民的法治意识的提高有赖于其法律知识储备的提升。法律与生活息息相关,农村的社会经济生活也离不开法律。但大多数村民没有系统学习过法律知识,在没有发生矛盾纠纷的时候也不会主动学习相关法律,即使有了纠纷和矛盾,由于受教育水平的限制,在复杂的法律体系中去找到相关的法律依据、理顺各种法律关系、搞清程序法的要求,对村民而言都是相当困难的。大多数村民生活中很少接触法律书籍,也很少参加相关法律培训。很多村民对国家的政策比较关心和了解,而对政策和法律的区分并不十分清楚。总之,正是对法律认识的程度不够,导致村民对寻求法律解决纠纷无法产生确定性较强的预期,也就无法信法、用法,而越是缺乏信法、用法的条件和实践,就距离法律指导生活实践越来越远,可以说形成了亟须打破的恶性循环。因此,加强农村地区的法律服务供给、为村民提供与他们生活

① 钱弘道、窦海心.基层民众的法治尊崇状况研究——基于余杭法治指数 12 年的数据[J].浙江大学学报(人文社会科学版),2021(2):19.

息息相关的法律服务、建设法治乡村,对乡村振兴、共同富裕具有重要的现实意义。

其次,目前我国农村地区仍是熟人社会,基于这种现实,大多数村民很难在遇到纠纷时对"熟人"轻易提起诉讼。在乡村基层社会存在着其独特的纠纷处理机制。村民在遇到纠纷时,协商和调解是首选,村民或者双方自己协商解决,或者请求德高望重的农村能人及村委会调解。因为无论是矛盾冲突的双方,还是进行调解的第三方,相互之间都非常熟悉,也容易产生信任。一方面,这种处理方式非常便捷,纠纷双方也好,调解方也好,相互之间说的都是大家能够"听得懂的语言",在协商和调解过程中双方及调解方的诉求容易明确,纠纷处理结果可以预期,协商和调解的成本也低。而提起和参与诉讼则可能产生与熟人撕破脸导致关系彻底恶化、法律规定的陌生带来诉讼结果的不可预期、法律程序的陌生和时间成本等问题。不仅如此,在熟人社会,轻易诉讼还容易让村民承受被其他村民视为争强好胜、不讲情面的压力,打官司在农村不是一件光彩的事。尤其即使自己认为自己有道理,最终还是无法预测诉讼结果,一旦最后输掉官司反而觉得理亏。同时一些村民对"司法腐败"也心存恐惧,认为有理也不一定能打赢官司。可见,熟人社会的情面等束缚,以及村民对法律程序和法庭证据的认识程度不足等因素导致了村民"惧法厌讼",体现为村民法治观念淡漠。村民有了纠纷宁可委曲求全,也不愿轻易寻求法律途径解决,遇事还是秉持"和为贵,忍为上"的方式处理。但不得不说,这也是村民基于自己条件的理性选择,只有改变条件才会改变选择。在乡村基层社会,法律要想发挥其应有的作用,应当要加强针对农村经济社会生活的法律知识供给、法律服务供给,从而形成村民信法用法的良性循环。当然,村民法治意识的提高,不一定要粗暴打破乡村熟人社会的运行规则,而是可以积极推动法律与现有乡村基层治理的有效衔接。具体而言就是,当村民间发生纠纷,村民有意与双方协商或第三方调解的,应予支持;在协商和调解的过程中,在充分搞清事实和双方诉求的基础上，可以加大法律知识的供给，避免"公说公有理、婆说婆有理"导致协商和调解的无效。另一方面，如果协商和调解无法达成，可以走司法途径。法院系统近些年来也在加强人民法庭、基层法院建设，为乡村提供法律服务供给，村委会可以在其中起到桥梁的作用，积极推动用法律途径防范和化解纠纷。

再次，在某些涉及切身利益的事项上，一些村民权利意识还不强。许多村民并不十分清楚自己作为一名公民所应该享有的权利。他们对法律认识到的多是其强制性的一面，而对法律权利保护的一面缺乏了解。村民普遍义务意识较浓厚，权利意识较淡薄，对法律从内心有所抗拒。比如某些地区，村民对于农村基层自治组织成员的选举的严肃性认识不足，对待选举的随意性比较大。虽然候选人不是村民满意的人选，但可能只是因为没有其他合适的人选参选，从而随意投票。因此，为提高村民法治意识，应加强在农村的法治宣传，村民也是参与社会政治生活和社会公共生活的重要主体，而非无足轻重的客体，村民应当享有各种政治、经济和社会权利。权利是法律赋予的，权利具有正当性和可行性，对一切合法的权利全社会应当给予同等的尊重。

最后，目前在很多农村地区，村民仍缺乏民主监督意识。民主监督是村民自治的重要组成部分，只有村民积极参与村民自治，才能对村务实施有效民主监督。村民自治制度的目的是村民自我管理、自我教育、自我服务，是我国农村基层民主的重要体现。村民自治过程中涉及很多村民可以积极参与和监督的环节，如村民民主选举、乡村重要事项的民主决策、村务公开等民主管理。目前我国村民群众普遍对参与农村民主选举的积极性不高，对村民自治的参与度也不高，对村务的了解还比较有限。即使有些农村面临拆迁征地等获得的较大数额补偿款，村委会仍具有较大的权力，村民有不同看法、想要实施民主监督，也往往缺乏有效的监督途径和方式。而作为个人直接向村委会、乡镇政府反映意见，基本得不到认真对待。村民民主监督的力量是建立在认真对待民主选举的基础上的。村民根据自己的意愿选举村委会,是村民行使政治权利的最重要方式。在我国农村基层治理方面,乡镇等上级政府很多工作还相当依赖村委会进行开展,上级政府考察干部、提出候选人,上级政府熟悉和信任的干部容易当选,而村民没有有效组织起来,空心化和老龄化的乡村甚至酝酿不出合适的候选人,村委会和乡镇政府的关系更密切,村民按照要求去参加投票,这样的基层选举容易使村委会更愿意对上负责,村民的民主监督没有力量。但很多村民对基层民主选举非常冷漠,参加投票选举的比例不高,有时难以达到法律要求的普遍程度。对村务管理和村务决策的参与意识淡薄。对村里比较重大的事项,理应由全体村民大会来进行表决,大部分村民却把"权利"交由村干部代为行使。所以,在部分乡村,乡村干部"官不大,权力却大,水平不高,脾气却不小"。村里大小事务都由他们决定,这将难以反映村民意志,但村民对此也没有异议。对村务公开内容的了解不够。村务公开是为了更好地让全体村民对村委会的各项工作有一个清楚的认识,可以对村委会的工作起到监督作用,也便于村民参与村务管理,实现真正的村民自治。然而,广大的村民群众对村务公开的重要性理解不足。

(五)法治乡村建设考核机制有待完善

乡村基层政府在较高的考核机制压力下,工作手段容易发生变异,工作目标发生异化,这就对法治乡村建设的考核机制提出了较高要求。比如,上访遵循属地分级管理负责的原则,只要有人上访的,有时不管有没有合理诉求,属地(县乡基层)党政机关就要派人去接访。稍不注意就容易造成不良影响,会带来相关责任。而在有些地方,不管上访人员诉求是否合理合法,只要愿意回去,其在上访过程中的吃、住和来往费用就能够得到报销。上访的零成本反而催生了更多的人上访,甚至违法越级上访。因此,少数村民抓住基层政府"稳定压倒一切"的"软肋",在毫无政策、法律依据的情况下,也希望通过"上访"解决问题。而基层政府可能因为怕麻烦,在矛盾的处理和息访过程中就可能放弃对法治原则的坚持,采用"花钱买平安"来保稳定,导致上访者个人不当得利,破坏了法律权威。维稳遵循"谁主管谁负责"的原则,一些主管部门为维护稳定,在处理问题时,如果发现当事人有特殊背景,可能引发上访风险,可能会不按法律和政策处理,有时会出现执法不严、司法不公的现象,特别是司法部门也会受到地方政府维稳压力的影响。

(六)乡村社会环境和风气有待于进一步引导和净化

随着工业化、城镇化快速发展,乡村人口尤其是年轻劳动力大量向城镇聚集,很多村庄出现了"空心化""老龄化"现象,乡村失去了基本的防御和组织能力。这使一些颇有头脑的"能人""狠人"有机可乘。一些地方,这些"能人""狠人"在开发和利用乡村土地、矿产等资源时,为顺利获得超额利益,逐步演变成村霸,形成黑恶势力,并与生活在城镇的不法分子相勾结,进一步谋取更多的灰色利益,严重影响了法治乡村建设。还有一些村霸、混混倚仗宗族势力干预、操纵基层选举,甚至以贿选、暴力等不法方式进入村干部队伍,威胁、贿赂、迫使或诱导乡镇干部在"台前"指导,在"幕后"运作配合,严重影响村民选举意图和结果,混入村干部队伍损害群众合法利益。村霸、混混素质低下,他们当选为村干部后,工作方法简单粗暴,恃强凌弱、吃拿卡要,甚至成长为带有黑社会性质的"村老大",恣意侵吞、挪用、贪污、挥霍村集体巨额财产。同时还存在包庇、放纵宗族恶势力的违法违规行为,恶化了干群关系,让法治乡村建设失去基础。一些村霸、混混虽然没进入村干部队伍,但受害百姓仍担心遭到他们的打击报复,不敢得罪他们,也不敢报案,这让他们更加猖狂。部分群众发生矛盾还得寻求他们庇护,依赖他们处理,这也助长了他们的嚣张气焰。因此,推进法治乡村建设,进一步引导净化乡村社会环境和风气是一项重要课题。

三、法治乡村建设的促进措施

(一)完善农村法律法规制度体系,优化乡村法治供给

对新型农村集体经济组织的法律地位等乡村振兴战略实施过程中面临的新问题、新情况进行深入研究,对现行涉农法律法规及规章制度进行全面梳理,对其中已经不符合新发展阶段的、不适合乡村发展部分的法律法规及规章制度进行修改、废止,增加支持保障乡村振兴相关领域的法律法规及规章制度供给。立足于乡村的现实情况,紧密结合乡村振兴战略实施过程中出现的热点和难点问题,修订和制定符合乡村现实情况的法律法规。对一些争议性较大、规定模糊的涉农法律制度和条文,要结合乡村群众知识水平较低的客观实际,及时出台通俗易懂的解释性法规和条文,使法律易于为乡村群众所接受,推动法治乡村建设不断深入。结合新时代、新要求,逐步开展支持乡村振兴战略的政策法定化工作,及时修改现有涉农法律法规,注意法规政策的衔接协调。立足当地乡村社会的惯例、礼法和习俗等"民间法",研究制定相关地方性法规,结合地方实际情况,针对地方经济社会发展的具体问题,构建建设法治乡村的总体目标和具体举措。明确自身的差异性定位和发展方向,注重内容创新,着力提高地方立法的可操作性和实用性,努力为当地实施乡村振兴战略提供高质量的法律服务和强有力的法治保障。集体经济组织相关法律法规及规章制度目前正是法学研究的热点,确认集体经济组织法人地位将有助于其取得从事市场经营等经济活动地位,明确界定农村集体土地所有权主体资格,也将有助于从根本上遏制土地纠纷。

（二）构建农村的多元矛盾纠纷化解机制，引入城市法律资源和服务供给

律师是法治建设的重要资源，为加强农村的法律服务供给，有必要调动律师服务乡村法治建设的积极性，可以考虑将公共法律服务纳入律师基本公共服务考核，为乡村群众统筹提供法律服务指引、24小时法律咨询和业务办理预约等"一站式"服务。在村组织建设、重大改革、维护社会稳定、化解矛盾纠纷和基层普法宣传中提供专业法律服务，以法治之力实现法治管理。可以考虑在乡村设立法律顾问，视情况常驻或每周/每月到乡村办公一定天数。法律顾问留下联系方式，方便村民在必要的时候进行法律咨询。逐步明确村法律顾问的工作职责，乡村法律服务的方式可以包括乡村振兴法治课堂、举办涉农法律咨询、办理涉农法律援助案件、参与矛盾纠纷排查化解等。

法治乡村建设的最终目的是维护乡村基层和谐稳定的发展环境。乡村基层发展环境和谐稳定，有助于乡村经济社会高质量发展，有助于乡村振兴。乡村基层发展环境和谐稳定，需要及时有效化解矛盾纠纷，矛盾纠纷化解是法治乡村建设中的核心工作。目前全国各地农村都在开展多元矛盾纠纷化解机制建设。多元矛盾纠纷化解机制指的是，在乡村基层治理中多方参与共同发挥作用，形式多样地化解乡村矛盾纠纷。比如针对农村矛盾纠纷可以协商、调解，也可以提供司法、仲裁等法律服务供给。当然，司法处于农村矛盾纠纷化解机制的中心地位。司法具有终局性的特点，肩负着价值引领任务，发挥着示范作用，其中心地位不可动摇。必须重视法治乡村建设中司法资源的供给，提升司法在乡村的覆盖面和便利性。加强乡村人民法庭、巡回法庭等的建设。充分利用现代科技手段推进智慧司法，让乡村群众享受优质便捷的司法资源，切实维护自身合法权益。同时，建立司法与协商、调解、仲裁等纠纷解决方式互补衔接的多元矛盾纠

纷化解机制,兼顾法理人情,满足多元化需求,实现良好社会治理效果。

(三)提高乡村干部法治素养,增强其运用法治思维和方式进行基层治理的能力

乡村干部是法治乡村建设的推动者、组织者、实践者、示范者,乡村干部的法治素养、运用法治思维和方式进行基层治理的能力直接关系到法治乡村建设的推进。可以考虑投入适当的财政预算,引入城市法律服务人才,组织对乡村干部的法治教育培训,并形成乡村干部法治教育培训的长效机制。乡村干部法治教育培训的内容应该有的放矢、有针对性。首先,针对乡村干部有权力却缺乏监督和制约的实际,着重培养乡村干部自觉尊重法律权威的法治理念。通过法治教育培训,帮助乡村干部逐步树立法律信仰,讲解法律赋予他们的权力应规范行使,应接受民主监督和法律的制约,杜绝以言代法。其次,结合乡村干部基层治理的工作实际,针对他们工作中接触到的村民纠纷和集体经济组织发展所涉及的具体法律问题,给予法律上的培训和指导。乡村干部运用法治思维、法治方式和法律手段解决乡村经济社会发展中的矛盾和问题的能力提高了,将直接有助于乡村各项工作的法治化,依法治乡、治村的观念才能得到树立,有助于村民法律主体意识的觉醒。

在对乡村干部充分开展法治教育培训的基础上,可以考虑将其工作的法治化要素纳入考评。在考评内容上,需要评估乡村干部在解决涉及村民切身利益的重要事项问题、集体经济组织发展问题、村民矛盾纠纷防范化解问题等方面,是否了解法律法规,是否依法办事。在规范乡村干部自身权力行使方面,需要评估乡村干部是否自觉以法律规范约束权力的行使。在考评的主体方面,可以考虑允许村民参与评价。最终乡村干部工作的法治化水平评价结果可以作为乡村干部考核的一个指标,这既是基层民主监督的一种实现方式,也

有助于鼓励乡村干部运用法治思维、法治方式和法治手段解决乡村治理的痛点,更有助于提高解决乡村群众困难问题和乡村振兴发展问题的水平。同时,要建立健全乡村干部行使职权的监督问责机制。逐步推进乡村事务管理法治化、程序化和规范化,积极谋求公开、公平、公正,使乡村干部在行使职权过程中,自觉接受组织监督、法律监督、群众监督、舆论监督,把权力关进制度的笼子,让农村基层权力的行使也能够做到在阳光下进行。乡村干部违法行使职权需要依法承担相应的法律责任。以责任增强乡村干部参与基层治理的法治自觉性,增强乡村干部依法行使职权的法治观念和法律素养。

法治乡村建设,要在党和政府的坚强领导下稳妥推进,通过不断完善农村重大事项决策机制提高基层决策的科学化、民主化水平,对乡村干部依法进行教育培训和考核监督,在农村依法全面履行政府职能,进一步提升在乡村的行政执法能力。首先,在党和政府的领导方面,围绕本级人民代表大会法治建设专题报告要求,严格履行法治建设责任。领导干部带头提升法治意识,增强法治能力。在化解矛盾、维护稳定方面,在深化改革、推动地方经济社会发展方面,都能够自觉运用法治思维和法治方式开展工作,并且自觉接受司法监督和社会监督。其次,在决策的科学化、民主化方面,推动工作机制体制的不断完善。如重大事项决策机制、党政联席会议等议事规则制度,配合留痕管理,有助于决策科学民主化水平逐步提高。决策程序的规范和完善不仅能够减少领导干部权力的不规范行使,也可以增强政府重大事项决策的民主性和合法性。加强乡村基层社会治理的民主化,深入推进乡村法治建设,除了抓住乡村治理重大事项决策民主化、规范化这个关键,还可以配合其他制度增强决策的科学化,如政府法律顾问制度、长效的学法制度等,法律专业人才提供的法律服务将有效防范决策的法律风险,促进政府依法决策的实效。最后,在全面履行政府职能方面,随着时代的发展,村民对政府在乡村履行职能和增强执法能力也产生了比较高的需求。在村民办事的便捷性方面,在很多城市实施的"最多跑一次"的工作方式也可以在有条件的农村逐步推广。村民去村委会办理事务,通常情况下虽然很方便,但村委会也应该完善制度、充分告知村民所办事项所需材料。在法治队伍建设和管理方面,必须注意执法主体的执法资格问题,严格执行行政执法人员持证上岗和资格管理制度。在执法人数、执法记录等细节方面都应规范,规范执法既有助于群众接受执法行为和后果,也有助于保护执法人员。

通过教育培训、考核等,不断提高镇村两级干部法治意识和执法水平,在乡村全面推动严格规范公正文明执法,有助于保障和促进乡村振兴战略目标的实现。

(四)以重点人群为对象,切实加强法治教育宣传

法治乡村建设离不开对不同人群采取不同形式的法治教育。总体上来看,目前我国乡村村民法律意识仍然比较薄弱,乡村基层干部法治水平有待提高,乡村法治志愿者等法治力量还比较欠缺,健康文明的村风民风也存在改善优化的空间。对于村民法治意识的提升,在法治宣传教育的形式方面,可以灵活采取在田间地头、村民生活空间张贴海报、悬挂标语标牌、播放公益广告等形式,提高公共法律服务知识覆盖面。随着手机在各年龄段村民中的普及,也可以在网络空间,采用群众乐于接受和易于理解的方式进行线上法治宣传,即有效利用抖音、快手等短视频平台,以及村民之间的微信群等宣传涉农法律规范。在针对村民的法治宣传教育的内容方面,要注意选取与村民切身利益紧密相关的法律法规,加强讲解,以涉农法律法规的应用作为重点进行宣传教育。此外,还要积极进行线下的法治宣讲和服务,可以由村两委班子组织引导,也可以聘请律师等专业人士进行线下法律咨询服务,同时应该支持法律志愿服务队等对村民积极开展农村法律志愿服务。全面依法治国要求乡村也要提高依法治理的能力,不断推进乡村治理体系现代化的实现。因此,推进法治乡村建

设是实现乡村振兴的基础与保障。加大乡村法治宣传力度将直接有助于基层组织依法行政能力的提升，促进乡村的高质量发展，从而有助于乡村振兴。

加强乡村法治教育宣传还要重视对村基层干部及其他法治建设力量的教育培训。对农村基层干部和法律宣传志愿服务队开展法治教育培训，提升农村治理的法治水平，使现有的村规民约、自治章程等在农村经济社会生活中能够发挥积极作用，并带动广大农民群众积极参与学法知法懂法，自觉守法用法。对于农村集体经济组织或相关产业项目等，积极开展"法治体检"服务，介绍和对接法律资源，推动"法律进企"，降低和排除企业发展中的法律风险，不断优化企业营商环境。比如，根据企业发展需要，为乡村企业推荐法律服务人员，帮助企业和法律服务人才之间建立联系。又比如，对企业宣讲涉农法律政策，组织企业负责人和企业重点员工进行行业相关的法律培训，防范化解企业经营风险，有助于营造乡村安定的法治环境。

充分学习和借鉴其他地区乡村法治建设的先进经验，培育健康文明的村风民风。其一，应充分发挥家庭、家教、家风在乡村治理中的重要作用，注重家风的培育和营造。尊老爱幼是中华民族的传统美德，以尊老爱幼为核心推动和谐家庭建设，可以选出典型案例加以宣传，定期进行评比、进行表彰，起到引领示范的作用。培育和形成良好村民行为规范，依法制定村规民约、居民公约，健全履行和保障机制，适当运用奖罚方式增强实施效力。其二，可以逐步建立农村社会信用体系，村民主动参与公益活动以及典型道德行为都可以作为村民的信用积分，信用分可以换取相应物质奖励。由此推动村民之间互学互促，形成以诚信、道德和公益为荣的良好乡村风气。

（五）对乡村干部法治建设考核机制设置要适应农村实际情况

依据《关于加强法治乡村建设的意见》，目前我国很多地区已经尝试将法治乡村建设纳入基层政府绩效考核,这要求在法治乡村绩效考核评价过程中,应明确绩效评价的价值取向、内容构建及实施路径等,"合理运用评价方法,特别是要注意将定量评价和定性评价有机结合,两者不可偏废",做到合理评价、科学评价。①

农村基层治理过程中会面临各种各样的问题,法治是解决问题时权威性较强的有效方式,但却不是唯一的手段。如果对乡村干部法治建设考核机制设置与农村实际情况不适应,这种目标和导向的偏差也有可能导致乡村治理行为的偏差。如某些地方出现的维稳手段变异问题。因此,一方面,应结合实际,按照可行性、科学性、导向性的要求,对当前维稳考核体系进行必要的调整;另一方面,应遵循乡村经济社会运行的规律,建立和完善乡村法治运行机制,将乡村各项工作纳入法治良性发展轨道,强化法治的尊严和权威,避免解决维稳问题陷入不法治的恶性循环,从而促进乡村经济社会和谐稳定。如集体、越级上访量虽作为考核指标,但不能单凭集体、越级上访量论功过。在社会转型期,有些影响稳定的问题时间跨度久、涉及面广、解决难度大,有些则完全超出了基层政府的治理能力,这就要求必须合理界定和解决基层政府在维稳方面所承担的职、责、权不对称问题。在考核中要进行客观分析,分清主观因素和客观因素的影响,客观、公正、准确地考核。对于工作上确实很努力,但由于各种客观因素的影响,一时难以解决和扭转,要给予客观、公正的评价,特别要充分肯定在艰苦环境中长期奋力拼搏的干部,调动他们的积极性。要对工作不努力、无所作为而导致集体、越级上访量上升的相关党政部门、单位和个人进行严厉的责任追究和问责。可以把信访维稳问题的排查和解决作为考核指标,但将进入司法程序的信访维稳问题列入指标考核则不够合理,这不利于纠正群众认为信访大于法律的

① 柳洁,胡象明.法治乡村建设绩效评价的价值取向、内容构建与实施路径[J].云南社会科学,2023(2):53,61.

错误导向。还应进一步规范乡镇政府的维稳行为,监督维稳的方式和手段在法治框架内进行。同时,应该强化法律尊严和权威,把维稳建立在法治轨道上,完善解决矛盾冲突和维护稳定的法治机制,依法界定矛盾各方的权益,曝光缠闹缠访典型案件,以法律手段为主,辅以经济和行政手段,扭转维稳工作被动状态。在法治乡村建设的背景下,将涉农各项工作和事务管理纳入法治化轨道,强化法律在化解农村社会矛盾、生态环境治理、农业支持保护、规范市场运行、维护农民权益等方面的权威地位。

(六)依法打击非法黑恶势力,净化乡村社会环境

有效地推动乡村振兴战略的实施,要坚持长期防范整治和短期严密打击相结合、长效机制和临时举措相结合,积极推进法治乡村建设和精准打击乡村黑恶势力,集中整治乡村“混混”和村霸,减少现有乡村“混混”和村霸对法治乡村建设的破坏,切实维护人民群众的合法权益。对于欺压残害百姓的乡村黑恶势力、横行乡里的家族和宗族势力,要依法严厉打击处理。同时要把扫黑除恶同惩治腐败结合起来,深挖乡村黑恶势力和村霸背后的“保护伞”。进一步强化乡村干部的责任,尤其是杜绝乡镇政府及乡村干部在征地、维稳等乡村事务管理中利用乡村“混混”的不法现象,严禁乡村“混混”干扰和介入乡村事务管理。在乡村各类工程建设中遏制他们从中牟利。加快乡村社会治安防控体系建设,让公共安全力量覆盖到村庄。在有条件的地方,完善乡镇视频监控系统,或对原有视频监控系统进行升级改造,增设监控点,在公路沿线安装太阳能爆闪警灯。推进村级技防建设,实现50％的村级主要路口、路段建有视频监控,30％城乡居民建有技防设施的目标。把好村两委干部选人用人关,特别要严把候选人资格关,选准用好带头人,对有可能涉及乡村黑恶势力和乡村“混混”、村霸等干扰破坏选举的相关人员,主动对他们进行警示谈话,及时查处,打击宗族势力、黑恶势力和村霸干扰破坏选举行为,将问题

控制和处理在萌芽阶段,阻止宗族势力、黑恶势力、乡村"混混"和村霸进入村两委干部队伍。广开投诉途径,如公开举报热线、开设专门的电子邮箱、网上举报专栏、微信和网络问政等,及时受理群众的举报,发现欺凌乡里的乡村黑恶势力、乡村"混混"和村霸予以及时曝光和惩治,使黑恶势力无法长期盘踞和发展壮大。

第二节 法治乡村建设的实践案例解读

一、《宁波市法治乡村建设促进条例》主要内容概述

(一)条例立法背景和目的

宁波市作为东部沿海经济发达地区的主要城市之一,具备较好的经济基础,城乡差距比较小,具有较好的条件推动乡村振兴和城乡协调发展。2020年12月,宁波市十五届人大常委会第三十四次会议通过了《宁波市法治乡村建设促进条例》(简称《条例》)。2021年3月,浙江省第十三届人民代表大会常务委员会第二十八次会议批准该《条例》实施。

该《条例》界定了法治乡村建设的内涵,即法治乡村建设是指"在本市行政区域内乡(镇)、村的法规制度健全、治理方式改进、公共法律服务完善、执法规范化水平提高、公众法治意识提升等相关活动"。《条例》明确指出了宁波市法治乡村建设的原则,即法治乡村建设应当坚持党的领导、政府负责、村民主体、社会参与和法治与自治、德治相结合的原则。结合宁波市经济社会发展实际,制定和实施法治乡村促进条例,将有利于推动乡村治理体系和治理能力现代化。促进法治乡村建设,也是服务和保障乡村振兴战略实施的重要举措。全市行政区域内法治乡村建设的促进工作、保障工作以及监督工作等,

都有了地方性法规作为依据。

（二）在法治乡村建设的主体职责方面

在法治乡村建设的主体职责方面，《条例》为各级政府、司法行政部门及其他相关部门、村民委员会、村民等划分了不同的职责。本行政区域法治乡村建设的规划制定、指标体系构建和评估机制的建立和完善，由市和各区县（市）人民政府来负责实施。市和各区县（市）人民政府还要负责法治乡村建设工作的统筹推进工作，负责解决法治乡村建设中本区域内的重大问题。实际组织开展法治乡村建设工作的是乡（镇）人民政府，乡（镇）人民政府需要具体贯彻实施法律、法规的规定，完成上级人民政府关于法治乡村建设的要求。司法行政部门主要负责法治乡村建设的指导、检查、督促等工作。具体而言是市和区县（市）级司法行政部门负责对本行政区域内的法治乡村建设工作进行指导和检查督促。市和区县（市）级的其他相关部门按照各自职责做好相关工作。而法治乡村建设工作涉及方方面面，该项工作涉及的政府部门也非常广泛，包括民政、人力社保、农业农村、公安、综合行政执法、财政、文广旅游、自然资源规划、生态环境、住建、交通运输、卫生健康、市场监管等。在乡村层面，村民委员会的职责也举足轻重，例如，在日常的乡村自治方面，需要承担村务公开、村务决策规范化民主化、调解化解村民矛盾纠纷等职责。同时，还要负责组织村民参与村务，整理和实施村民的自治章程、村规民约等工作。其实村民委员会的工作不止《条例》所列，很多工作要落地都需要村民委员会的配合，如法律知识宣传、村民法治意识培养、乡村法律服务供给等，都离不开村委会的参与和推动。村民作为法治乡村的重要参与主体和直接受益者，最基本的是知法守法，在此基础上增强权利意识，有条件的地方政府鼓励村民依其自治章程、村规民约实行自治。为此，市和区县（市）人民政府还承担培育法律志愿服务主体等法治力量的职责。培育和发展志愿服务组织，鼓励和支持企业事业单位、社会组织参与乡村法治宣传、人民调解、平安建设等活动,调动更多力量共同推进法治乡村建设。

(三)在决策合法化方面

为保障宁波市法治乡村建设的依法依规开展,《条例》规定市人民政府负责对法治乡村建设相关的地方性法规进行梳理,及时适应新发展阶段的形势要求,进行法规的立改废。对于需要制定相关规章的要依法制定规章,对不适时的、不符合发展要求的规章则应及时修改或废止。做好宁波市法治乡村建设的法治保障工作还需要区县(市)人民政府和其他政府相关部门做好配套法规的制定、解释等工作,保证在农村矛盾化解方面和农民利益保护方面有法可依,地方可以结合本地特色和经验形成行政规范性文件作为指引。同时做好涉农行政规范性文件备案审查工作。

为防止法治乡村建设过程中出现随意增加地方不必要任务的现象,宁波市法治乡村建设任务的落实强调通过清单化管理,保证基层治理顺利实施。尤其是市和区县(市)人民政府以及乡(镇)人民政府作为上级政府,很多法治乡村建设的具体工作落实需要与村级组织对接,应当规范村级组织需要协助政府工作的具体事项,形成清单,实行清单化管理。需村民委员会协助的事项以清单作为依据,不得随意增加。同时,清单也是相应工作需要政府提供必要条件和经费保障的明确依据。乡(镇)人民政府领导干部和村民委员会应依据履职清单中具体职责的形式、内容和要求等,积极推动法治乡村建设。

为保证宁波市法治乡村建设过程中乡(镇)人民政府重大决策的民主化、科学化,《条例》对相关重大行政决策的程序等进行了较详细的规定。主要包括重大行政决策事项目录制度、行政公开、合法性审查等。乡(镇)人民政府需根据本地实际制定重大行政决策事项目录,对目录中的重大行政决策的调整,需要严格按照程序进行,以降低决策风险,保证决策科学。主要的办法是组织公众参与,邀请专家论证,进行风险评估,充分集体讨论决定等。在政府信息公开方面,要求乡(镇)人民政府除依法不予公开的以外,关于重大行政决策事项的目录、决策依据、决策结果等信息,都应通过政府网站、政务新媒体等方式及时向社会公布,并为公众查询、提出意见或者建议提供充分的便利。在合法性审查方面,重点是乡(镇)人民政府应当依照法律、法规规定,对于制定行政规范性文件、作出重大行政执法决定、签订合同等进行合法性审查;未经合法性审查或者经审查不合法的,则不得提交决策机关讨论、发布文件、作出决定、签订合同。

(四)在加强法律服务供给和矛盾纠纷预防化解能力方面

在加强乡村法律服务供给和矛盾纠纷预防化解能力方面,由区县(市)人民政府和乡(镇)人民政府负责。宁波市推动实施法治乡村建设的具体做法是加强对农村基层的法律服务支出和供给,增强农村基层防范化解矛盾纠纷的能力,即争取将矛盾纠纷化解在基层。为将矛盾化解在基层,应加强社会尤其是农村的矛盾纠纷调处化解平台建设,逐步完善县、乡、村三级矛盾纠纷调处机制。

加强法律服务供给、构建基层矛盾纠纷预防化解平台和机制,不仅需要乡(镇)人民政府的领导和推动,也需要村民委员会、各级人民法院、检察院、公安机关、司法行政机关积极参与。具体要求包括两个方面,一方面是法治平台的建设。村民委员会应当在村里设立人民调解委员会,及时调解村民纠纷。市和区县(市)人民法院、人民检察院、公安机关、司法行政部门应当加强基层法庭、检察室、派出所、司法所的建设,推进乡村诉讼服务站、法官联络点、村警务室建设,积极参与法治乡村建设工作。另一方面是工作机制和方式在农村的下沉。如人民法院对于涉及农村农民的案件可以积极利用移动微法庭,进行网上立案和案件远程审判;也可以积极发挥基层人民法庭的作用,对人民调解委员会进行指导,积极参与调解民间纠纷。人民检察院可以将涉农检察公益诉讼作为抓手,加强对涉农领域的法律监督工作。如加大涉农公益诉讼案件办理力度，实现在检察环节推动矛盾化解。公安机关应当在乡村积极开展治安防范工作指导，促进乡村的群防群治工作。司法行政部门也能够调动丰富的法律服务资源对农村建设发展、农民疑难纠纷等进行指导服务和调解。如组织人民调解员、律师、基层法律服务工作者等为乡村提供法律服务。并积极关注乡村和农民的法律服务需求，对于涉农行政复议案件、法律援助、公证等公共法律服务需求，及时进行接收、转办或受理。

关于服务乡村的法治平台建设，除积极发挥上述已有平台作用外，还可以考虑由乡（镇）人民政府负责，建立综合性一站式的乡村公共法律服务站（点），以及完善乡村公共法律服务网络平台，直接为广大村民提供更加便捷和普惠的公共法律服务。在以法律服务支持乡村基层组织建设方面，可以建立村法律顾问制度，使法律顾问服务提升村民委员会基层治理的法治能力。关于乡村法律服务平台建设及村民委员会法律顾问制度实施的经费支持方面，可以通过政府购买公共法律服务制度来解决，即由区县（市）司法行政部门会同同级财政部门建立健全政府购买公共法律服务制度。政府购买公共法律服务内容应当公开，包括村法律顾问的接待时间、场所和联系方式等。区县（市）人民政府通过政府购买服务等方式落实村法律顾问制度，法律顾问的服务内容包括，村民委员会做出的决定涉及村民重大利益时，法律顾问应列席会议并提出意见或者建议。最后，由司法行政部门负责对村法律顾问实施考核管理和监督。

（五）在增强执法能力等方面

在增强乡村执法能力等方面，市和区县（市）人民政府、乡（镇）人民政府各司其职，共同推进。市和区县（市）人民政府负责加强基层行政执法能力建设，推动执法力量向乡镇延伸，推进基层综合行政执法体制改革。具体的做法是通过指导、培训和监督等方式，推动基层执法规范化。在农村基层推进行政执法公示制度的落实，推动行政执法全过程记录制度的落实,推动重大执法决定法制审核制度的落实。增强乡村执法能力,离不开服务乡村的法治人才的培养。法治带头人、乡村法律明白人、村民代表、村民小组长、网格员、人民调解员等人员都是法治乡村建设的重要力量,市和区县(市)人民政府有关部门和乡(镇)人民政府应当积极开展对上述法治乡村依靠力量以及村级组织成员的法律知识培训,不断培养和壮大乡村的法治人才队伍。

区县(市)人民政府和乡(镇)人民政府负责具体宣传和指导法治乡村建设。如对村民宣传法治乡村建设工作各项政策,深入农村了解村民对法治乡村建设工作的诉求,驻点调研、进村入户,紧密联系村民,解决村民法律方面的困难和困惑。对乡村的重点人员加强监管和教育,如辖区内的戒毒人员和刑满释放人员等,需做好监管教育、安置帮扶工作。村民委员会要依法协助社区矫正机构做好矫正对象的监督管理和教育帮扶工作,维护乡村治安良好和风气健康文明。同时,应积极发挥法治志愿者的作用,鼓励、支持法治志愿者参与法治乡村建设。法治志愿者广泛参与矛盾调解、犯罪预防、矫正帮教、禁毒禁赌、安全监管、治安防范等活动,可以弥补目前乡村法治力量的不足。

(六)在加强宣传教育、提高村民法治意识方面

在加强宣传教育、提高村民法治意识方面,市和区县(市)司法行政部门推动支持村民委员会开展民主法治示范村创建活动,促进村民委员会和村民了解法律、依法办事。宁波市以民主法治示范村创建活动为抓手,采取多种形式对村民进行法治宣传。具体宣传形式和法治宣传设施包括,结合新农村建设和城乡环境改造,建设法治文化公园、广场、长廊、街区等法治宣传阵地。依托党群服务中心、农村文化礼堂等公共设施,开展法治讲座、文艺会演等宣传活动。民主法治示范村建设宣传的内容主要包括,组织开展对优秀法治文化作品

的宣传、展演。加强对乡村优秀传统文化资源的保护和利用,推动传统文化与法治文化的有机融合。

关于民主法治示范村创建活动的实施和评价,由市和区县(市)司法行政部门会同民政等部门以健全完善民主法治示范村创建标准作为指引,把民主法治示范村创建活动纳入精神文明建设内容。

(七)在村民自治、村务公开、村务监督方面

在村民自治、村务公开、村务监督方面,《条例》主要涉及自治章程和村规民约作用的发挥、村务监督委员会、村级议事协商制度、村级小微权力清单制度等内容,从村民自治的自治规范、自治监督机构、自治决策制度,以及自治组织权力的限制等各方面进行了比较详尽的规定。

宁波市在推动法治乡村建设过程中注重支持和挖掘自治章程、村规民约等自治规范,重视发挥村民自治规范在乡村治理中的积极作用。在内容上,村民自治章程、村规民约涉及尊老爱幼、婚丧礼俗、餐饮消费、垃圾分类、村容村貌管理等关系村民日常生产生活的各个方面。其内容贴近村民生活,因此获得大多数村民认同,村民自治章程、村规民约更容易被村民遵守和维护,能够起到规范村民日常行为、维护公共秩序、保障群众权益、引导民风民俗等积极作用,是法治乡村建设中村民自治基础性作用的典型体现。村民自治章程、村规民约可以同时规定守规奖励和抵制约束的措施。同时应注意,乡(镇)人民政府应当对村民自治章程和村规民约的制定和修改工作给予指导。村民自治章程、村规民约应当以社会主义核心价值观为引领,不得与法律、法规相抵触,并应报乡(镇)人民政府备案。

《条例》规定了村务监督委员会作为村民自治的监督机构。即各村依法设立村务监督委员会,村务监督委员会对村委会行使村级权力的情况进行监督,对本村的村务公开情况、乡村事务的具体管理执行情况等进行监督。村务监督委员会的监督工作,根据具体情况,可

以聘请审计等单位、人员履行监督职责,也可以广泛听取村民的意见建议。关于乡村的村务公开制度,《条例》规定村民委员会提出村务公开方案,村务监督委员会对村务公开方案进行审查,方案通过审查之后可以在村务公开栏公布,也可以采取其他形式及时向村民公布。如果村民对公开事项有疑义,可以要求向村民委员会查询,村民委员会应当为村民查询提供便利条件,并对村民疑问做出解释。村民也可以就疑问直接向乡(镇)人民政府或者区县(市)人民政府及其有关部门反映,有关人民政府或者主管部门应调查核实后予以答复。

法治乡村建设的实质是乡村自治的法治化,这要求村民广泛参与乡村治理,对于关系到乡村经济社会发展的重要事项和与村民切身利益相关的事项,村民的真实意愿得以畅通表达、充分交流。这需要逐步完善村级议事协商制度,不断增强基层自治组织决策的民主化、法治化水平。《条例》对推动完善村级议事协商制度、村民说事制度专门进行了规定。《条例》要求乡(镇)人民政府负责指导村民委员会实施村民说事制度,并落实相关保障措施。目前最主要的是需要村民委员会进一步明确村民说事制度的主体、内容、范围、渠道,完善议事决策程序,建立说事、议事、办事、评事的流程。在此基础上,编制说事清单,并向村民公布。村民委员会可以设立村民信箱、说事热线、手机客户端等途径使村民参与说事;应提供说事的场地,受理群众诉求;可以建立村民诉求分流承办机制,明确责任人和办理时限;还可以建立村民说事台账,记录村民说事的主要内容、商议过程、办理情况和评议结果;并听取参与说事的村民对办结情况的评价和意见反馈。村民说事等村级议事协商制度是保障村民村务知情权、参与权、决策权、监督权的重要制度,通过该制度畅通村民参与村务管理的渠道,鼓励引导村民协商解决自治事项,是乡村治理法治化的重要体现。

村集体资产资源处置、村财务管理、招投标事项管理等村级重大事项的决策关系村民切身利益,是村民关切所在,《条例》要求应逐步建立完善村级小微权力清单制度,明确村民委员会等村级组织职责和权限,按照清单以及运行流程依法办理相关村级事务。村级小微权力的编制需提交村民会议或者村民代表会议讨论决定并公布。

(八)在乡村治理的现代化方面

目前乡村治理的现代化方面总体明显落后于城市,法治乡村建设离不开信息技术等的应用,大数据、云计算等现代信息技术在推动法治乡村建设中发挥重要作用。随着时代的发展,涉及乡村的事项办理也需要更加便捷高效。《条例》规定市和区县(市)公共数据主管部门应积极为法治乡村建设提供信息化应用服务,负责加快建设涉农在线服务平台和便民服务网络,最终实现涉及乡村事项的全流程一体化在线办理。在此基础上,乡(镇)人民政府负责涉农基础信息采集,运用信息技术完善乡村网格化管理,依托网络政务服务平台联系服务群众、排查处置隐患,切实提升乡村治理效果。

二、《宁波市法治乡村建设促进条例》的具体实施

(一)构建特色法治乡村建设模式,治理更有力度

在新时代全国法治乡村建设中,宁波可以说是启航地、示范地。早在 1998 年,宁波就率先提出建设"民主法治示范村",这一举措后来由司法部、民政部向全国推广。到了 2019 年,宁波法治乡村品牌已经广受关注,同年,全国加强乡村治理体系建设工作会议和司法部全国法治乡村建设工作会议在宁波召开。2021 年,《宁波市法治乡村建设促进条例》出台,进一步推动宁波法治乡村建设继续走向深入。①

---

① 邵一琼,吕汉杰.推进法治乡村建设 助力乡村全面振兴[J].宁波通讯,2023(1):58.

宁波将法治宣传和法治服务延伸到乡村,统筹打造"法治乡村办公室",构建"1+N+X"法治乡村治理模式,实现法规制度更健全、治理方式更优化、公法服务更贴近、法治意识再提升,目前已试运行。"1+N+X"法治乡村治理模式即在村级层面建设 1 个"法治乡村办公室",推动公安机关、检察院、法院、司法行政机关、律师、公证机关等法治力量全面下沉,守好村级重要事务、重点需求、复杂矛盾的"法治门";下设 N 个法治网格,配以"云法智库""律云"以及品牌调解工作室等专业力量,推动农村群众法治意识和法治素养提高,沉下心来收集农村群众法律需求、精心归纳涉农法律关系,提高解决纠纷方式法治化水平;用好网格长等乡村法治力量,使得法律法规在规范村民日常行为、维护乡村公共秩序、保障农民群众合法权益、引导乡村民风民俗等方面发挥积极作用,实现矛盾纠纷及早及小化解,全面推进村民自治法治化进程。

(二)深入基层普法学法,效果显著

乡村普法是深化法治乡村建设的重要前提,采取村民喜闻乐见的形式进行普法活动,这对普法活动的参与度和普法实际效果有重要影响。宁波农村经济基础较好,很多村设有村文化礼堂,村文化礼堂是村民集体活动的重要场所。部分司法所积极利用乡村现有条件,经常性地在村文化礼堂开展法治宣传活动,将《条例》融入文艺表演中,以文艺的形式话法治,效果良好。部分司法所则组织普法志愿者到乡村的"村民说事亭"普及《条例》知识,并在村民说事会上"说"条例、"议"条例,让村民了解乡村治理新模式,提高村民运用法治思维和法治方式参与村务、化解矛盾纠纷的能力。此外,法治志愿者和律师也会积极采取多种形式进行社区法治宣传,普法志愿活动影响大、效果好。如通过张贴画报、发放宣传资料、悬挂宣传横幅、设立宣传展板等形式,宣传条例及其他与人们日常生活联系比较紧密的法律法规。律师也会来到社区和乡村提供现场法律咨询服务。

在法治人才队伍建设方面,司法局邀请专家学者为"法治带头人""法律明白人"等基层法治骨干开展培训,并为"学法守法示范户""法治带头人""法律明白人"发放聘书、荣誉证书,鼓励他们进一步做好职责表率,推动法治骨干引领村(居)民共同学习《条例》等法律法规,共同推进法治乡村建设。

某些乡镇在"世界读书日"之际组织农村女性开展"农嫂齐学习,姐妹共富裕"读书活动。普法志愿者与农嫂面对面,现场向农嫂们简明扼要地解读《条例》的主要内容和重点条文,解答农嫂们提出的法律问题。在镇区及村社针对《条例》开展的上述普法宣传活动,增强了城乡群众的法治意识,提高了群众对《条例》的知晓率。某些街道积极组织开展条例宣传活动,鼓励村法律顾问、普法志愿者深入乡村开展条例宣讲会。向村民发放条例宣传资料、宣讲条例内容、面对面进行法律咨询,受到村民欢迎。某些乡村通过主题党日、反诈宣传、公益劳动、老年活动等多种方式宣传《条例》。还有街道借助网络学习平台,组织街道机关党员、干部、村社两委会干部通过"直播课堂"共同学习条例。讲座主题结合干部基层治理工作实际,内容丰富,包括"解读《条例》""了解宪法历史""依法治理村社争先"等对基层组织党员干部法治素养提升起到积极作用。

(三)拓展线上线下普法阵地,有新意、接地气

随着乡村经济的发展,宁波很多乡村的公共基础设施不断丰富,在法治乡村建设的过程中,宁波不少乡村建设了以法治乡村为主题的公园。公园以习近平法治思想为引领、以《条例》为主要内容进行布展,将公园绿色宜人的自然环境与法治乡村概念完美融合。结合民主法治村创建,自《条例》颁布以来,司法局按要求将《条例》内容纳入法治公园的主题建设。这些贴近村民生活的法治乡村主题公园或借助小品雕塑,或依托古朴墙绘,或采取河边步道等形式,描画宣传《条例》主题和内涵,提高了村民对《条例》的知晓率,有利于推动村民

参与乡村自治。还有的乡村法治文化公园依托场地设施进行法治"微改造",专门开辟出"普法橱窗""法治故事会""法治文化廊"等多个功能区,注入《条例》等法治元素,贴近生活,内容丰富。在线上,鄞州区在全省率先建成管理学习平台——"鄞法 e 站",并正式上线。该平台是主要对"法治带头人""法律明白人"进行管理和培训的工作平台,基于微信小程序,集法治课堂、法治评测、法治实践等功能于一体,将村社"两人"的遴选、培训、使用、管理、考核等相关工作全部纳入线上管理,对"两人"培养发挥重要作用。

司法局还结合辖区各地特点,深挖法治乡村建设的闪光点,提炼各地法治建设的经验做法,选出一批有代表性的法治乡村模板进行推广复制,并刊登在微信公众号推出的"法治乡村巡礼"系列专栏中。邀请政法系统"法律知典人"、律师事务所律师走进镇村"法治直播间",与村民进行直播互动,积极宣传民法典和条例等相关法律法规。同时通过微信公众号刊载条例相关普法宣传活动,筑牢"互联网＋"普法阵地。

三、《宁波市法治乡村建设促进条例》实施效果分析

(一)催化基层创新民主自治更有章法,发挥法治的行为规范功能

法治乡村建设需要法律法规作为依据,该《条例》自 2021 年 5 月施行以来,没有停留在法规文本层次上,经过各地、各部门的认真贯彻落实,不仅提高了其在乡村干部和广大村民中的知晓率,也积极推动了乡村法治建设创新实践,为宁波乡村基层创新民主自治积累了更多经验、形成了更多制度,基层组织治理运行更规范。法治乡村建设各项内容基本实现有效覆盖,形成了一批既有开拓创新意义又有辨识度的建设成果,为全国法治乡村建设提供了鲜活的样板。《条

例》提升了村民自治创新成果,激发了基层在民主自治方面创新实践的积极性。《条例》的实施,使得宁波法治乡村建设更加民主、智慧、高效和谐,乡村治理体系更加完善,法治、自治、德治相结合,乡村治理展现了新风貌。

在法治乡村建设过程中,在《条例》的推动下,村级小微权力清单制度得到推广。率先进行此项创新实践的是宁海县,围绕村干部这个法治乡村建设的最前沿力量,运用村级小微权力清单列举呈现村务,有利于村务办理流程的清晰化、可视化。具体包括乡村的重大事项决策、村一级的财务支出、便民服务事项办理等,都可以在清单中予以明确规定。2018年,"推行村级小微权力清单制度"被写入中央一号文件。2022年3月9日,由中国标准化研究院归口管理的《村务管理基础术语与事项分类》(GB/T 41374—2022)、《村务管理事项运行流程编制指南》(GB/T 41371—2022)、《村务管理村务流程化管理实施指南》(GB/T 41372—2022)三项国家标准由国家市场监督管理总局、国家标准化管理委员会正式批准发布(2022年第2号中华人民共和国国家标准公告)。三项标准的公布实施有宁波实践的贡献。

法治乡村建设离不开村民的深度参与,《条例》推动"村民说事"制度的推广和落地。"村民说事"制度已成为宁波法治乡村建设的一张名片,目前已上升为省级标准。"村民说事"制度最早开始于象山,当地的村民有坐在一起议事的传统,大家一起议事、评事、办事,该制度有助于政府真实了解村民的需求,有助于政府采取正确措施予以回应,也有利于政府接受村民监督,乡村基层组织治理效果更好。《条例》对"村民说事"制度不断完善,从说事的内容、主体,到程序、监督等,都进行了更加详细的规定,并探索说事的新途径、新形式,开展线上云说事,"村民说事"不断规范。以"村民说事"制度为核心,村民参与农村基层村务管理、决策、治理、监督的有效性极大提高。

乡村振兴背景下的镇村基层社会治理目标应当是适应国家的现

代化治理状态,即通过规范的制度体系,搭建治理主体与治理对象规范运行的和谐框架,既让乡村基层社会中的权力主体能够规范行使权力,又能够保障各类权利主体的基本利益诉求,实现不同主体之间、权力和权利之间的权责清晰稳定,实现乡村基层有序治理。法治的基本功能就是规范行为,通过规范行为建立基本秩序,彰显公平正义,体现价值追求。乡村基层治理法治化能够充分发挥法治的行为规范功能,通过合理的制度设计,建立现代化的乡村治理体系。在约束国家权力的同时规范保障乡村基层社会运行,实现乡村基层秩序的和谐稳定。通过法治行为规范功能的发挥,夯实乡村基层治理结构,推动乡村振兴,实现乡村基层治理模式与乡村振兴进程之间的良性互动。

(二)深化综合改革使行政执法更为规范,发挥法治的权益保障功能

宁波不断深化"大综合一体化"行政执法改革,大综合一体化行政执法改革有力推动了法治乡村建设。在法治乡村建设过程中,将执法力量向基层下沉,不断加强和规范镇街、乡村事项的行政执法。推动编制乡镇执法事项清单,整合市政公用、市场监管、经信、教育、公安、应急管理、城市绿化、市容环境等 200 多项执法内容纳入最新执法清单。从义务教育"双减"政策执行,到小散工程监管,启动"一支队伍管执法"试点。避免卫健、市场监管、综合执法等不同的行政执法机构分别执法,使人难以应对。目前,一支综合行政执法队伍对店铺内的卫生、燃气安全、垃圾分类、污水排放等一次性查完,对商铺经营较少干扰,获得一致好评。通过改革,科学有效配置执法职权、力量和资源,宁波下沉一线执法力量比例在全省范围内居于首位,行政执法体系愈加完善。另外,数字赋能执法规范化,也对法治乡村建设起到推动作用。宁波不断完善数字监管平台,实现执法文书、档案、监督的数字化,积极推广 PDA 执法监管数字化应用,不断提升执

法水平和效率。

《条例》的实施，极大促进了乡镇综合行政执法规范化建设，深化了行政执法改革工作。首先，执法者学法、知法、守法、用法。推动宁波主要行政执法部门认真学习和贯彻落实新修订的《行政处罚法》及浙江省的《综合行政执法条例》。其次，持续推进行政执法"三项制度"，即执法全过程记录、行政执法公示、重大执法决定法制审核，规范行政执法的决策、过程和结果各个环节。加强行政处罚案件审核，普通程序案件也做到严格审核。实施乡村振兴战略，国家的资源投入和支持帮扶不可或缺，同时也需要激活乡村基层建设主体自身的积极性、主动性，推动村民积极主动参与乡村基层社会治理，保障村民能够充分共享乡村振兴成果。这一目标的实现依赖于法治权益保障功能的发挥。法治通过权威的制度安排，对多元化的治理主体进行赋权，划定权力边界，使权力在法律规定的范围内运行，从而保障权利主体合法权益。

(三)优化法律服务使法治基础更加厚实，发挥法治的纠纷化解功能

乡村基层社会利益诉求多元化，存在一定的矛盾纠纷是正常现象。乡村振兴战略要求以法治方式妥善化解矛盾纠纷，平衡各类主体间的利益诉求。法治最直接的功能是化解社会纠纷，法治通过专门的规范解决社会冲突，并结合公正的程序设计实现形式的合理性。法治通过权利义务的设置，使人们对自己行为的后果可以进行预期，也能对冲突形成威慑，从源头预防冲突和纠纷。乡村基层治理法治化是乡村基层社会发展的有效保障。

在《条例》的实施过程中，宁波整合公共法律服务资源，为城乡群众提供均等普惠的公益法律服务。为提高乡村群众获取法律资源和法律服务的便利性，各地在乡村建立综合性一站式乡村公共法律服务站，为村民委员会选优配强法律顾问，组织律师、法治志愿者等深

入农村网格开展法治坐诊、巡诊、会诊,加强乡村的优质公共法律服务供给,实现公共法律服务城乡全覆盖。各级人民法院、检察院、公安机关、司法行政机关也积极参与法治乡村建设,效果显著。如法院系统在农村建立法官工作室、人民法庭;检察机关深入开展司法救助,助力乡村振兴;公安机关积极创建枫桥式派出所;司法行政机关加大对农村地区贫困当事人的司法救助力度,保障法治乡村在基层得到落实;公证机关推动公证服务便利化,全面推广"公证 E 通"应用,"公证 E 通"服务点覆盖全市。

(四)强化示范引领让建设成果更有亮色,发挥法治的价值整合功能

《条例》实施以来,普法内容、形式和载体更加多样。在普法阵地和载体方面,建设法治宣传栏、法律图书角、法治公园、法治辅导站,因地制宜利用步道、广场、公园等群众日常活动区域进行法治文化宣传,县、镇、村三级法治文化示范阵地数量居全省之冠。在法治宣传活动形式方面,包括创作群众喜闻乐见的法治短视频、法治网红剧、法治歌曲等形式,经常组织法律知识比武竞赛、法治主题访谈会、农家法治有声阅读等活动。通过一系列的宣传普法活动和法治阵地建设,乡村干部和村民的法治意识和法治素养显著提升。《条例》的落实取得显著成效。

目前法治乡村建设仍存在不足,如工作合力有待增强、保障力度有待加大、配套制度有待压实等。对此,有关部门要继续凝聚各方力量,形成法治乡村建设整体合力;强化供给保障,提供法治乡村建设有力支撑;抓牢制度落实,完善法治乡村建设责任机制。总之,要厚植法治文化,不断激活法治乡村建设新活力。尤其是加大典型引领,以法治示范村创建为抓手引导文明乡风养成,在全国率先开展法治乡镇(街道)建设示范创建,加大法治示范村建设力度,农村文化礼堂、家庭文明建设、"美丽庭院"创建等作为民主法治示范村活动的重

要内容,有力引导文明乡风的培育和养成。① 我国乡村经济也随着整个国民经济的发展而不断融入国内国际双循环,这将带来多元价值观念的冲突。受商品经济的冲击,乡村基层社会化可能更加关注个人利益的实现,越来越追求物质生活上的享受,这将与乡村传统的集体主义、吃苦耐劳的价值取向产生冲突。有必要对多元价值进行整合,法治能够很好承担价值整合功能。法治通过建立规则体系,对价值进行选择、排序和保护,消解价值混乱,保障和推动乡村振兴的实现。②

四、法治乡村建设立法完善建议

(一)不断夯实现有涉农地方性法规的合法性、合理性、操作性

从本质上看,任何国家、任何形态的社会治理实质都是权力与权利的协作互动。地方性法规具体推进法治乡村建设,以法治的方式划清权力的行使范围,保障村民权利,实现有序治理。现代法治乡村建设是在党领导下的多元主体合作,不应过度强调政府的管理职能。政府要合理放权,让乡村基层组织和村民参与共治。地方性法规应充分体现对权力的规制和对权利的保障,抓住乡村基层治理法治化的主要问题,积极为广大村民主动有效参与乡村基层社会治理创造条件。随着法治乡村建设的不断深入,村民权利意识不断增强,参与乡村基层社会治理的积极性、主动性将充分发挥。

《条例》的立法目的、原则、指导思想及各项具体促进措施符合国家、省颁布的上位法的规定,针对性较强,具有地方特色,结构划分较

---

① 张昊.《宁波市法治乡村建设促进条例》实施一年多 成果如何?[EB/OL]. (2022-07-11)[2023-04-11]. http://news.cnnb.com.cn/system/2022/07/11/030368404.shtml.

② 张炜达,李鑫,赵欣云.乡村振兴视域下农村基层治理法治化研究[J].西北农林科技大学学报(社会科学版),2023(3):47-48.

为合理,形成了具有内在联系、层次分明的有机整体,总体立法质量较高,且《条例》贯彻实施比较到位,取得了较好的法律效果和社会效果。《条例》包含了立法目的原则和指导思想、主体职责、决策合法化、矛盾纠纷预防化解、法律服务供给和村民自治、村务公开、村务监督等方面内容,结构比较合理,权利义务比较明确,具有较强的可操作性。

(二)更新立法理念,增强涉农法规之间的衔接性、协调性

法治乡村建设面临着共同富裕、高质量发展的新目标、新要求,《条例》在立法理念上需要进一步更新,在立法和实施上需要对实践中的一些热点、难点问题作必要回应和调整,在保证国家法治统一的前提下,《条例》需要更新立法理念,增强法规之间的衔接性、协调性。

继续进行法治乡村建设,实现乡村振兴,需要坚持走群众路线,把大力推进"法律明白人"做为乡村法治建设的重要方式之一。推进"法律明白人"工作具有国家层面的政策作为依据。最早在2019年6月,《关于加强和改进乡村治理的指导意见》中提出实施农村"法律明白人"培养工程。当年7月,司法部部署开展实施这一工程,此后各地开始推进"法律明白人"工程,大力发展"法律明白人"骨干。目前我国乡村相较于城市法律资源仍较为薄弱,城乡公共法律服务供给还不够均衡,难以在农村全面提供高水平的法律服务供给。因此,有必要重点培育乡村干部、人民调解员等人员的法律素养,由来自基层、扎根基层的乡村干部、党员或有法律方面特长的村民担当"法律明白人""法治带头人",利用其熟悉农村情况的优势,更好地为村民释理说法、化解矛盾纠纷。

(三)立足实际需要,推动农村重点领域制度创新

在新发展阶段实现共同富裕的背景下,法治乡村建设、乡村振兴

有着重要的意义,法治乡村建设、乡村振兴的最终奋斗目标也是实现乡村的共同富裕和高质量发展。缩小城乡差距是共同富裕的必然要求。因此,应该围绕农村特有的土地、宅基地制度等,进行法律研究和创新,打破制度对生产资料等有效利用的制约,以优质的法律保障支持农民收入提高,加强农村法律公共服务体系建设,促进农村生产要素的释放。

比如《民法典》仍然对我国农村宅基地的用途进行了限制,这种限制影响了宅基地的市场化。这一问题并不好解决,因为从逻辑上看,村民无偿获得宅基地的分配之后再去进行宅基地的市场化还没有获得充分的足够的论证。宅基地的另一大棘手难题是继承问题。获得宅基地的村民,其子女等继承人很多进入城市定居生活,不再是集体经济组织成员。从继承人的角度看,应该对宅基地及地上房屋有权继承,而从不再是集体经济组织成员的角度看,则不宜使用集体经济组织的宅基地。此外,宅基地还涉及申请办理期限不明、审批公示制度形同虚设、村集体对宅基地使用缺乏管理监督权、闲置宅基地的回收利用、跨村镇宅基地流转等问题。这些特殊的问题,在新发展阶段足以构成中国特色的农村法学问题,亟待从法理上给予阐明,以促进农村发展。

关于农村的集体土地问题,伴随着老龄化社会的到来,很多农村已经出现空心化现象,农村的老龄化问题比城市更为突出。而农业需要实现现代化,规模化经营就是必然要求,目前大多数乡村土地是集体经济组织成员分别承包经营的,这不利于农业的规模化经营和现代化。农村土地所有权的特殊性带来其使用权的限制,如何打破这些农地使用的限制也是乡村振兴中的重大基础性问题。另外,集体经济组织除有集体土地、宅基地外,还会有一些山地、煤矿等自然资源,在征地或开发过程中,也会涉及集体经济组织成员的收益分配问题。总之,农村集体土地等,既要促进利用,也要注重保护,要进行稳妥的、合法的改革探索,在维护农民合法权益基础上增加农民收入。

为摸清农村家底，提升产业能级，创新监管方式，增加集体收入，促进共同富裕，江北区（区农业农村局）创新农村集体资产"智管家"，推动数字赋能政府治理。江北区以农村集体资产"一张图"赋能集体经济发展为切入点，探索全链条集体经济数字管理方案，出台《江北区农村产权交易管理办法》规范交易过程，搭建农村集体经济"智管家"数字应用"112N"框架体系，搭建"图管资产""产权交易""风险防范""五码应用"四大切口场景。梳理集体经济发展"存量"、管好"变量"、挖掘"增量"，赋能集体经济发展。通过部门联动、群众协同等合力，提升"资金、资产、资源"收益，探索出了一条可复制可推广的"共同富裕"路径。工作成果获得副部级以上领导批示或肯定 5 次，省级以上试点 2 个，省级以上典型或案例 4 次；被省级媒体报道 6 次、国家级媒体报道 8 次；进入"数字政府—浙里帮农促富"跑道并入选省委改革办 88 件基层治理一件事清单。上述创造性解决农村农民问题的经验做法，值得借鉴。

（四）加强领导与支持，重视经验总结与推广

基层法治乡村建设工作人员普遍反映工作中存在的问题和困难之一在于法治建设主体责任还需进一步加强。市政府相关部门不仅需要加强领导和经费、人员等的支持，也迫切需要总结各地成功经验并进行推广，避免基层单打独斗。应注重从整体上系统谋划乡村法治建设年度重点工作，明确任务清单，找到乡村法治建设的痛点，有针对性地开展法治服务等工作。针对法治机构人员不足、知识结构与法治建设要求不匹配等问题，加强法治教育培训，持续提升基层行政执法人员素质，不断加强法治机构力量。对于由司法所承担镇行政行为合法性审查的责任，司法所人员和能力上还存在较大的差距，上级司法行政机关可以考虑进行指导或调

整。镇村执法人员业务素质能力需进一步提高,需组织进行系统深入学习相关法律知识。必要时可以通过采取政府购买法律服务等方式,加快整合法律服务资源,积极推动法律服务资源向乡村下沉,构建完善的农村公共法律服务体系,使法治乡村建设逐步走向深入。

(五)围绕农村重点人群提供有针对性的法律服务

农村急需法律服务的主要有三类人,包括农村老人、留守妇女儿童与返乡创业的农民,法律服务的针对性越强,服务效果越好。不同的人群其法律服务需求不同,应为"空心化"农村人群提供个性化法律服务。如老人去世后的继承等问题、留守妇女的婚姻家事法律需求、留守儿童的未成年人保护法律需求。对此,可以邀请法律专家到乡村进行"法律门诊",或通过培养能解决一般纠纷的乡村法律能人,为村民提供定制化的法律服务,有条件的地方可以因地制宜进行推广。

首先,对于农村老人,主要涉及赡养、继承、就医等问题。如设立老年人法律援助工作站,专门为农村老人进行法律咨询、法律援助和纠纷调解。在程序上,为老年人开辟维权"绿色通道",简化老年人法律援助受理审查程序,做到优先受理、审查和指派。坚持"尊老、爱老、助老"的工作原则,对行动不便的老年人提供预约上门服务。加强有关老年人维权法律法规宣传,增强老年人的法律维权意识。利用"全国法制宣传日""重阳节"等,组织法律服务人员现场解答老年人关心的老年婚姻、遗产继承、赡养纠纷等法律问题。指派工作经验丰富、责任心强的法律服务人员办理老年人法律援助案件。加强涉老案件监督,如采取电话或上门回访的方式,征询受援人对办理情况、服务态度、服务质量的意见和建议。将涉老案件监督结果等作为案卷等级评定重要依据。广泛深入开展"敬老爱老"志愿服务等活动。

其次,针对农村留守儿童,应加强司法关爱。可以从主动司法保护、设立留守儿童服务援助窗口和平台、提供法律援助、加强法治宣传等方面开展。司法所应有效调动辖区人民调解组织、调解员的积极性,深入乡村,经常性主动对涉及留守儿童保护的案件进行排查摸底,建立并完善留守儿童名册,及时掌握留守儿童基本情况,根据排查情况及时介入,维护未成年人的合法权益。以乡镇法律援助工作站和村(居)法律援助联络点为主体,建立农村留守儿童法律援助服务窗口。为符合法律援助条件的农村留守儿童提供法律援助,做到应援尽援。通过视频连线等方式联系留守儿童的父母,充分发挥法律援助保护弱势群体合法权益的作用。加大对农村留守儿童的普法宣传力度,提高留守儿童的自我保护意识。深入学校和乡村,为留守儿童讲法治故事,教育和引导他们树立正确的人生观、价值观和世界观,培养他们的守法意识。加强对未成年人保护法、预防未成年人犯罪法等相关法律法规的宣传,增强普通公民保护未成年人合法权益的法律意识。

最后,要加强对返乡创业农民提供法律服务。响应党和国家乡村振兴总目标,各级政府非常重视乡村振兴工作。我国全面脱贫后,乡村振兴工作意义重大。自《中华人民共和国乡村振兴促进法》出台,各省市便加快了法治保障步伐,及时出台多项政策文件和保障措施,乡村振兴战略纳入法治轨道。在新发展阶段国家乡村振兴战略的背景下,不少农民带着在外务工的经验返乡创业。大量的返乡创业农民,是非常重要的乡村振兴人才力量,但他们从农民到私营企业主的转型过程中必然有法律方面的困惑,地方政府应及时制定符合当地实际情况的优惠政策、专项资金帮助返乡创业者,同时还要积极推进法治乡村建设,为返乡创业的农民打造良好的创业环境,保护好返乡农民的创业积极性和合法权益。

(六)为农村新消费需求提供法律保障

在我国开启全面建设社会主义现代化国家新征程的当下,农业农村现代化建设也面临着机遇与挑战。国家和地方持续支持农业农村发展振兴,出台一系列政策和法律法规,包括法治资源在内的更多资源投向乡村。农村的消费规模在不断扩大,农村在国家扩内需、双循环战略中的作用日益重要。农业农村的加快发展、深度开发必将影响到国家整体发展格局。农业农村现代化发展空间非常广阔。

我国县域农村市场很广大,具有强大的消费潜力,成为大量企业非常重视的市场。同时,数字经济也对农村生产与消费的正循环起到明显的推动作用。农村市场中,华南、东北、华北等地网购用户增速亮眼。农村经济好的地区,线上消费增长的趋势也更强。在烟台、大连、丹东、阿克苏等畅销农产品产地,县域农村地区的消费连年高倍数增长,农村地区网购的成交额增速数倍高于所在城市整体的增速,成为消费增长的重要动力。在农村消费高速增长的同时,农村消费者保护自己合法权益的能力还较弱,较之于城市消费者而言还有较大的差距。因此,农村消费者的合法权益更加需要政府相关部门和网络购物平台的保护,尤其需要法治乡村建设提高农民消费者维护自身合法权益的能力。对此,农村基层社会组织大有可为,消费者权益保护组织以及法律公益组织都应积极开展宣传普法活动,及时提供法律服务,帮助广大村民增强法治意识和自我保护意识,学会使用法律维护自身的合法权益。

第三节 《民法典》为法治乡村
建设提供法治保障

2020年5月,第十三届全国人民代表大会第三次会议通过了我国的第一部《民法典》,法典共1260条,自2021年1月1日起施行。自此,我国进入了《民法典》时代。《民法典》涵盖了人们生活的方方面面,是法治中国建设的重要法律基石,对于社会生活主体的经济活动有直接规范作用。尤其是《民法典》中的多项内容与法治乡村建设直接相关,应予以重视,并进行充分探讨,以促进法治乡村建设实践走向深入,实现乡村高质量发展和振兴。

一、农村集体经济组织主体资格的创新立法:特殊法人

(一)农村集体经济组织主体资格问题

新中国成立以来,我国的农村集体经济组织经历了不同的发展阶段,不同发展阶段的生产资料所有制形式、合作生产经营方式、主要任务和成就贡献等方面各不相同。1949 年至 1953 年,是互助组时期。互助组以土地、牲畜、农具等生产资料家庭私有为基础,属于劳动互助。1953 年至 1955 年,是初级社发展时期。初级社是半社会主义性质的初级农业生产合作社的简称,生产资料折合为股份,为合作社所有,在分配上实行按劳分配为主、按资分配为辅(即按股份分红)。1955 年至 1958 年人民公社产生之前,是高级社发展时期。高级社是完全社会主义性质的高级农业生产合作社的简称,生产资料为合作社集体所有,采取按劳分配,取消按资分配。1958 年至 1983 年,是人民公社时期。人民公社时期的农村土地等主要生产资料集体所有,奠定了农村社会主义生产关系的基础,有力支持了国家工业化和国防建设。1983 年至 2004 年是家庭联产承包阶段。家庭联产承包阶段的土地等主要生产资料仍是集体所有,绝大多数农村从集体经营方式转变为家庭个体经营方式。还有一些村庄在经营好本地农业的基础上,动员全村力量,积累资金,不断壮大集体工商业,逐步形成经济强村。分散在各地的经济强村,产业形态和组织管理各具特点。2004 年以来,土地规模化、现代化经营成为共识,在市场经济的强力带动下,农村发展正面临新的选择。2004 年,国务院颁布《关于深化改革严格土地管理的决定》,规定农村建设用地可依法流转。

2014 年,中共中央办公厅、国务院办公厅印发了《关于引导农村土地经营权有序流转发展农业适度规模经营的意见》,加大推进土地确权流转工作力度。[①]

我国农村集体经济组织自 1955 年高级社时期以来,确立和坚持农村土地等主要生产资料完全社会主义性质的集体所有制度,其间集体经济组织成员的劳动合作和经营形式在不断调整改进,适应不同历史阶段的要求。但集体经济组织参与经济生活,其作为经济主体的主体资格不明确进而影响集体经济组织经济活动的问题一直存在,并随着经济社会的进一步发展而越发突出。就农村集体经济组织的主体资格,从民法上来看,集体所有意味着自然人之间是合伙还是法人?这个问题在《民法典》出台之前是没有明确答案的,在一定程度上制约了集体经济组织的发展。

(二)农村集体经济组织主体资格问题的解决

为适应我国乡村治理和农村社会经济发展的需要,《民法典》专门规定了特别法人制度。传统上,民法中主要有两大类民事主体,即自然人和法人。农村集体经济组织要依法做为民事主体参与经济活动,对其民事主体资格也应该有合适的界定。对此,《民法典》最终没有将农村集体经济组织作为自然人的合伙等,而是在法人部分,在营利法人和非营利法人之外,创造性地并列规定了特别法人。即《民法典》第九十六条规定:机关法人、农村集体经济组织法人、城镇农村的合作经济组织法人、基层群众性自治组织法人,为特别法人。除机关法人外,另外三类主体,即农村集体经济组织法人、城镇农村的合作经济组织法人、基层群众性自治组织法人,依法取得特别法人资格,这对于乡村振兴和法治乡村建设都将具有直接的积极推动作用。自

---

① 赵意焕.中国农村集体经济 70 年的成就与经验[J].毛泽东邓小平理论研究,2019(7):53-59.

此,农村集体经济组织、城镇农村的合作经济组织、基层群众性自治组织将取得民事法律关系主体资格,成为真正的独立民事主体,平等参与市场经济活动,规范有序地进行市场竞争。农村集体经济组织、城镇农村的合作经济组织、基层群众性自治组织的参与将进一步激发市场经济的发展活力,其特殊法人主体资格也将有利于维护市场经济秩序的稳定。

洪广平是浙江丽水的农民,2014 年,他带领村民成立了一家股份经济合作社,改变了当地种梨农民长期“各自为战”的局面,村里雪梨产业的集约化、专业化程度大大提升。虽然日子越过越美,几年前合作社的发展却渐渐遇到了瓶颈。“我们的股份经济合作社到底是什么性质? 以什么身份搞经营? 没有明确说法。”洪广平说,曾有几家企业想投资参股,可最后一看是合作社,担心签的合同没有法律效力,便打退堂鼓。① 而如今,《民法典》明确赋予农村集体经济组织特别法人地位,为农村集体经济组织消除身份尴尬提供法律依据。

二、农村集体土地的创新利用:三权分置

(一)农村集体土地利用的背景与现状

我国是社会主义国家,生产资料以公有制为主体。土地是重要的生产资料,自 1955 年高级社时期以来,农村的耕地、宅基地等土地一直是集体所有,我国生产资料公有制的基本经济制度还将继续坚持不变。在农村的具体表现为,农村土地的所有权在集体经济组织,集体经济组织成员有承包经营权。以家庭为单位的联产承包责任制在一定时期内极大地激发了农民的生产积极性,发展了农业和农村,

---

① 张毅,廖文根,王比学,等.人民美好生活的法治保障——写在《中华人民共和国民法典》诞生之际[EB/OL].(2020-05-31)[2023-07-15]. https://www.gov.cn/xinwen/2020-05/31/content_5516270.htm.

农民也增加了收入,改善了生活。随着我国经济社会的发展,以家庭为单位的农业生产经营方式规模小、效率低、科技化程度低、收益低。农业的发展和农村的振兴亟需资金、技术的投入和规模化、现代化的经营方式。农业的现代化离不开土地这一重要生产要素的参与,农村的发展、农民的增收也迫切需要整合和合理利用土地要素。如何在保证农村土地集体所有即土地公有的前提下,打破对农村土地经营权的身份限制,在制度上进行创新,以此为改革发展提供保障和支持,成为了法治乡村建设和乡村振兴的重要挑战。

(二)农村集体土地利用的理论创新与立法创新

农村土地大致可以分为三类:耕地、宅基地、集体经营性建设用地。2016 年,国务院颁布《关于农村土地所有权承包权经营权分置办法的意见》,首次提出农村土地"三权分置"的概念。即,将农村土地产权中的土地承包经营权进一步划分为承包权和经营权,实行所有权、承包权、经营权分置并行。也就是说,对于耕地,不仅有集体所有权、农户土地承包权,还设置了土地经营权,是为"三权分置"。党的十九大报告提出,巩固和完善农村基本经营制度,深化农村土地制度改革,完善承包地"三权分置"制度。2018 年中央一号文件《关于实施乡村振兴战略的意见》再次强调,完善农村承包地"三权分置"制度,在依法保护集体土地所有权和农户承包权前提下,平等保护土地经营权。[①] 2018 年,针对农村宅基地提出宅基地的所有权、资格权、使用权"三权分置"。总之是在充分保障农民土地利益的前提下,探索促进农村土地承包权的流转,发展现代农业;探索盘活农村宅基地,让闲置的宅基地可以为农民带来财产性收入。

2021 年,《民法典》正式实施。对于农村集体土地,《民法典》规

---

① 郑忠良. 稳步推进和完善农村土地"三权分置"制度[EB/OL]. (2018-11-13) [2023-07-15]. https://www.gov.cn/zhengce/2018-11/13/content_5339770.htm.

定在农村集体经济组织实行家庭承包经营为基础上,农村集体土地所有权、农户土地承包权、土地经营权"三权分置"。具体而言,第三百三十九条规定土地承包经营权人可以向他人流转土地经营权。即土地承包经营权人自主决定依法采取出租、入股或者其他方式向他人流转土地经营权。第三百四十条规定土地经营权人有权在合同约定的期限内占有农村土地,自主开展农业生产经营并取得收益。第三百四十一条规定了土地经营权的流转期限、土地经营权登记等。第三百四十二条规定了通过招标、拍卖、公开协商等方式承包农村土地,经依法登记取得权属证书的,可以依法采取出租、入股、抵押或者其他方式流转土地经营权。

三、农村治理方式的创新实践:"三治融合"

我国的法治乡村建设从字面看,只能看到"法治"二字,但从其内容要求来讲,还包含着村民自治的要求,"自治"也是法治乡村建设的重要内容;同时,法治乡村建设也强调挖掘和尊重乡规民约,重视村民自我道德约束,即"德治"。也就是说,无论从党和国家对法治乡村建设的阐释、要求看,还是从各级、各地方的法治乡村建设实践来看,法治乡村建设都包含着法治、自治、德治三方面的内容。从乡村社会治理的角度看,就形成了"三治融合"的乡村治理模式和方法,即群众自治是基础,法治建设是保障,道德建设为支撑,自治、德治、法治三种治理方法相结合,逐步实现乡村治理的现代化。

《民法典》的颁布实施也为农村治理方式的完善提供了强有力的法治支撑。比如,《民法典》第二百六十五条规定集体所有的财产受法律保护,禁止任何组织或者个人侵占、哄抢、私分、破坏。同时在该条第二款规定,农村集体经济组织、村民委员会或者其负责人作出的决定侵害集体成员合法权益的,受侵害的集体成员可以请求人民法院予以撤销。再如,《民法典》第一条立法宗旨规定了适应中国特色社会主义发展要求,弘扬社会主义核心价值观的内容。《民法典》把文明、和谐、诚信、友善等社会公德、家庭美德融入民法典的基本原则、具体民法规范中。《民法典》第八条规定,民事活动不仅要遵循法律规定,也要符合公序良俗。第十条规定,处理民事纠纷时也可适用风俗习惯。对公序良俗、风俗习惯等非正式规范的效力进行肯定,为道德约束提供法律支撑。此外,《民法典》建立了有违公德、有损公益的惩戒制度。《民法典》第一百八十五条规定了侵害英雄烈士等名誉、荣誉的民事责任,捍卫民族英烈、国家英雄的荣光。①

国家法律法规无疑是社会治理的重要依据,是社会秩序的重要保证。同时,相当部分的民间习惯、村风民俗、道德规范等"软法"也是客观存在的,这些"软法"具备软约束作用。不同的社会规范都在法治乡村建设中,对实现文明健康高效的乡村社会秩序起作用。《民法典》能够吸纳民间习惯、村风民俗、道德规范中的重要、先进内容,对于法治、自治、德治三治融合具有积极推动意义,为法治乡村建设提供了坚实的法治保障。

党的二十大报告强调:"全面依法治国是国家治理的一场深刻革命,关系党执政兴国,关系人民幸福安康,关系党和国家的长治久安。必须更好发挥法治固根本、稳预期、利长远的保障作用,在法治轨道上全面建设社会主义现代化国家。"法治乡村建设是全面依法治国的重要组成部分,在法治轨道上全面建设社会主义现代化国家,必然要求乡村治理的法治化、现代化。各级、各地方深入贯彻落实全面依法治国的要求,积极推动法治乡村建设和乡村振兴,取得了很多宝贵经验成果。在党的坚强领导下,法治建设切实推动乡村发展,"三权分置"制度下的农村集体土地利用必将更加合理、高效,成为特殊法人的农村集体经济组织必将焕发更大活力。

---

① 卢育兰.民法典助力乡村治理法治化问题研究[J].福州党校学报,2023(3):61-66.

第五章

基层法治建设创新驱动

第一节　区域法治建设中的科技成果激励

一、创新驱动环境下加快区域科技创新体系建设

技术创新是衡量国家或地区全球竞争力的重要标尺，这一点已经得到了全世界广泛认同。在当今时代，国家的富强与民族的振兴，都与科技创新紧密相连。而科技成果的转化运用，更是对科技创新具有强大的推动作用。只有当科技创新的成果在实际运用中得到体现，才能真正反映出科技创新的价值，也才能真正体现出国家的科技实力。科技成果的转化运用状况对科技创新具有重要推动作用。实现科技成果的有效转化需要一系列严谨的科研管理，包括科研项目的审批、科研过程的监督、科研成果的评估等，以保证科研工作的质量和效率。要想提高科研管理的效率，提升科研绩效，最关键的在于激发科技创新主体的积极性。近年来，我国在科技成果转化方面进

行了大力探索,特别是对于职务科技成果的产权激励问题,制定了一系列法律和政策,对职务科技成果产权进行了明确的界定和保护,以激发科研人员的创新热情。

科技成果转化产权激励是一个复杂的问题,不仅需要保护科技成果发明人权益,也要确保科技成果的转化和运用能够为国家和社会的长期发展带来效益。目前,我国主要采用股权、期权和分红等传统的产权激励方式,以解决科技成果转化中的问题。股权是一种常见的产权激励方式,它给予科技创新主体一部分股份,使其可以享受公司的成长和价值提升带来的收益,从而鼓励其更积极地参与科技成果的转化和推广。期权则是另一种常见的产权激励方式,它给予科技创新主体在未来某一时间以预定价格购买公司股份的权利。这种激励方式可以鼓励科技创新主体在追求科技成果转化的过程中,更加注重公司价值的长期稳定增长。分红是一种更为直接的产权激励方式,它通过向科技创新主体分配一部分公司的利润来激励其创新和转化的积极性。

2010 年,我国选定中关村国家自主创新示范区内的国有科技型企业作为试点对象,出台《中关村国家自主创新示范区企业股权和分红激励实施办法》,实行科技成果股权激励与分红激励并存的产权激励形式。2016 年,财政部等三部委联合出台了《国有科技型企业股权和分红激励暂行办法》(以下简称《办法》),将上述在中关村国家自主创新示范区取得的试点经验,推广至全国范围国有科技型企业,使其能够使用该《办法》对本企业的技术创新成果开展运作,对相关研发人员进行相关激励。为了激励科技人员积极高效地开展科技成果的转化活动并产生可持续性的经济社会效果,科技部 2019 年 9 月印发的《关于促进新型研发机构发展的指导意见》中,明确规定符合条件的新型研发机构拥有一定的选择权,可以采用股权出售、股权奖励、股票期权、项目收益分红以及岗位分红等多种方式,对科技成果加以运作。2020 年修正的《中华人民共和国专利法》第十五条首次提出"产权激励"概念,并将股权、期权、分红等作为产权激励的基本方式。除了股权、期权和分红等传统产权激励方式,近年来我国也在积极探索一些新的激励方式,例如职务科技成果所有权共有和长期使用权试点。通过让科技创新主体分享科技成果转化的所有权和长期使用权,来激发他们的创新热情和转化动力。

根据上述文件可知,我国将激励措施分为按照股权、期权、分红和所有权共有四种。从时间跨度的角度来看,期权和股权激励政策法规的出现时间较早,分别可以追溯到 2000 年和 2001 年。相比之下,分红激励和所有权共有激励政策法规的出现时间较晚,分别在 2009 年和 2012 年才在相关文件中有所体现。[①]

根据数据统计,股权、期权和分红激励三者之间具有较强的相关性,而所有权共有激励则相对独立。从法律政策所针对的主体角度来看,股权激励政策适用范围较广,除了国有企业、非上市公司、院所转制企业等不同类型的企业可以适用外,高等学校和科研院所等非营利机构也可以享受政策带来的红利。这种政策能够有效地激励各类企业和机构的员工积极投入创新活动,提高企业绩效和核心竞争力。与期权的兑现日期不可知性有关,期权激励政策主要面向企业。尽管一些政策文件提到对高校和科研院所实施期权激励,但实际上这类文件的比例相对较低,大约只占 20%。

分红激励实际上是一种短期激励方式,它奖励那些能够创造科技成果价值的个人和企业。相对于高校科研院所等非营利性的机构,企业是逐利的,所以分红激励措施在其内部可以更多地应用,产生直接的强导向作用,进而提高企业的盈利能力,增强其经营过程中的凝聚力与向心力。所有权共有激励方式的产生初衷是解决高校科研院所科技成果归属国有资产的问题。对于非国有的企业而言,通

---

① 唐素琴,卓柳俊,吕霞.我国职务科技成果产权激励相关措施统计分析[J].海峡科技与产业,2019(5):18-22.

过合同约定来实现赋予职务发明人科技成果的所有权和长期使用权并不存在制度上的障碍。因此,所有权共有激励主要面向的是高校科研院所。这种激励方式有助于激发科研人员的积极性和创造力,推动科技成果的转化和应用。

二、国家及各省市职务科技成果所有权改革政策分析

(一)国家层面:《赋予科研人员职务科技成果所有权或长期使用权试点实施方案》

当前,为深入实施创新驱动发展战略,实现经济高质量发展,需要进一步完善科技成果转化激励政策,深化科技成果使用权、处置权和收益权改革,通过赋予科研人员职务科技成果所有权或长期使用权,实施产权激励,激发科研人员创新创业积极性,促进科技与经济深度融合,加快建设创新型国家。2020 年 2 月 14 日,习近平总书记主持召开中央全面深化改革委员会第十二次会议,审议通过《赋予科研人员职务科技成果所有权或长期使用权试点实施方案》(简称《方案》)。为贯彻落实会议精神,科技部、发展改革委、教育部、工业和信息化部、财政部、人力资源和社会保障部、商务部、知识产权局、中国科学院等 9 部门印发了《方案》,对开展赋予科研人员职务科技成果所有权或长期使用权试点作出全面部署。[①]

明确赋权成果范围。所赋权成果的类型,主要包括专利权、计算机软件著作权、集成电路布图设计专有权、植物新品种权,以及生物医药新品种和技术秘密等权益。明确了赋权后的成果应该具备以下条件:权属清晰、应用前景明朗、承接对象明确、科研人员转化意愿强

---

① 科技部.科技部等 9 部门印发《赋予科研人员职务科技成果所有权或长期使用权试点实施方案》[EB/OL]. [2020-05-21](2023-07-03). https://www.most.gov.cn/ztzl/lhzt/lhzt2020/jjkjlhzt2020/202005/t20200521_154273.html.

烈。这意味着赋权后的科技成果应该具有明确的产权归属，具有清晰的应用前景与明确的承接对象，并且科研人员有强烈的转化意愿。

聚焦赋权操作流程。明确试点单位应建立健全成果赋权管理制度、工作流程和决策机制，对赋权工作全过程进行推演，对赋权过程中可能遇到的问题提前部署，通过合理的制度安排、提前约定等方式防止赋权过程中产生的实操风险。

强化科技成果转化配套体系。包括优化科技成果转化国有资产管理方式；强化科技成果转化全过程管理；增强成果转化过程中的容错纠错能力；完善政府主管部门的监控治理机制，实行审慎包容监管；充分发挥专业化技术转移机构的引导与辅助作用。

强调注重风险防范。对职务科技成果改革试点中的重大事项，可组织科技、产业等方面专家，开展决策咨询服务。赋权科技成果向境外转移转化或开展涉密科技成果转化的，应严格遵守国家有关规定。加强对赋权科技成果转化的科技伦理管理，要求严格遵守科技伦理相关规定，确保科技成果的转化应用安全可控。

该《方案》的试行范围包括国家重点研发计划、自然科学基金等国家科技计划项目所涉及的科研人员及其所在的科研单位。该《方案》的实施将有助于推动我国科技创新和科技成果转化的进程。具体来说，该《方案》为基层科技创新提供了更加稳定、透明和灵活的环境。其实施将有助于激发科研人员的创新热情和转化动力，让他们更加积极地参与到科技创新中来。该《方案》还将促进科技创新与经济社会发展的紧密结合，使科技创新更好地服务于经济社会发展的需要。

（二）北京市：《北京市促进科技成果转化条例》

《北京市促进科技成果转化条例》（简称《条例》）是北京市为了促进科技成果转化、推动科技创新、提升经济发展水平而制定的一项地方性法规。该《条例》于 2019 年 11 月 27 日在北京市第十五届人民代表大会常务委员会第十六次会议上通过,自 2020 年 1 月 1 日起开始实施。

该《条例》的实施赋予科研人员更大自主权。该《条例》在全国地方性法规层面率先规定,政府设立的高校院所可以将其依法取得的职务科技成果的知识产权及相关权利,全部或者部分给予科技成果完成人,并约定双方成果转化收入的分配方式。在保持所有权不变的情况下,规定在特定条件下赋予科研人员自主实施转化的权利,以避免科技成果无法及时转化的情况出现。

在明确高校院所自主转化管理权限的前提下,规定政府设立的高校院所可以自主决定实施转化,无需进行审批或备案。同时,高校院所可自主决定是否进行资产评估,以便更好地掌握科技成果转化的时机和条件。

为了细化科技成果转化奖励和报酬等收益分配制度,该《条例》明确了科研人员获得奖励和报酬的原则、标准及时限。此外,该《条例》还规定了科技成果转化收入分配比例、收入不受工资总额和绩效工资总量限制以及净收入的含义等相关内容。同时,要求科技成果转化的奖励和报酬不得低于转让、许可净收入的 70%,不得低于作价投资形成股份或出资比例的 70%。这就确保了科技成果转化过程中各方的合理收益分配,并能激励科研人员积极参与科技成果转化工作。

该《条例》明确了担任科技人员中具有领导职务身份人员可以获得奖励报酬。如果科技人员同时兼具领导职务,既然其作为科技成果的主要完成人或者对科技成果转化作出了重要贡献,那么他们也就应该按照国家有关规定获得奖励和报酬,并且实行公开公示制度。这是为了确保奖励和报酬的分配过程透明、公正,避免出现不当行为或不公平的情况。担任领导职务的科技人员在科技成果转化活动中,不得利用所在单位的名义、声誉和影响力谋取私利,也不得利用职权侵占他人科技成果转化的收入。这是为了确保科技成果转化的过程符合法律法规和道德规范,避免出现权力滥用、不当得利等不良现象。

该《条例》明确科技成果限时转化措施。明确规定了项目承担者在科技成果转化过程中承担相应义务，并设定了合理的转化期限。如果项目承担者在约定的转化期限内未能实施转化，且未能提供合理理由，项目主管部门有权依据约定终止该项目。同时，将项目成果发布在技术市场信息网络平台上，授权其他人实施转化。

《条例》为科技成果转化提供了地方立法支撑，为推动科技创新和经济发展奠定了基础。该《条例》的实施将有助于促进科技成果的转化和应用，激发科技创新活力，推动北京市经济社会持续健康发展。

（三）上海市：《上海市促进科技成果转化条例》

《上海市促进科技成果转化条例》（简称《条例》）于 2017 年 4 月 20 日，在上海市第十四届人民代表大会常务委员会第三十七次会议上通过，自 2017 年 6 月 1 日起实施。

该《条例》对自主权的范围做出进一步细化和明确。科技成果完成单位可以自主决定采用转让、许可或者作价投资等方式实施转化。这种自主处置的方式能够提高科技成果转化的效率和灵活性，使科技成果更好地服务于经济社会的发展。同时，单位在自主处置科技成果时，也需要遵循相关法律法规和政策规定，确保科技成果的转化过程合法、公正、透明。除了涉及国家秘密和国家安全的情况外，其他科技成果转化均不需要经过行政机关的审批或备案。单位对科技成果转化的收益分配享有自主权，即科技成果完成单位可以自主规定或约定奖励和报酬的具体方式、数额和时限，并自主实施奖励方案。这一规定旨在提高科技成果转化的效率和积极性，同时赋予科技成果完成单位更多的自主权，使其能够根据实际情况灵活制定奖励方案，更好地激励科研人员参与科技成果转化工作。这一规定旨在简化科技成果转化的流程和手续，减少行政干预和限制，赋予单位更大的自主权。

该《条例》对完成人的基本权利和义务做了明确定义。其中,科技成果完成人有三项基本权利:成果转化知情权、按照与单位的协议实施转化的权利和依照规定与约定获得奖励、报酬的权利。其中,成果转化知情权:科技成果的完成人有权了解科技成果转化的具体进展过程,以及有权掌控科技成果的转化方式、转化对象、转化时间等。按照与单位的协议实施转化的权利:科技成果完成人与单位达成转化协议后,有权按照协议约定的方式和条件对科技成果进行具体的转化,然后享有分配由转化而产出的利益。依照规定与约定获得奖励、报酬的权利:科技成果完成人有权按照法律法规和单位的规定、约定获得相应的奖励和报酬,包括科技成果转化的收益、奖金、津贴等。同时,科技成果完成人还必须履行两项基本义务:一是职务成果完成后的信息披露义务,即科技成果完成人在完成职务成果后,有义务向单位披露该成果的相关信息和情况,包括成果的名称、类别、技术水平、应用范围等;二是对科技成果的后续试验、开发等转化工作的配合义务,即科技成果完成人有义务配合单位的后续试验、开发等转化工作,包括提供必要的技术方面的指导与协助,从而使得科技成果能够顺利地完成转化。

根据上海市的实践,高校科研院所可以选择以下三种方式进行科技成果的作价投资。第一种方式,高校科研院所可以自己的名义直接将科技成果用于对外投资,这一举措赋予了高校科研院所有权独立进行科技成果转化的权利。第二种方式,高校科研院所可以选择设立一个独立的资产管理法人,负责科技成果的转化和投资,以便更好地管理相关过程。第三种方式,高校科研院所还可以与科技人员事先商定股权分配方案,并以本单位和相关人员的名义进行作价投资,这种方式体现了高校科研院所与科技人员的共同决策权。这些细化和明确的规则赋予了高校科研院所更多的自主选择权,有助于促进科技成果的有效转化和投资。

上海市作为中国最具经济活力和科技创新实力的城市之一,需要不断推动科技成果转化,促进科技创新与经济发展紧密结合。该条例的实施可以为上海市的科技成果转化提供有力的法律保障和政策支持,从而推动上海的科技创新发展。上海市一直致力于培育和发展高新技术产业,该《条例》的实施可以促进科技成果的转化和应用,为高新技术产业提供更多的技术支持和创新动力。通过激励科技创新和科技成果转化,上海市可以吸引更多的创新企业和人才,进一步推动高新技术产业的发展。上海市作为中国科技资源较为丰富的城市之一,具有得天独厚的优势。该《条例》的施行,能够有效优化科技成果转化的制度环境,促进建立起科技成果转化的整套服务体系,进而提高科技成果转化效率以及成功率。通过加强知识产权保护和国际合作与交流,上海市可以吸引更多的科技成果和资源,提升科技转化的水平。结合上述地方实际情况,该《条例》明确了科技成果转化的定义和范围,政府和相关单位的职责和责任,建立了科技成果转化服务体系,为科技成果转化提供了制度方面的有力保障。这些规定有助于促进科技成果的转化和应用,推动科技创新和经济发展。

(四)深圳市:《深圳经济特区科技创新条例》

《深圳经济特区科技创新条例》(简称《条例》)经深圳市第六届人民代表大会常务委员会第四十四次会议于 2020 年 8 月 26 日通过,自 2020 年 11 月 1 日起施行。为了赋予科技人员更多的权益和激励,深圳市对《专利法》中关于职务科技成果权属的相关规定进行了变通,并加大了改革力度。

明确赋予科技人员科技成果的所有权或者长期使用权。根据这一《条例》,无论是全部还是主要利用财政性资金取得职务科技成果的高等院校或者科研机构,都应当赋予科技成果完成人或者团队科技成果的所有权或者长期使用权,这是国内首次以立法的形式对科技人员进行赋权。

改变了对科技人员的激励方式。以往的激励方式是"先转化后奖励",而现在调整为"先赋权后转化"。这意味着,在科技成果转化之前,科技人员就已经拥有了科技成果的所有权或长期使用权,以进一步激励他们参与科技成果转化的积极性。此外,《条例》中还明确科技成果完成人或团队持有的份额不低于70%,以确保他们对科技成果的控制权和受益权。

建立了科技成果决策尽职免责机制。为了鼓励高校院所等机构在科技成果转化中采取更果敢的决策,《条例》中指出,只要相关负责人履行了勤勉尽职的义务,严格执行决策和公示等管理制度,并且没有谋取非法利益或者恶意串通,就可以免除其在科技成果定价、自主决定资产评估以及职务科技成果赋权中的决策失误责任。这一机制将有助于消除机构在科技成果转化过程中的决策顾虑,促进科技创新和转化。

同时,深圳市政府也意识到科技创新需要全社会的参与和协作,需要加强知识产权保护、成果转化和人才培养等方面的工作,为科技创新提供良好的环境和条件。该《条例》正是基于此背景而制定的,为深圳市的科技创新提供了法律保障和政策支持,促进了科技创新和经济发展。通过鼓励和培育创新主体,提升了深圳市的创新能力和竞争力,推动了产业升级和经济结构优化。此外,加强知识产权保护和推动科技成果转化也有助于提高科技创新能力,促进科技成果的转化和应用。

三、职务科技成果产权激励相关措施的阶段特征分析

(一)股权期权激励相关措施的阶段性特征

1. 萌芽阶段

2002年,国务院办公厅转发财政部、科技部《关于国有高新技术

企业开展股权激励试点工作指导意见的通知》,提出国有高新技术企业开展股权激励试点。2003 年,科技部提出了高校和科研院所实施股权激励的政策,以增强科技成果转化的动力。自此,股权激励政策不仅在国有企业中得到实施,同时也开始在科研机构和高校中覆盖。到了 2008 年,《国家知识产权战略纲要》的发布进一步推动了股权激励的快速发展,为科技创新和转化提供了更多的动力和保障。

2. 试点探索阶段

2009 年,国务院发布了《关于同意支持中关村科技园区建设国家自主创新示范区的批复》,针对中关村科技园区范围内的高校和科研院所,开展职务科技成果股权和分红权激励的试点。这意味着在特定的区域内,对职务科技成果的股权和分红权激励进行了试点实施,旨在探索和完善股权激励政策的具体实施方式。2013 年,国务院办公厅发布了《关于强化企业技术创新主体地位全面提升企业创新能力的意见》,提出加快完善知识产权入股、股权和分红权等激励机制和管理制度。该意见强调了完善知识产权入股、股权和分红权等形式的激励机制和资产管理制度的重要性,并提出了加快完善这些政策和制度的要求。通过不断完善的政策,股权激励政策得到了进一步的发展和推广,其目的是在激发科技创新的活力,促进科技成果转化和应用,推动经济和产业的发展。

3. 巩固提升阶段

2014 年,在国务院关于落实《政府工作报告》重点工作部门分工的意见中指出,把国家自主创新示范区股权激励、科技成果处置和权收益权改革等试点政策,扩大到更多科技园区和科教单位。同年 9 月,财政部、科学技术部、国家知识产权局发布《关于开展深化中央级事业单位科技成果使用、处置和收益管理改革试点的通知》。2015 年修订的《中华人民共和国促进科技成果转化法》明确将股权激励作为促进科技成果转化的重要激励手段之一。2016 年 11 月,中央办公厅、国务院办公厅联合印发《关于实行以增加知识价值为导向分配政策的若干意见》，旨在解决我国科研人员在实际贡献和收入分配之间不平衡问题，以及长期激励政策如股权激励的缺失和内部激励机制不健全等问题。为了解决这些问题，财政部等三部委联合发布了《关于印发〈国有科技型企业股权和分红激励暂行办法〉的通知》，首次对期权激励的企业类型、期权行权价格及其确定依据、行权条件和行权有效期等环节作出了具体规定。上述规定旨在推动国有科技型企业的股权激励政策，促进企业的科技创新和成果转化，提高科研人员的积极性和创造性。这意味着政府开始采取措施，通过实行增加知识价值的导向分配政策来激励科研人员，并推动科技创新的发展。

总体来看，以上相关法律及政策，明确了科研人员收入分配的激励机制。通过将科研人员的实际贡献与收入分配相结合，扩大了科技成果处置权和收益权的试点范围，完善了对科技成果使用、处置和收益管理等方面的规定，明确了对科研人员进行股权激励的具体方式。这些政策提供了更加具体的指导和管理，有助于促进科技成果的转化和应用，提高科研成果的转化率和收益率，也有助于保障科研人员的权益。

(二)分红激励措施的阶段性特征

1.首创阶段

2009 年，国务院发布《关于同意支持中关村科技园区建设国家自主创新示范区的批复》，该文件同意对作出突出贡献的科技人员和经营管理人员实施多种形式的激励，包括期权、技术入股、股权奖励和分红权等。这些激励措施旨在支持中关村科技园区建设成国家自主创新示范区，并首次将分红作为激励手段与股权等方式并列。分红激励形式的出现，是对科技创新发展的一种重要推动，可以激发科技人员和管理人员的创新积极性和创造力，促进科技成果的转化和应用。与此同时,分红这一激励方式也能够有效吸引更多优秀人才投身园区建设,从而提高园区的创新能力与水平。

2. 辐射扩展阶段

2011年起,分红激励手段开始逐渐辐射至各类企业。国务院及发改委、科技部、工业和信息化部等发布的相关文件中均提及分红激励措施,这些文件将分红激励作用于中央企业管理、老工业基地振兴、中小型企业发展、农村吸引人才、鼓励创新等多种场景。2012年,中国证监会、科技部发布《关于支持科技成果出资入股确认股权的指导意见》,进一步将分红激励措施的适用范围延伸到企业之外的主体。在北京中关村、上海张江、武汉东湖国家自主创新示范区和安徽合芜蚌自主创新综合试验区内,相关的企业、高校及科研院所开始进行股权和分红权激励先行试点。通过将科技成果转化为分红,辐射至各类企业,给予创新者和经营者更多的利益回报,从而激发他们的创新动力及投入更多精力和资源。通过给予科技人才股权或分红权,可以让他们分享科技成果带来的收益,从而吸引更多高素质的人才加入科技创新的过程。

3. 分红内容完备阶段

2016年,北京、上海等地启动科技创新中心建设试点,以项目收益分红和岗位分红等激励手段鼓励创新。在试点地区,采取了多种分红激励方式,如项目收益分红和岗位分红等。通过不同的分红激励方式,可以更好地满足科技创新人才和经营管理人员的需求,提高他们的创新积极性和创造力。分红激励措施可以激发科技创新人才和经营管理人员的创新积极性和创造力。通过给予科技人才股权或分红权等激励措施,可以吸引更多高素质的人才加入科技创新行列,并留住现有的人才。科技成果出资入股、确认股权和分红激励等形式,可以有效提高企业的管理水平和运营效率,提升企业的竞争力和市场地位,为企业发展提供更多的动力和支持。

(三)所有权共有激励措施的阶段性特征

1. 萌芽探索阶段

2012 年 11 月 26 日,国家知识产权局、科技部等 13 部委联合发布《关于进一步加强职务发明人合法权益保护,促进知识产权运用实施的若干意见》的文件。这份文件中明确规定,单位与发明人可以协商达成共同申请和享有专利权或者相关知识产权的协议,也可以由发明人申请并享有专利权或者相关知识产权,而单位则享有免费实施权。这是我国首次明确提出单位和发明人可以约定知识产权归属的部门规范性文件,为职务科技成果权属改革提供了重要的法律支持。

随着时间的推移,职务科技成果权属改革在四川省得到了积极的响应和实践。2015 年,四川省出台了《中共四川省委关于全面创新改革驱动转型发展的决定》,其中明确提出了职务科技成果混合所有的制度。这一制度的提出,为职务科技成果权属的改革开辟了新的思路和途径。

为了进一步推动职务科技成果权属改革的深入发展,四川省科学技术厅与省知识产权局在 2016 年联合发布了《四川省职务科技成果权属混合所有制改革试点实施方案》。根据这份文件,职务科技成果的所有权将实行混合所有制改革,将发明人和单位共同纳入所有权主体范围,从而在所有权结构上实现了一定程度的共享和共赢。这一改革措施的推出,标志着职务科技成果权属改革在四川省推向了高潮,也为全国范围内的职务科技成果权属改革提供了经验和借鉴。

2. 国务院推动改革试点阶段

2017 年 9 月 15 日,国务院发布《关于印发国家技术转移体系建设方案的通知》,明确提出了赋予科研人员横向委托项目科技成果、职务科技成果共有或长期使用权的探索。虽然这一规定目前仅将科研项目科技成果的所有权或长期使用权限定在横向研究项目上,但这一举措已经具有突破性的意义。

为了进一步推动科技成果转化的进程,国务院在 2018 年先后发布了四份文件,分别是《政府工作报告》(2018 年 3 月 5 日)、《关于落实〈政府工作报告〉重点工作部门分工的意见》(国发〔2018〕9 号)、《国务院关于优化科研管理提升科研绩效若干措施的通知》(国发〔2018〕25 号)和《国务院关于推动创新创业高质量发展打造"双创"升级版的意见》(国发〔2018〕32 号)。

这些文件在推进职务科技成果所有权或长期使用权的力度上进一步加大,没有对科研项目成果的后续运用做出过多限定。这些举措旨在赋予科研人员更多的权利和激励,以激发他们的创新热情和积极性,从而促进科技成果的转化和运用。

可以看出,从 2017 年到 2018 年,国务院发布的一系列文件显示出了国家对科技成果转化和运用的高度重视。通过赋予科研人员更多的权利和激励,以及减少对科研项目成果运用的限制,国家正在营造更加有利于科技创新和转化的环境。这些改革措施不仅有利于推动科技创新和经济发展,也将为我国在全球科技创新领域的竞争带来更大的优势。

3. 中央与地方扩大试点阶段

2019 年,国务院办公厅发布《关于印发科技领域中央与地方财政事权和支出责任划分改革方案的通知》(国办发〔2019〕26 号),国家知识产权局也发布了《关于做好第一批知识产权强省建设试点经验与典型案例复制推广工作的通知》(国知办发运字〔2019〕9 号)。这两个文件分别就科技领域中央与地方的财政关系以及推广四川试点经验作出指示,肯定了四川提供的"先确权,后转化"的产权激励形式,并在更大范围推广。海南、青海、陕西等地区也相继出台了地方规范性文件,强调探索"先确权,后转化"的事前产权激励模式,以促进科技成果的转化和应用。例如,2019 年 4 月,西安市印发了《关于落实陕西省支持创新相关改革举措推广方案实施意见的通知》和《西安市落实"以事前产权激励为核心的职务科技成果权属改革"工作方案》,强调探索以事前产权激励为核心的职务科技成果权属改革,探索深化"先确权,后转化"的有效模式。[①]

四、我国职务科技成果产权激励措施存在的主要问题

(一)相关措施发布主体过多,缺乏系统性和权威性

由于职务科技成果产权激励措施种类繁多,且发布实施的主体多元化,其调整范围存在较大的差异,不同类别的措施混杂在一起,难以清晰地识别和统一管理。在不同的企业性质下,产权激励制度的设计受到了不同的影响和制约,其动机也会有所差异。这一点在国有企业和民营控股公司之间体现得尤为明显。对于国有企业来说,由于政策对激励比例和激励收益的限制较多,股权激励不足。政策规定往往对激励比例和激励收益设置了上限,这使得国有企业的股权激励难以达到应有的效果。此外,国有企业还存在着内部人控制等问题,这使得股权激励的设计更倾向于福利型,而不是真正的激励型。相比之下,民营控股公司的股权激励方案设计更加合理。由于政策限制较少,民营控股公司可以更加自由地设计股权激励方案,以达到更好的激励效果。民营公司的股权激励更倾向于激励型,能够更好地激发员工的积极性和创造力。尽管激励措施与市场密切相关,但在设计股权激励方案时,统一概念和调整范围仍然非常重要。这有助于确保制度的一致性,制度的实施以

---

① 唐素琴,卓柳俊,吕霞.我国职务科技成果产权激励相关措施统计分析[J].海峡科技与产业,2019(5):18-22.

及未来的执法和司法统一。通过统一概念和调整范围,可以避免因理解不一致而导致的误解和混淆,同时也有助于确保制度的公平性和有效性。

(二)相关措施偏重宏观政策,配套制度不完善

当前,股权、期权、分红权等激励措施在科技成果转化的应用中,存在着与相关法律制度的衔接与配套不足的问题。一方面,国有资产管理等政策措施与鼓励科技成果转化的制度之间的衔接与配套不够紧密,导致高等院校和科研机构在知识产权转让过程中面临审批程序复杂等问题。另一方面,科研人员以知识产权出资入股或者企业职工以股权形式获得个人奖励时,需要在获得实际收益之前缴纳税款,这在一定程度上影响了科技成果的转化与应用。尽管在2011年之后,科技部等部委出台了一系列的政策,逐步提出了完善股权、期权激励的措施,包括税收政策、奖酬分配等,然而问题是这些政策存在先天的局限性。比如,股权、期权激励政策的适用范围不够广泛,财务制度、国资监管制度、奖酬分配制度等配套措施并未跟上,导致可操作性不足。

另外,股权、期权激励政策的落地并不是一件简单的事,其相关操作细则的完善及调试匹配需要较长的周期。即使是在比较成熟的科技成果入股情形中,股权收益相关联的国有资产管理、税收、工资总额限制等问题,也需要通过多种政策配套予以进一步明确。因此,为了更好地促进科技成果的转化和应用,需要进一步完善相关法律制度,制定更加灵活多样的激励措施,并明确相关政策的操作细则和具体实施方案。同时,还需要加强对相关政策的监管和评估,确保激励措施的有效性和公平性。

(三)股权、期权和分红措施重叠性强,特色不明显

股权、期权和分红是三种常见的职务科技成果产权激励措施,但

它们之间存在着一定的重叠性和特点不清晰的问题。股权做为一种所有权,代表着持有者对公司的所有权和收益分享权,具有长期性和风险性等特点。而期权则是一种权利,它赋予持有人在一定期限内以事先确定的价格购买公司股票的权利,具有选择性和低风险性等特点。分红则是根据公司业绩和利润情况,给予持有人的额外收益,具有短期性和固定性等特点。实践中,由于股权、期权和分红三种激励措施的概念不清晰,在落实相关激励措施时出现了混乱。这三种激励措施都是为了激发员工的积极性和创造性,但是它们的特点和作用是不同的,如果不能明确界定它们的含义,就难以在实践中有效地应用。2015 年修订后的《中华人民共和国促进科技成果转化法》强调了股权激励,这是一个进步。但是,在成果转化中是否涉及期权和分红激励措施,实践中认识不一。如果不能明确界定不同的激励措施的特点,在实际运用中难以有效避免冲突。

因此,为了更好地落实激励措施,需要明确界定股权、期权和分红的特点,并根据实际情况灵活运用这些措施,以实现最佳的激励效果。

第二节　区域集群创新科研成果转化导向与协同

一、区域集群创新现状与科技成果转化存在的障碍

国家发展改革委《关于促进产业集群发展的若干意见》(发改企业〔2007〕2897 号)指出,改革开放以来特别是近年来,产业集群已成为我国区域经济发展的重要产业组织形式和载体。产业的集群化发展由此产生了一种新的创新模式——集群式创新(Clustering Innovation),即以专业化分工和协作为基础的同一产业或相关产业的多家企业,通过地理位置上的集聚,产生创新聚集效应,从而获得

集群创新优势的一种创新组织形式。①产业集群的创新过程是一个复杂的、多因素共同作用的过程，其中涉及集群内企业、科研机构、政府、中介服务机构以及市场环境等多个方面的因素。这些因素不是简单地叠加，而是通过相互影响、相互作用，形成了一个有机协调的整体。企业组成的产业集群内不仅存在大量有创新压力的企业和研究机构，还拥有稳定的促进学习、交流和进步的共生机制。②

2003 年 11 月 2 日，在科技部指导下，上海市、江苏省和浙江省政府相关主管部门共同签署了《沪苏浙共同推进长三角区域创新体系建设协议书》，这是全国第一个省级共建区域创新体系协议，标志着长三角区域创新体系建设正式启动。随着长三角地区产业技术的进步，以块状经济和科技园区为特色的创新集群区域日趋成为区域科技和区域经济发展的空间载体，成为长三角地区最为典型的科技和经济现象。从总体上看，长三角区域内的产业集群大致可分为两大类：一是由传统优势产业和新兴产业发展形成的创新集群，如上海、杭州、苏州等地汽车、钢铁、医药、电子信息、金融集群。二是该区域自发孕育出来的产业集群，这些集群极富竞争力，在全国乃至全世界都具有相当强的竞争优势，其中以浙江块状经济最为典型，如温州的金属外壳打火机占全球市场的 70％、国内市场的 95％，合成革产业占国内市场份额的 70％，皮鞋占 20％，锁占全国市场的 65％以上；绍兴大唐袜业占国内市场的 65％、国际市场的 70％；宁波慈溪目前有 16 家企业在净水器、帘子布、微小轴承等方面为全国第一。③

在长三角产业集群蓬勃发展的同时，也应清醒地认识到区域内协作创新及科技成果转化等方面存在诸多问题与不足。在电子信

---

①　刘友金.集群式创新：中小企业技术创新的有效组织模式[J].经济学动态，2004(5)：40-43.

②　王缉慈.创新的空间——企业集群与区域发展[M].北京：北京大学出版社，2003：12.

③　张仁开."十二五"时期推进长三角区域创新体系建设的思考[J].科学发展，2012(9)：50-59.

息、装备制造等重要产业领域,居于主导地位的大多是外资或合资企业,本土企业基本处于辅助或配套地位。在走过了十多年的合资生产道路以后,两省一市政府及骨干企业都产生了迅速提升产业技术能力的强烈意愿。但是,在建立合资企业时,众多本土企业放弃了技术主导权,致使产品更新、技术升级的目标难以实现。长三角地区在广泛吸收国际产业与技术转移、逐步形成投资和产业集聚效应的同时,并没有建立起与产业规模相对应、拥有自主知识产权的核心技术积累和能力。多数产业的核心技术与装备基本依赖国外,在重大装备制造业中,70%的数控机床、76%的石油化工装备、80%以上的集成电路芯片制造装备、100%的光纤制造装备为国外产品所占领;在通信、半导体、生物等高技术行业,也主要依赖外国公司。电子信息、装备制造、生物医药等产业技术依存度均在60%以上,产业空心化现象严重。尽管两省一市都培育了一些高新技术产业,近几年的专利申请数量也出现增长态势,但体现自主核心技术的发明专利比例很低,体现产业国际技术水准的三方(美国、欧洲、日本)专利不足1%。[①]

二、集群创新成果转化的政府导向要素分析

(一)集群创新中政府的角色定位

任何一个产业集群的健康发展,都离不开市场调节和政府引导的双重作用。[②]尊重市场且具备高度服务性和管理性的政府,对于集群整体创新能力的培育和提高起着至关重要的作用。作为企业集群发展的外部驱动力,各级地方政府应该将相关的治理活动主要定位

---

① 张仁开."十二五"时期推进长三角区域创新体系建设的思考[J].科学发展,2012(9):50-59.

② 仲崇盛.论管理性政府形态的管理模式和理论的演化[J].中国青年政治学院学报,2009(3):72-76.

于有意识地规划和控制集群的发展。尽管产业集群的发展方向和发展速度是由市场决定的,但发达国家的实践也显示,政府在推进产业集群发展中担任不可或缺的重要角色。政府政策与政府管理属于宏观层面的推动因素,包括为产业集群发展提供合理的制度环境和有效的公共服务,通过制定具有针对性的有力政策措施解决产业集群发展中科研成果转化遇到的各类难题。[①]

在科研技术成果转化实践操作方面,地方政府可以充分行使权力,扮演"监护人"的角色。例如,上海的"专利集市"就是由上海市知识产权服务中心和上海市小企业(生产力促进)服务中心等公共服务机构主办的。这个平台旨在为广大的中小企业、创业者和投资者提供专利项目、专利技术、专利产品的交易服务。自2003年7月首次开市以来,每月都会举办一次专利集市,吸引了超过1000项专利项目参与交易。这个典型的事例表明,在集群创新过程中,基于公共服务平台进行市场化运作,同时政府进行适当干预,是政府应有的定位。通过这种方式,政府可以为企业提供必要的支持和引导,同时又不会过度限制市场的自由运作。这种平衡的策略有助于促进科技创新和成果转化,推动地方经济的持续发展。在这个过程中,市场化运作和政府干预的结合是关键。市场化运作可以激发企业的创新活力和市场竞争力,而政府的适当干预可以保证市场的公平性和稳定性。这种模式不仅有助于促进科技成果的转化和产业集群的发展,还可以为地方经济的持续增长提供强大的动力。

(二)集群创新中政府的作用程度

在企业集群发展过程中,建立与完善政府引导机制,将对集群整体创新能力的提升起到强大的推动作用。政府在引导集群发展时,

---

① 陈柳钦.产业集群竞争力问题研究[J].中国矿业大学学报(社会科学版),2009(1):57-64.

应着重吸引具有产业带动和关联效应优势、技术创新扩散能力强的项目进入集群,强化集群企业的分工合作,通过相互依存的产业关联使集群内的企业形成完整的产业价值链。[①]

政府组织成立产学研联合体的目的,就是希望通过企业、研究机构、金融机构和政府机构的紧密合作,使价值链上的所有组织能有效地串联起来,紧扣市场需求,保证资金投入,缩短转化周期。在这一过程中,政府主管机构并不直接参与集群的决策与业务活动。浙江省政府在集群创新中的作用是显著的。浙江省政府通过制定有针对性的政策措施、搭建创新平台、推动产学研合作、加强金融服务和优化创新环境等方式,为集群内的企业提供了全方位的支持和引导,促进了区域内的协同创新和发展。浙江省政府在推动集群创新方面,采取了一系列有针对性的政策措施,例如,出台了《关于加快推进产业集群升级的指导意见》《关于加快科技创新的若干政策意见》等文件,为集群创新提供了政策引导和支持。浙江省政府积极搭建各类创新平台,包括技术研发平台、孵化器平台、人才培养平台等,以促进集群内部的创新互动和资源共享。例如,浙江省政府支持建设了之江实验室、西湖实验室等一批高水平的科技创新平台,为产业集群的科技创新提供了有力支撑。浙江省政府通过实施"科技创新券"等措施,鼓励企业与高校、科研机构合作开展技术创新项目。浙江省政府通过引导金融机构加大对科技创新的支持力度,为集群创新提供资金保障,出台了多项金融政策,鼓励金融机构创新金融产品和服务,为科技创新型企业提供贷款支持,促进科技创新与金融资本的有效对接。浙江省政府注重优化集群创新环境,通过营造良好的法治环境、加强知识产权保护、提供信息咨询服务等措施,为科技创新提供全方位的支持和服务。

---

① 李伟,董玉鹏.论长三角区域集群创新中科研成果转化的政府导向与协同效应[J].中国发展,2013,13(4):82-85.

(三)集群创新政府导向形式

创新可细分为原始创新、集成创新、引进消化吸收再创新,以及知识创新、技术创新、管理创新、方法创新等。将创新演化过程和方式进行细分,有利于将创新理念推向全社会,但易将创新活动"片段化",淡化创造价值的最终目的。党的十八大报告在肯定之前创新发展战略思路的基础上,强调了创新系统内各主体协同的重要性,指出要实施创新驱动发展战略,坚持走中国特色自主创新道路,以全球视野谋划和推动创新,提高原始创新、集成创新和引进消化吸收再创新能力,更加注重协同创新。[①]

各级政府在促进科研成果转化的过程中,可以采取的主要措施包括提供有利于集群创新的政策环境和资金扶持等。通过加大企业集群创新的基础设施投入和创新资源整合力度,为产业集群企业间以及企业与其他机构的创新合作牵线搭桥。政府制定并实施创新成果转化的扶持政策,除财政直接对创新项目的支持之外,还可以实行促进技术创新的金融政策,如金融机构实行信贷倾斜政策等。[②]

浙江省在面对当今产业集群化发展的趋势时,展现出了前瞻性的战略规划和强有力的政策支持,通过合理布局和优化选择,促进了块状经济向现代产业集群的转型升级。例如,杭州市自 2007 年起每年拨款 1 亿元专项资金,以大力支持以装备制造业为代表的新型重化工业的发展。这样的举措显示了政府对产业转型升级的坚定决心和实质性的资金支持。金华市在一年内安排了 1000 万元的专项资金,用于汽车产业的转型升级,以及超过 2000 万元的技术改造贴息资金。这一举措表明了政府对汽车产业的重视和推动其向更高层次

---

①　李伟,董玉鹏.论长三角区域集群创新中科研成果转化的政府导向与协同效应[J].中国发展,2013,13(4):82-85.

②　李伟,董玉鹏.论长三角区域集群创新中科研成果转化的政府导向与协同效应[J].中国发展,2013,13(4):82-85.

发展的决心。舟山市为船舶产业的转型升级投入了大量的资源,每年政府都会拨款 2000 多万元用于支持这一领域的发展,并实施了出口船舶"先退税后核销"的政策,总计先退税 20 亿元。这样的政策为船舶产业提供了实实在在的支持,有助于提升其国际竞争力。黄岩区每年统筹安排 1500 万元以上的模具产业扶持资金,重点扶持黄岩模具产业集群的转型升级工作。这样的举措对于黄岩区的模具产业来说无疑是一股强大的推动力,有助于其在行业中取得更优势的地位。乐清市政府在财政工业发展基金中划拨 1 亿元作为转型升级专项资金,以重点支持工业企业在产品更新换代、关键共性攻坚、公共平台建设、区域品牌创建等方面的工作。这样的举措为乐清市的工业企业提供了强有力的支持,有助于推动其在上述各方面取得突破和发展。

三、关于强化政府在集群创新中协同效应的几点思考

(一)树立以创造价值为根本目的的创新政策导向

树立以创造价值为根本目的的创新政策导向是一个多元化的导向过程。应建立领导联系重点行业、重点项目的集群发展目标管理责任制。这种制度可以确保政府高层对产业集群的发展给予重点关注和支持,也可以加强对产业集群发展情况的监督和评估。应结合地方的实际发展情况和资源条件,加快编制和细化产业集群发展规划和相关配套规划。这些规划应该与土地利用总体规划、城市规划等相衔接,以确保产业集群的发展与地方的整体发展相协调。应制定和落实区域适宜产业集群发展的财政、税收、土地、技改、项目审批等政策,为产业集群内的企业提供实实在在的扶持,鼓励企业加大技术创新投入,推动产业集群高质量发展。应加快制定产业集群发展各方面工作的具体指导意见,包括对产业集群发展的战略规划和政

策支持,以及针对不同行业和项目的具体推进措施。应建立健全的公共服务体系,包括技术研发、人才培养、信息交流、知识产权保护等方面的服务,促进企业之间的互动和合作,提高产业集群的整体竞争力。

(二)建立平等与共赢的科研成果转化利益分配机制

现代社会,要将知识转变为经济价值,越来越依赖多方合作,而平等、共赢是合作成功的重要前提。构建集群是产业发展,尤其是高新技术产业发展的有效模式,有利于价值链上各相关者相互认同、互相合作,有利于人才流动和信息交流。[①]为了营造平等与共赢的科研成果转化利益分配机制,需要建立公平的市场竞争机制和环境,这是保护创新主体的正当权益和创新积极性的基础。政府应该通过制定相关政策和法规,规范市场竞争行为,确保市场秩序的公正性和透明性。同时,政府应该加强技术市场的法规和管理机构的建设,建立健全的知识产权保护体系,加大保护力度,为科技创新提供有力的保障。政府还应通过营造平等与共赢的科研成果转化利益分配机制,促进集群内的合作和创新;制定科学的资源共享和科研成果转化利益分配机制,通过政策引导和资金支持,鼓励企业之间建立合作共享的平台,推动资源共享和转化科技成果。同时,政府应该制定公平合理的利益分配政策,保障各方的合法权益,避免利益冲突和资源浪费。政府需推动平面化管理架构的发展。平面化管理架构是一种去中心化的管理模式,可以促进集群内的企业之间的平等合作和信息交流。政府可以通过支持行业协会、创新平台等组织的发展,推动平面化管理架构的形成和发展,从而促进集群内的合作和创新。

---

① 宣晓冬.挪威发展生物医药的成功经验[J].全球科技经济瞭望,2010(9):64-67.

(三)构建有效的产学研用金政交流合作平台

构建从创新知识成果到获得市场认同的产品价值创造链是实现创新的关键。经验表明,建立高技术产业集聚园区是一种有效的方式。成功的园区一般都能有效组织入驻企业、研究机构、投资机构、中介服务机构,以及产品或服务用户和政府机构开展交流,找到有市场前景的方向开展进一步合作。在北京中关村和上海张江高科技园区,生物医药都是重点发展领域。然而这些园区并未主动组织"产、学、研、用、金、政"之间的交流与合作。这或许是因为园区内多数机构是合同研究组织(Contract Research Organization,CRO),主要承担国外医药、生物技术企业和研究机构的外包任务。政府应当重视支持构建有效的"产、学、研、用、金、政"交流与合作平台,打造本土从知识到产品的价值创造链。当然,不可否认的是,积极主动开展国内国际合作,同样是增强自主创新能力的重要途径。

加强集群创新科研成果转化平台建设。加强技术创新平台的建设,构建产业集群企业技术创新体系。这需要建立行业共性技术和关键技术研发中心、服务中心和产品检测中心,为企业提供技术支持和创新环境。加强融资服务平台和中小企业信用与担保体系建设,改善中小企业融资环境。这可以通过建立行业信息交流、传输和发布平台,为企业提供生产资料、产品咨询、人才流动、市场行情等信息服务和信息咨询,帮助企业提高融资能力和信用水平。集群创新科研成果转化公共服务平台的建设重点应是构建由企业、高校、科研院所、金融机构、中介服务机构、政府机构等组成的一体化交流合作网络或联盟,而不是流于形式的"网站"建设。

第三节　知识产权强国战略与基层创新举措

一、知识产权强国战略与区域经济发展

(一)知识产权强国战略市质分析

知识是人们在社会实践活动中所获得的认识与经验的总和,是人们劳动与认识的结晶。随着信息科技、生命科学和材料科技的飞速发展,人类社会正在从工业时代向知识经济时代迈进。在新时代,脑力劳动在创造价值和财富方面正逐渐占据主导地位,而"知识驱动"已成为推动社会创新和发展的主要动力。知识已经超越了资本和自然资源,成为推动人类发展的重要因素,同时也成为了社会经济发展的关键战略资源。在创造财富的过程中,知识产权作为一种策略性资源和竞争工具,发挥着举足轻重的新角色。知识产权的保护与运用,对于促进创新、推动经济发展以及维护国家利益具有至关重要的意义。在知识经济时代,知识产权已成为企业核心竞争力的重要组成部分,也是企业实现可持续发展的关键因素。①

一般认为,知识产权是指在科学、技术、文化、艺术、工商领域内,创造性智力成果完成人或工商业经营活动中的工商标志所有人依法享有的权利,包括专利权、商标权、著作权等。②随着世界知识产权保护呈现日益强化的趋势,知识产权保护的范围在扩大,保护的客体在丰富、增加,如技术标准、商业方法、网络技术、传统知识、民间文艺、

---

① 　[美]凯文·G.里维特,戴维·克兰.尘封的商业宝藏——启用商战新的秘密武器·专利权[M].陈彬,杨时超,译.北京:中信出版社,2002:43.
② 　冯晓青,唐朝华.知识产权法学[M].长沙:湖南大学出版社,2004.

遗传资源等逐步列入其中。①知识产权制度的核心目标是保护创新者的权益,激励他们将创新成果商业化,通过给予创新者对其发明和创造成果的专有权,使他们能够从其创造中获得经济回报,从而有更大的动力去进行更多的创新。知识产权与经济密不可分,其产生的基础、效用及价值与商品属性,都折射出经济的本质。②

知识产权的本质是一种经济和商业权利。③在如今的知识经济时代,各国之间的竞争归根结底主要是知识产权的竞争,世界各国对本国利益的追求以及与他国利益的不断博弈,推动了国际知识产权制度的不断发展,同时,科学技术的突飞猛进促进了知识产权制度的不断变革与完善。

知识产权制度具有双重性。一方面,它赋予拥有者对某一知识的独家利用权,这可能会导致已产生的知识无法得到充分利用。例如,专利权厂商的垄断经营可能会导致产品产量过低、价格过高。然而,如果取消对权利的独占性,通过充分的竞争,产品供应量会增加,价格会下降,从而使消费者的福利将得到提升。因此,知识产权的独占性可能会使整个社会丧失一部分本可以获得的福利,这被称为知识产权制度给社会带来的"静态效率损失"。另一方面,这种"静态效率损失"相对应的是为社会带来的"动态效率收益",即知识产权的垄断虽然可能导致静态福利损失,但同时也会激励更多的创新在未来产生。

知识产权制度对区域经济发展产生了积极的影响。在许多地区,知识产权已经成为一种重要的战略资源,对于当地经济的发展起到了重要的支撑作用。知识产权制度的有效实施,可以促进企业创

---

① 刘长威.知识产权保护与自主创新的关系[J].科技管理研究,2008(12):448-452.
② 王景,朱利.知识产权经济性质的探讨[J].昆明理工大学学报(社会科学版),2004(2):33-36.
③ Robinson P. Competing in the Global Economy—the Innovation Challenge[J]. IEE Seminar on Innovation for High Value Adding Manufacturers,2004:7-8.

新能力的提高,推动科技成果的转化和应用,从而带动区域经济的
发展。

(二)宁波开展知识产权运营的需求分析

2017 年,包括宁波在内的八个城市入列知识产权运营服务体系
建设重点城市名单。开展知识产权运营服务体系建设,是深入贯彻
落实《国务院关于新形势下加快知识产权强国建设的若干意见》(国
发〔2015〕71 号)和《国务院关于印发"十三五"国家知识产权保护和
运用规划的通知》(国发〔2016〕86 号)的扎实一步,对于促进知识产
权与创新资源、金融资本、产业发展有效融合,具有重要的典型示范
意义。

第一,建设知识产权运营服务体系,有利于形成开放创新发展新
格局。宁波外向型经济发达,是我国实施"一带一路"倡议、参与国际
竞争、实现全球资源配置的前沿阵地。"十二五"期间,宁波累计批准
境外企业和机构超过 1000 家,占浙江全省总量的三分之一左右,成
为全国第四个境外中方投资超过百亿美元的副省级城市。目前,宁
波众多企业以股权收购、技术合作、专利购买等方式引进并购大量国
际高端创新要素,在汽车电子、工业机器人、永磁电机等产业领域实
现了重大突破,成为全国跨国技术并购最活跃区域之一。在宁波开
展知识产权运营服务体系建设,可以进一步发挥宁波连接国际国内
资源的开放优势,在市场导向、产业导向引领下,配置全球创新资源,
培育、引进高价值专利及其组合,有利于在全国范围内率先示范以知
识产权为核心资源引领开放创新发展的新格局。

第二,建设知识产权运营服务体系,有利于推进以知识产权为引
导的制造业跨越发展新机制,为"中国制造"战略突围提供知识产权
新路径。宁波是我国重要的制造业大市,在全国率先建立了门类齐
全的现代制造业体系,形成了传统优势产业和高新技术产业齐头并
进的发展格局,特别是在新材料、高端装备、新一代信息技术等优势

领域培育了一大批在国内外有较高知名度、较强竞争力的知名企业和名牌产品。2016 年宁波实现规上工业总产值超过 1.4 万亿元,居副省级城市第四位。宁波已经成为全国最大的石化产业基地和新材料产业基地、全国四大家电生产区之一和三大服装产业基地之一,拥有汽车制造、纺织服装、家用电器等八大千亿级产业。在 2016 年,宁波相继获批了国家首个"中国制造 2025"试点示范城市和国家首批科技成果转移转化示范区。2017—2019 年,宁波投入超过 100 亿元打造具有国际竞争力的制造业创新中心,为"中国制造"战略突围提供强大支撑。在宁波建设知识产权运营体系,可以充分利用宁波制造业发展优势,及其区域内大量知识产权储备和知识产权运用需求,推进重点产业领域知识产权运营,有利于加快形成"产、学、研、金、介、用"深入融合的关键技术知识产权创造体系[1],加快培育高价值专利组合、加快高价值专利组合转化运用,为我国率先突破优势产业关键核心技术、提升产业国际化发展水平、实现制造业跨越发展提供知识产权路径和保障。

第三,建设知识产权运营服务体系,有利于推进民间资本投入知识产权运营发展新模式,打造知识产权资本化示范样本。宁波拥有庞大的民间资本,2021 年宁波规模以上工业中民营企业增加值增长 13.0%,拉动规上工业增加值增速 7.5 个百分点,贡献率达 62.8%;民营企业进出口额占全市外贸比重达 70.4%;民间投资占全部固定资产投资的 58.1%,拉动投资增长 5.2 个百分点,贡献率为 47.1%。[2]这些民间资本的投入对于促进当地经济发展和提升市场活力起到了重要作用。同时,政府对于民间投资的支持和引导也是促进经济发展的关键因素之一。近年来,宁波相继获批国家首个保险创

---

① 俞科锋.强化高端装备制造产业集群下的知识产权联盟建设[J].中国质量监管,2022(4):76-78.

② 谢斌.18 家甬企入围中国民营企业 500 强[N].宁波晚报,2022-09-08(A3).

新综合试验区和国家促进科技与金融结合试点城市,积极引导民营企业和民间资本投资知识产权产业化、投资创新创业成效显著,初步建成集"天使投资、知识产权质押、科技信贷风险池、专利运营基金、专利拍卖、专利保险、知识产权股权投资"等一体的多层次知识产权运用体系。在宁波建设知识产权运营体系,有利于发挥宁波民营经济特色、民间资本充裕优势,以及保险创新、科技金融等各项试点示范的政策叠加效应,加快将民间资本转化为知识成果产业化的运营资本,实现"资本"对接"知本"。

第四,建设知识产权运营服务体系,有利于形成知识产权支撑创新驱动发展新思路,为创新资源相对薄弱地区先行先试。在经济发展进入新常态、新产业与科技革命不断孕育突破的背景下,宁波经济社会发展进入转型升级关键期。从政府到企业,对以知识产权为支撑的创新发展的需求,比以往任何时期都强烈。在这一关键时期,宁波亟须以知识产权运营为引导,强化竞争优势、补足发展短板,推动宁波经济发展适应新常态、引领新常态。

二、区域知识产权运营要素分析

(一)转化平台要素

基于协同创新思维,创建全国首个聚焦专利成果与市场对接的"高校概念证明中心"(简称"中心")。"中心"定位于促进高校专利成果转移转化,主要帮助解决高校专利成果与可市场化产品之间的空白,连接研发活动与产品开发,为高校科研项目提供种子资金、商业顾问、创业教育等个性化的支持。

建设该"中心",主要是通过高校科技成果转化中心、孵化器、知识产权服务机构、律师事务所等多方深入合作的方式进行,其目标是成为宁波"科技成果从实验室走向市场应用的中转站",立足长三角地区,通过互联网辐射全球,有效促进宁波本地大学衍生企业的发展,最终成为全国范围内有影响力的高校科技成果催化中心。具体工作方法包括:提升高校校园创业项目和团队的数量和多样性;"中心"做为最早期的孵化器,帮助早期创业者(高校教师或学生等)组建团队并完成初步的开发运营,寻找天使用户,帮助其进行下一轮天使融资,并对接优质的本土创业服务机构(平台)资源。提升校园创业的质量。"中心"通过提供联合办公场地保证团队项目的安全性,通过提供早期小额资助帮助创业者进行招聘和推广、补齐团队缺少人员、产品推广及用户获取等。通过导师对接可以借助导师的经历和人脉关系,补齐团队经验不足的问题。

以转让、许可、诉讼等为主的知识产权运营服务,通过设立种子基金,在帮助打造高水平创业项目和创业团队的同时,获取专利并形成高价值的专利组合,然后通过许可、转让以获得收益。运营之专利可来自高校托管、创业团队和项目,也可以来自直接购买或与项目团队、科研院所进行联合开发等,即可以是来自全球专利资源的整合和收购,三年可以达到运营 1000—2000 项专利之目标。其他资金可来源于金融投资基金、实体企业、私募基金及个人投资者,高效的专利运营需要强大的资金支持。专利整合过程是通过自创、收购和合作三种方式,创建具有完全经营权的专利池,然后可以通过专利出资、专利许可或转让的方式开展全球范围内的专利运营。

(二)战略决策要素

升级形成全国顶尖知识产权运营专业高端智库。在既有知识产权学科机构建设工作基础上,与中国社科院等国家级高端智库机构、高校科研院所合作,广泛吸纳知识产权理论研究领域专家,形成专业化的知识产权运营国内顶尖智库,开展知识产权运营方面重大疑难问题与对策研究,积极解决知识产权运营服务过程中遇到的难题,并提出系统化解决方案。

知识产权运营高端智库建设,主要应在全国范围内聚合产业研究专家、技术专家、法律专家,形成知识产权运营高端智库,立足宁波区域经济发展实际情况,摸清宁波现有产业技术发展优势与特征,评估知识产权应用于不同产业的可行性及其潜在价值,设计知识产权运营制度规范体系。

第一,知识产权运营服务业态研究。结合区域经济特色和中小企业创新发展需要,以现有知识产权服务基地和平台为基础,整合各类型知识产权资源,提供知识产权检索、交易、维权、规范化管理等共性服务和个性专利地图、专利战略分析、版权监测与保全等专业特色服务,积极构建打造可持续发展的现代服务创新业态。

第二,知识产权服务标准规范研究。以当前该领域的技术发展需求为依据,结合该领域国内外的研究成果,开展国内外知识产权服务标准规范现状和趋势研究,建立知识产权信息加工和服务标准规范体系。以知识管理为理论切入点,系统研究与知识产权相关的数据交换、安全运行、服务流程等相关标准规范。

第三,知识产权专家和知识社区系统建设研究。围绕代理人、分析师、律师、评估师等知识产权服务专家联盟团队,研发知识产权专家咨询和知识社区系统,提供即时通信、专家咨询、虚拟联盟、周边知识等服务。支持企业开展知识产权共享,实现产业网络内企业知识的整合和协同,提升技术互补能力,促进行业标准的形成。

(三)协同创新要素

主导建设一个服务宁波区域经济发展的紧密型特色产业知识产权联盟。结合宁波"3511"中长期产业发展规划,发挥宁波高校、科研机构在相关领域的科研优势,瞄准宁波重点特色产业,以培育高价值知识产权组合为近期目标,联合国内知名企业、研发机构,以及产业链上下游企业和科研院所等实体,推进建设重点产业领域专利池,最终形成优势特色产业知识产权联盟,作为知识产权运营的市场主体。

建立重点优势产业领域知识产权联盟,旨在促成企业、行业组织、研究机构和政府相关部门汇聚资源、互相协作、有序发展,加强专利信息深度挖掘,开展产业专利导航分析、知识产权分析评议、专利技术预见等前瞻性研究,编制产业专利信息分析报告,引导专利创造和集聚。依托联盟组织,提高技术标准的参与率、提高技术专利的产出率、提高标准化和知识产权的经济贡献率,利用知识产权和标准化手段提高重点优势产业在国内外市场的核心竞争力,帮助企业做大做强。

三、区域知识产权战略实施绩效评价研究

(一)国内外研究现状

最早的知识产权保护量化研究,是使用专利法作为知识产权保护的替代指标,将 159 个国家的专利法律强度按 0～5 的等级进行划分。[①] 对知识产权保护的评价,一般使用美国商会的最低标准,利用专家调查的方法将其知识产权保护因子按 0～3 的等级进行划分,在分析中设定了专利、版权、商业秘密和商标 4 个变量。[②] 还有学者结合个人经验和专家调查提出了第三种知识产权保护的评价方法,18 个国家的知识产权保护得分范围为 0～103,主要评价因子包括执法力度指标、行政管理指标、实体法指标(包括专利、版权、商标、商业秘密、植物新品种)、国际条约指标和公共义务指标。[③] 利用内容分析方法评价各国的知识产权保护力度也是有效路径之一,强

① Rapp R T,Rozek R P. Benefits and Costs of Intellectual Property Protection in Developing Countries[J]. Journal of World Trade,1990,24(5):75-102.

② Seyoum B. Patent Protection and Foreign Direct Investment [J]. Thunderbird International Business Review,2010,48(3):389-404.

③ Sherwood R M. Intellectual Property Systems and Investment Stimulation: The Rating of Systems in Eighteen Developing Countries[J]. The Intellectual Property Law Review,1997,37(2):261-371.

调进行知识产权保护的量化评价时,该方法强调考虑法律和法律的执行两个因素。[①]

在瑞士洛桑的《世界竞争力年鉴》科技国际竞争力指标体系中,包括五个子体系,即 R&D 支出、R&D 人员、技术管理、科学环境与知识产权。2004 年,日本经济部产业政策局发布了一份《知识产权战略评价指标》的报告。该报告引用了瑞士《世界竞争力年鉴》中的一些主要知识产权指标,并设定了三组指标来衡量知识产权的产出和经济产出的重要性。根据报告,研究开发投入、知识产权产出和经济产出都被假定为具有相关性,并且知识产权会对经济产生影响。[②]

国内有学者提出了一个评价知识产权战略绩效的评价指标体系,该体系包括五个方面的指标,分别是人才战略、实施战略、保护战略、管理战略和创造战略。这个评价体系旨在全面地评估知识产权战略的有效性和实施成果,以便更好地优化和改进相关政策和措施,促进知识产权的保护和管理,进一步提高国家和社会在创新和经济发展方面的竞争力。[③]技术创新能力、知识产权意识和知识产权实施是显著影响知识产权发展的重要因素,并且技术创新能力是最根本的要素。[④]区域知识产权战略绩效评价指标体系的特色是竞争国际化、产权价值化、管理规范化和激励分层化。[⑤]

---

① Ostergard R L Jr. The Measurement of Intellectual Property Rights Protection [J]. Journal of International Business Studies,2000(31):33-36.

② 陈昌柏.借鉴国际经验设置我国知识产权战略评价指标[J].中国发展观察,2007(5):12-13.

③ 易玉.建立知识产权战略绩效评估指标体系的思考[J].知识产权,2007(1):32-36.

④ 赵莉晓,马虎兆,陈兵.环渤海区域知识产权现状评价[J].科技进步与对策,2007(8):8-12.

⑤ 黄永春,杨晨.企业自主知识产权名牌运营机理的理论探究——基于品牌竞争力理论[J].科技进步与对策,2009,26(3):28-31.

(二)区域知识产权战略实施绩效评价的必要性分析

进入 21 世纪,知识产权越来越成为增强一国综合实力、维护国家利益和经济安全的战略性资源,是评价一个国家、地区、行业、企业和组织的科技创新能力与核心竞争力的重要指标。《国家知识产权战略纲要》在 2008 年颁布之后,为充分发挥知识产权工作在提升区域知识产权能力和培育区域核心竞争力方面的积极作用提供了指引。

2001 年,宁波入围全国专利工作试点城市,同年出台了《加快专利工作促进技术创新的若干意见》,第一次明确提出实施专利战略;2006 年在《关于推进自主创新建设创新型城市的决定》中,明确提出实施专利、标准和品牌三大战略;2007 年 10 月,宁波被国家知识产权局批准为国家知识产权示范城市创建市,并于 2010 年年初通过国家知识产权局验收,成为全国知识产权工作示范城市。近年来,宁波一直认真贯彻落实《国家知识产权战略纲要》,将知识产权的创造作为技术创新的重要目标导向,将加强知识产权保护作为激发创新积极性和创造性的关键环节。通过这些举措,宁波在知识产权保护和管理方面取得了显著成效。2009 年,《宁波市知识产权战略纲要(2009—2020)》颁布,其中明确提出,要对宁波知识产权战略进行定期评估。

"十四五"时期,宁波知识产权综合能力显著增强,截至 2020 年,宁波市每万人发明专利拥有量达 32.5 件,是 2015 年的 1.8 倍。"十三五"期间,PCT 国际专利申请量 1419.0 件,是"十二五"时期的 2.2 倍。截至 2020 年,宁波累计拥有有效注册商标 32.5 万件,马德里商标国际注册 1115.0 件、地理标志商标 36.0 件、地理标志产品 19.0 个,区域公用品牌 19.0 个,各项指标均处于浙江省首位;宁波已形成覆盖多领域、多层次的知识产权政策体系,制定出台《关于全面加强知识产权工作的实施意见》《宁波市知识产权区域布局试点实施方案》《宁波市知识产权运营服务体系建设实施方案》等政策文件；宁波已初步形成覆盖知识产权创造、运用、保护、管理全生命周期的知识产权服务体系。

（三）区域知识产权战略实施绩效评价主要内容

本书从区域层面入手，以区域知识产权战略纲要中的相关指标与国民经济指标之间的关系为依据，在多方访谈和问卷调查基础上，以客观性为指导原则，构建全面系统的区域知识产权战略实施绩效评价指标体系。

本书采取由点到面的推进方式，以宁波知识产权战略实施绩效为实证研究对象，通过对宁波知识产权战略运行绩效数据进行有效处理和分析，以因子分析、聚类分析、主成分分析和比较分析相结合的方法最大程度地利用评价指标的隐含信息，构建科学的知识产权战略实施评估标准体系和完整的评估方案，有效推进宁波创新型城市建设，并且为我国其他区域的知识产权战略实施提供有益参考。

1. 国内外区域知识产权战略绩效评价现状

对国内外区域知识产权战略实施状况及运行绩效评价文献进行系统性的梳理，借鉴其经验，并针对存在的问题和不足，探寻本书的创新研究方向。

2. 区域知识产权战略评价指标体系构建

在梳理与总结相关文献的基础上，针对我国区域知识产权战略实施的实际状况，首先，将知识产权创造、保护、运用、管理和服务绩效设为一级指标，筛选影响区域知识产权战略绩效评价的相关因素，确立评价指标体系框架；其次，针对指标体系的科学性、合理性和准确性，广泛征求意见，进行及时调整，以便进一步调整指标体系；最后，设计调查问卷，选择调研对象，进行问卷调查，对指标体系进一步加以取舍和补充完善。

3. 区域知识产权战略运行绩效评价方法选择与综合评价

在比较相关绩效评价方法的基础上，针对区域知识产权战略运行的特点，选择因子分析法、聚类分析法和主成分分析法作为区域知识产权战略运行绩效的评价方法。

4. 基于区域知识产权战略运行绩效评价实证分析

本书基于宁波知识产权战略实施状况，根据确立的指标体系和评价方法，通过调研搜集相关翔实数据，运用 SPSS 工具及相关理论分析，对宁波区域知识产权战略运行绩效进行系统性的评价，并对评价结果进行分析，获取战略运行过程中存在的问题和不足。

5. 宁波与长三角部分地区的知识产权战略运行绩效比较

针对宁波知识产权战略实施绩效，有重点、有目标地选择长三角地区的上海、杭州、南京和苏州四个地区作为比较对象进行绩效比较，找出宁波知识产权战略运行中的差距和未来重点努力的方向。

6. 宁波市实施知识产权战略的对策与建议

针对实证研究和比较研究中发现的宁波知识产权战略实施中存在的问题，在政府、企业、服务中介和社会四个层面提出对策建议，并根据国外先进地区实施知识产权战略的经验，有针对性地提出对策与建议。

(四)风险与不确定性控制

1. 数据获取数量、质量以及真实性风险与控制

在对区域知识产权战略进行评价的过程中，可能存在的风险和不确定性来自区域知识产权战略运行绩效数据的获取。由于知识产权战略的运行绩效涉及多个方面，包括知识产权的创造、保护、运用和管理等，因此需要收集大量的数据来反映这些方面的实际情况。然而，由于知识产权战略的运行涉及政府、企业、科研机构等多个主体,数据的收集和整理难度较大,问卷发放与回收质量以及范围会对指标精度产生一定影响。数据真实性的问题也是影响评价结果的重要因素。在收集数据的过程中,需要确保数据的真实性和准确性,避免虚假数据对评价结果的影响。这需要采取一些措施,比如加强数据的审核和验证,确保数据的来源可靠。

针对以上问题,应该充分利用知识产权数据库的信息资源,获取全面的知识产权战略运行绩效数据,并确保数据的真实性。在具体操作上,可以采取以下措施。

建立完善的知识产权数据库。政府可以牵头建立知识产权数据库,将各类知识产权数据整合在一起,包括专利、商标、著作权等。同时,也可以引入市场机制,鼓励企业和社会组织建立和完善知识产权数据库,实现数据的共享和利用。

加强数据收集和整理工作。政府和企业应该加强合作,共同开展数据收集和整理工作。政府可以通过制定相关政策和措施,鼓励企业提供知识产权数据,并对数据进行审核和验证。企业应该积极配合政府的工作,提供真实准确的数据。

加强数据安全保障。在数据收集和利用过程中,应该加强数据的安全保障措施,防止数据泄露和被篡改。同时,应该加强对所获取的知识产权数据的备份和恢复工作,确保数据的完整性和可靠性。

2. 评价方法选择风险与控制

数量统计与实证研究是评价区域知识产权战略运行绩效的重要方法,但是这些方法也存在一定的风险和不确定性。为了规避这些风险,需要采用多种评价方法,并将理论与实务相结合、多学科理论方法与研究方法交叉使用,从而得出科学合理的评价结果。在具体操作中,可以采取以下措施。

综合使用多种评价方法。在评价区域知识产权战略运行绩效时,可以综合使用多种评价方法,如文献分析法、访谈法、问卷调查法、因子分析法、聚类分析法、判别分析法、对应分析法等。这些方法各有优劣,适用于不同的评价目的和场景。通过综合使用多种方法,可以更全面地了解区域知识产权战略的运行情况,从而得出更准确的评价结果。

理论与实务相结合。在评价过程中,需要将理论与实务相结合,即通过理论分析和实践经验相结合来指导评价工作的开展。理论分析可以帮助我们深入理解知识产权战略的内涵和外延,而实践经验则可以帮助我们更好地掌握实际情况,从而更准确地评价绩效。

多学科理论与研究方法交叉。知识产权战略涉及多个学科领域,如法律、经济、管理、科技等。因此,应从不同角度寻找并应用合适的评价方法。通过综合运用不同学科的理论和方法,可以更全面地了解知识产权战略的运作机制和影响效应,从而得出更准确的评价结果。

对于宁波来说,在建设知识产权强市的过程中,需要重视数量统计与实证研究在评价区域知识产权战略运行绩效中的作用。同时,也需要采用多种评价方法,并将理论与实务相结合、多学科理论方法与研究方法交叉使用,以提高评价的科学性和准确性。此外,还需要加强知识产权数据库建设,提高数据的质量和完整性,为评价工作提供可靠的数据支持。

3. 推广应用风险与控制

在构建一套完整的知识产权战略实施评估方案和评估指标体系的过程中,需要注意推广应用方面的风险。为了确保项目成果既有理论深度,又有较高的应用价值,可以在实证分析对象和组成成员方面进行如下操作。

首先,在实证分析对象方面,我们可以侧重于选取一些典型调研单位,这些单位可以是具有代表性的企业、科研机构或行业协会等。通过选择具有代表性的调研对象,我们可以更好地了解知识产权战略在实际应用中的效果和问题,从而更准确地评估实施效果。同时,我们还需要注重调研及数据搜集对象的广泛性,扩大成果应用范围,使得我们的评估方案和指标体系能够适用于不同类型的单位和机构,具有更强的普适性。

其次,在组成成员方面,我们可以考虑将知识产权管理部门的专家纳入我们的团队。这些专家对知识产权政策和法规有着深入地了解,可以帮助我们在项目建设过程中提供全程项目指导和可行性分析。此外,他们还可以为我们提供宝贵的政策建议和意见反馈,使得我们的评估方案和指标体系更符合实际需求,更具应用价值。

最后,可以通过在宁波市范围内逐步推广我们的项目成果来扩大其影响力。在推广过程中,我们可以采取多种方式,如组织培训、发布指南和宣传材料等,以帮助更多的单位和机构了解并应用我们的评估方案和指标体系。同时,我们还可以与政府部门、行业协会等开展合作,共同推动知识产权战略的实施和发展,为宁波建设知识产权强市提供有力的支持。

综上所述,通过在实证分析对象和组成成员方面的精心设计和安排,我们可以构建一套既有理论深度又有较高应用价值的完整的知识产权战略实施评估方案和评估指标体系。这样的方案和体系可以帮助我们更好地了解知识产权战略的实施情况,发现和解决实施过程中遇到的问题,为宁波知识产权强市建设提供有益的参考和指导。

第六章

基层营商环境法治保障

第一节　基层产业发展促进政策的协同
——以宁波市为例

一、区域产业集群发展存在的问题与立法对策

（一）宁波市先进制造业产业集群发展概况

先进制造业，是相对于传统制造业而言的，专指不断吸收电子信息、计算机、机械、材料以及现代管理技术等方面的高新技术成果，并将这些成果综合应用于产品研发设计、生产制造、在线检测、营销服务和管理的全过程，取得正向经济社会和市场效果的制造业。先进制造业是信息化、自动化、智能化、柔性化、绿色化生产的集成产业。全球范围内的制造业长期以来都在追求制造技术先进、制造模式先进、制造组织先进，绿色制造、智能制造、服务型制造开始从理念走向

现实。

制造业是我国国民经济的重要支撑。2015年,我国制造业产出占世界比重达到22.0%,连续六年保持世界第一大制造业大国地位,但我国还远不是制造强国。当前,制造业中土地、劳动力等禀赋条件由宽松趋紧,资源、能源的对外依赖不断提高,国际经济景气周期波动对我国的影响加剧,传统的投资刺激型产业促进政策效果也在减弱,制造业发展正面临前所未有的压力。但同时,经过多年努力,我国制造业在一些方面的技术水平与发达国家之间的差距大为缩小,制造业转型发展面临难得的机遇。未来10年是应对上述冲击和机遇的关键时期,我国如何作为,事关我国能否突破制造业发展要素与环境约束、实现从制造业大国向制造业强国的重大转型。

宁波是计划单列市和长三角南翼的经济中心,制造业基础扎实、战略定位清晰,在工业化与信息化深度融合等方面取得了突出成效,是国内具有较强代表性的制造业大市。2022年全年,宁波实现工业增加值6681.7亿元,比上年增长3.3%,规模以上工业增加值增长3.8%,其中民营企业增长5.4%,位居浙江省前列。[①] 宁波目前已拥有石化、汽车、纺织服装、电工电器等八个超千亿的优势产业集群。在高端机械、时尚服装、智能家电、成套自动化(智能化)装备以及轴承、紧固件、气动元器件等高端基础件方面具有一定领先优势。

总体而言,制造业是宁波经济的支柱产业,是支撑宁波经济增长的重要引擎,是引领宁波科学发展、率先发展的强劲动力,宁波有基础、有能力抢抓先进制造业发展机遇,也应当在先进制造业发展谋篇布局、环境营造方面抢占先机。早在2001年,宁波市委、市政府就做

---

① 宁波市统计局,国家统计局宁波调查队.2022年宁波市国民经济和社会发展统计公报[EB/OL].[2023-02-28](2023-07-01).http://tjj.ningbo.gov.cn/art/2023/2/28/art_1229042825_58918051.html.

出了打造华东地区重要的先进制造业基地的战略决策,特制定了《宁波市先进制造业基地建设规划纲要》,提出"构建沿湾、沿海、沿路三大产业带,做大临港型重化工业,做优高新技术产业,做强传统优势产业等三大产业群,高标准建设八大制造业基地"。

党的二十大报告强调,"坚持把发展经济的着力点放在实体经济上""推动制造业高端化、智能化、绿色化发展"。制造业是宁波的根基和护城河,实现制造业高质量发展是推进"两个先行"的关键所在。当下,随着新一轮科技革命和产业变革,推动制造业高端化、智能化、绿色化发展是总的方向,而其具体路径是多元的,需要积极探索实践、找准推进路径。宁波制造业基础雄厚,工业规模位居全国城市第七名,特色产业基地和专精特新"小巨人"企业的数量分别位居全国城市第一名和第三名,有110家企业主导市场占有率位居全球第一。[1] 作为我国产业基础高级化的先导区,宁波在全国率先制定出台《宁波市推进产业基础高级化实施方案(2021—2025年)》,产业基础规模效应显著,在关键基础零部件、关键材料和关键工艺等领域取得突出成果。在我国制造业由大变强的关键时期,宁波需紧紧围绕国家产业基础高级化的战略布局,实施产业基础再造工程。[2]

随着全球新一轮科技革命和产业变革与国内经济发展新常态的不断交汇,宁波创建我国首个"中国制造2025"试点示范城市,这是宁波借机借势借力推进转型升级、实现跨越发展的重大机会。目前,宁波制造业发展所面临的环境比较复杂,产业竞争加剧,资源环境约束趋紧,制造业增长速度正逐渐从高速增长向中高速增长转变,产业结构正在从中低端为主向中高端延伸。

---

① 齐旭.2022国家制造强国建设专家论坛在宁波召开[N].中国电子报,2022-07-29(1).
② 王嘉箐.全力提升宁波制造业创新水平[N].宁波日报,2023-03-20(A6).

（二）宁波市先进制造业产业集群发展存在的问题及原因分析

宁波的制造业产业集群在过去的几十年中经历了从无到有、从小到大的发展过程。在传统制造的基础上，它们已经成功地升级到先进制造的水平，这一成就来之不易。尽管如此，仍需要高度关注宁波市先进制造业产业集群在成长、发展和壮大的过程中所面临的挑战和困境。

第一个问题是"小而不壮"。近几年的经济统计和经济质量运行监控结果显示，宁波现有产业集聚区数量相对较多，空间布局较为分散，集约集群程度较低。2013年，宁波的工业集聚区数量达到了141.0个，但只有四个的产值超过500.0亿元。这种状况主要是由宁波市县的行政和财政分级管理体制所致，这种体制下，产业集聚区在各地大量涌现，但市级层面对于各级各类产业集聚区的规划布局、统筹力度和调控能力相对较弱，缺乏有效的政策来处理"小而不壮"的问题。

第二个问题是"小而趋同"。产业集聚区中占据主导地位的大多为中小企业，它们的组织化程度不高，缺乏自主品牌和研发技术。这导致了本应追求差异化发展的集聚区之间出现了严重的产品同质化现象。据相关数据显示，部分县（市）区产业集聚区所吸纳的新装备产业、汽车及零部件产业、电工电器产业的同质化率分别达到了81.0%、56.0%和56.0%。如果这种情况长期存在，将严重影响先进制造业产业集群的健康发展和提升。宁波制造业与国内外制造业发达城市相比，仍未摆脱依靠资源等要素驱动的粗放型发展方式，先进制造业发展的动能不足，企业经营成本压力依然较大，传统产业智能化升级改造的任务依然艰巨，产业创新发展能力、融合发展能力、绿色发展能力亟待提升，构建制造业发展良好生态环境依然需要艰苦努力。具体如下。

1. 产业结构亟须转型升级

产业重型化特征较为明显,"宁波制造"仍多处于低附加值环节,科技含量低、质量效益低、资源要素投入大、对经济周期依赖程度高、战略性新兴产业成长不快。2015 年,宁波规模以上工业企业实现工业总产值 14440.2 亿元,同比增长 5.0%;综合等价能耗 2640.7 万吨标准煤,同比上升 8.1%,化石能源消费比重依然偏高。2016 年,宁波规模以上工业企业中,战略性新兴产业、高新技术产业、装备制造业的增加值分别为 484.5 亿元、1153.7 亿元和 1319.9 亿元,分别增长 10.4%、9.1% 和 11.1%,与长三角其他同类城市相比,尚有落后。产业构成低小散,缺乏大企业大集团,产业链投资项目总体不多,产业集群发展水平有待提高。以宁波家电产业为例,尽管整个产业规模大(浙江省经信委公布的 2016 年度全省成长型中小企业名单中,宁波入选 290 家,数量列全省第一),且在全国范围内处于优势地位(品牌价值 348 亿元、位列中国区域品牌第 8 名,在家电类区域品牌中排名第 2),但以中小型民营企业为主,企业规模总体偏小、实力弱、抗风险能力不强,中低端产品多,产品附加值较低,缺乏国际竞争力强的大企业和拳头产品起龙头带动作用。

2. 产业集聚发展质量有待提高

受园区考核及发展压力等因素影响,专业园主要产业出现"不专"问题,园区内产业关联度低,尚未形成专业化分工协作的网络机制。例如宁波某新兴产业专业园提出新材料、新能源、先进装备制造和电子信息产业在内的"4+X"产业体系,产业定位方向过于宽泛;某区投创中心提出培育关键汽车零部件、电子信息技术、精密机械装备、创意设计等四大主导产业,但无法引进大而强的龙头企业和专而精的核心企业。工业集聚区市县两级管理体制中以产业基础好、发展空间大、龙头企业带动力强的区县(市)管理为主,市级层面对各级各类产业集聚区的规划布局和调控能力较弱。例如,杭州湾新区有七个主导产业,奉化经济技术开发区、鄞州经济技术开发区、镇海经济技术开发区各有六个主导产业,新装备产业、汽车及零部件产业、电工电器产业,同质化率分别达到了 81.0%、56.0% 和 56.0%。同质化竞争削弱了行业整体实力,出现产品的技术含量、使用价值逐渐趋同的现象,妨碍了行业技术开发,对行业正常发展产生消极影响。

3. 政府政策引导有待进一步优化

目前宁波支持制造业自主创新技术和装备的财政、政府采购、投融资等政策多为选择性产业政策,作用方式比较微弱,且缺乏对应的配套标准和执行细则。[①] 在配套政策上,宁波加大对重点培育细分行业企业、重点工程的保障力度,以及对获得国家级、省级、市级试点示范的企业给予倾斜性资金支持。而在资源共享平台、技术集成平台、成果转化平台等科技服务平台、技术市场建设资金投入不充分。税收优惠政策主要针对特定规模企业的科技研发活动,因此未将部分有利于技术进步的项目或行为列入税收优惠对象,导致税收优惠政策受益面过小。另外一些制造业企业的非技术性收入搭了税收优惠的"顺风车",降低了税收优惠激励技术创新的效果。在以市场配置资源的大环境下,选择性制造业产业政策的作用范围将会较为狭窄,在《宁波市人民政府关于宁波市推进"中国制造 2025"试点示范城市建设的若干意见》(甬政发〔2017〕12 号)发布后,根据细则条件可以看出财政手段也将进一步收窄,选择性政策手段进一步扩展的空间已经不大。故此,宁波制造业产业政策的重心需要发生转变,从过去主要偏向于支持特定行业的有选择性的政策,转向以普惠性、侧重支持关键领域的功能性政策和竞争性政策为主。这种转变将需要同时考虑到普惠性和选择性政策,对所有制造业产业一视同仁,并重点支

[①] 宁波市信息中心经济预测部课题组. 秉持核心竞争力走"专精特新"发展道路 牢牢掌控本行业的"领导力"和"话语权"——宁波单项冠军企业及隐形冠军企业发展模式分析[J]. 宁波经济(三江论坛),2018(3):20-24.

持具有关键性和竞争性的领域。

4. 产业支撑服务及要素保障不到位

环境资源对于制造业发展的阻碍逐渐增大,环境承载已接近上限,过度透支的资源和生态环境问题并未改善。粗放式、低利用率、低成本地侵占土地等资源仍较为普遍。基金扶持政策力度弱。因为对应的风险投资配套法规和具体实施细则还不够完善,使得宁波在支持制造业的财政扶助范围较受限制、实务执行规范不足、信用评估机制不够健全、股权投资、风险投资等市场化手段运用较少,政府监管和风险预估等方面存在不足,财政扶持政策的效果未能完全显露。科技服务发展滞后。宁波的科技服务业规模相对较小,其主要业务范围涉及工程勘测设计和工程管理服务,对于研发设计、检测认证、科技交流与推广、知识产权等新兴科技服务业,发展程度较低。此外,科技中介服务业对于相关新兴科技服务产业的支撑作用尚未达到预期效果,需要进一步加大其发展力度。

总体上看,宁波制造业发展有较坚实的基础,有较成熟的体系支撑,有一批市场竞争力较高的企业,但在质量提升、核心竞争力打造、产品更新换代上,需要加强理念、制度、技术、环境的全面支撑,在实现向先进制造业整体跨越方面还面临着一些困难,需要加强理念、制度、技术、环境的全面支撑。

以上问题的出现,主要有三方面的原因。原因之一,是产业链搭配不合理。先进制造业产业集群的发展不仅仅是企业空间的集聚,更需要通过集群和集聚来实现企业之间的关联、配套和协同效应,从而形成良性循环的效果。要达到这个目标,离不开为先进制造业集群提供生产型配套企业、科技服务型配套企业以及职业教育配套服务的企业。然而,在调研中我们发现,一些起步较晚的产业集聚区虽然花费了大量精力引进了龙头企业,但由于区内零部件配套企业较少,出口贸易等生产性服务业也缺乏,因此在短期内难以形成同步发展的态势。在这种情况下,孤军奋战的龙头企业其效益和效率的发挥受到了不小的影响。

原因之二,是公共服务不到位。先进制造业行业和企业对于技术的需求和消费能力往往比较强,但高端的设备、仪器的初始投入巨大,一些中小型制造业(比如新材料产业)是无力负担的,它们需要借助第三方的技术平台来完成研发、检测等工作。近几年,公共技术服务平台的建设进展、配套能力还是难以满足企业迅速增长的需求,一些企业迫于无奈到市外、省外去做产品检测,一些企业也反映同行间的检测服务平台利用率不高,企业同时也担心在外协中技术参数、商业秘密等泄露,由"外协"变"外泄"。一些进入产业集聚区的中小企业发展态势良好,融资需求较旺盛,有些企业还制定了上市计划,但不少企业反映对法律、各级政府政策不熟悉,或者所接触的政策法律信息太多、太杂,吃不透、拿不准、用不上,希望政府能建设全方位的、实用性强的服务平台,如对企业的生产线设计、制造、调试、运行、管理进行指导并推介好的生产性服务机构、帮助企业扩大宣传效果,使企业能够享受货真价实的公共服务。

原因之三,是知识产权意识淡薄。知识产权对于企业来说是非常重要的无形财富,也是企业间竞争的重要利器。在调研中,笔者发现:一方面,有些企业正面临着缺乏自主核心技术和品牌的困境,这使得他们在出口方面受到了越来越多的限制。同时,有些企业则因为发明专利的审查周期过长、费用较高,而不太愿意在专利方面花费太多精力。另一方面,有些企业虽然具有自主创新的潜力,但由于受到侵权干扰,他们在应对知识产权侵权的经验方面非常缺乏。对于一些中小型制造企业来说,他们可能会因为软件正版化的成本过高而难以独自承担,转而使用盗版软件来降低成本,从而形成被动型侵权。这些企业也需要在知识产权方面加强"补课",以避免侵权行为的再次发生。

(三)外省市推进先进制造业集群发展经验分析

1.辽宁省

装备制造业是辽宁的第一支柱产业,门类比较齐全,体系较完善,涵盖七个大类,185个小类产品,产业规模居全国第十位。2015年,其装备制造业增加值占全省规模以上工业的比重为32.3%。其中,辽宁最大的子行业是通用设备制造业,排全国第六位。辽宁重大技术设备基础雄厚,部分领域成套水平和配套能力在国内居于领先地位,机器人及智能装备、数控机床、航天航空装备、轨道交通装备等在全国具有重要地位。

辽宁装备制造业面临自主创新能力薄弱、基础制造水平滞后、创新产品推广困难、企业集团大而不强等问题,这些问题的解决仅靠规划、靠文件,推进力度已经显现不足,需要通过立法,在法制层面上去解决。2011年1月,辽宁出台了《辽宁省促进装备制造业发展规定》(以下简称《规定》),填补了国内相关领域的立法空白,在辽宁形成了合力推进装备制造业的良好氛围。该《规定》提出了以下具体思路,以引导推进装备制造企业加快产业集聚,发展产业集群:第一,要围绕重点领域、重点企业和重点产品,制定和组织实施装备制造业产业集群发展规划,并编制产业集聚发展的产品指导目录。这有助于明确产业集群的发展方向和重点,引导企业向相关领域进行集聚。第二,要以基础设施和公共服务平台建设为重点,增加对促进产业联系的公共要素的投入,加快工业园区建设,引导布局分散的中小装备制造企业向工业园区集聚。如此一来,企业之间的联系和合作会进一步加深,有助于降低生产成本,提高产业集群的效率。第三,要引导产业集群内企业之间的合理分工,完善配套产业链建设,增强企业之间的专业化生产和社会化协作,形成长效稳定的上下游配套产业链利益协调机制,促进企业之间的互补性和协作性。第四,要依托具有优势的产业集聚区,培育一批创新能力强、创业环境好、特色突出、集聚发展的高端装备制造产业示范基地。这可以推动产业集群向更高层次、更高端领域发展,形成具有国际竞争力的产业集群。辽宁在推进先进制造业集群发展方面的经验特点包括政策支持、产业集聚、创新驱动、龙头企业带动、优化服务环境和开放合作等。这些经验的成功实施为辽宁先进制造业的发展提供了强有力的支持。

2. 天津市

天津制造业的体量巨大,"十二五"末,天津工业总产值连续迈上两个万亿元台阶,突破 3.0 万亿元,工业增加值达到 6981.3 亿元,对 GDP 增长的贡献率年均达到 50.0%,这和天津尤为重视提升产业创新能力的态度有不可分割的联系。天津出台了《天津市建设全国先进制造研发基地实施方案(2015—2020 年)》,围绕全国先进制造研发基地的定位,深入落实"中国制造 2025"战略部署,顺应"互联网＋"发展趋势,对接"德国工业 4.0",以先进制造为支撑,以科技创新为动力,以研发转化为先导,坚持高端引领、创新驱动、智能转型、质效为先、绿色发展,做强天津制造,提升天津质量,打造天津品牌,建设研发制造能力强大、占据产业链高端、辐射带动作用显著的全国先进制造研发基地。[①]就先进制造业整体而言,天津强在制造,优在产品的不可替代性,次之才是研发能力。为补齐研发短板,天津专门提出建设先进制造业研发基地的目标,体现了几重考虑,一是从长远出发,补研发短板。二是充分考虑了京津冀一体化形势下,天津可以充分从北京引智,并逐步摆脱制造业加工车间的标签,今后可以考虑把能耗高、人力密集的制造业转移到河北等其他地区的有利时机。三是考虑到了建设制造业研发基地契合"一带一路"倡议给天津的定位,因此,这一顶层设计是比较精准的。

---

① 侯沁.天津:重点支持先进制造业升级改造[N].中国电子报,2016-02-23(1).

同时,天津先进制造业集群的建设,也没有放松对优势企业的进一步培育。天津先进制造业研发基地建设方案中逐一点出了本产业、本行业可以依托的重点企业、重点发展的产品类型,负责承载的产业园区等内容,既考虑到发挥现有优势企业的带头作用,也规划了打造一批科技"小巨人"企业和"杀手锏"产品来实现先进制造业进位目标。对于各类培育企业,共有的促进措施是以创新为驱动、靠信息化加速,以强化企业管理为保障,以品牌、知识产权为两翼扶持。

3. 重庆市

近年来,重庆抓大投资、大支柱、大基地、大企业、大项目成效显著,汽车、电子信息等新兴产业集群已经在全国打响品牌,成为行业产能冠军,这既得益于重庆用好西部大开发和两江新区政策优势,大力推进城乡一体化配套改革和人力资源优势,也与重庆产业集聚区超常规发展密切相关。

重庆对辖内区域进行了精准的产业定位规划,瞄准产业链空白,要求区县与产业园区协同开展招商,注重集群招商、垂直整合,将产业园区的优势充分释放出来,根据各地的比较优势和产业基础,明确各产业园区的特色产业方向,使得产业能够在空间上实现集聚。成功从东部沿海地区吸纳大量实体产业,加上重庆本身比较雄厚的工业基础,实现强强联合,产生了"1+1>2"的规模效益。

重庆注重区县与产业园区协同开展招商,鼓励企业间进行合作,促进产业链上下游之间的垂直整合,推动产业集群的协同发展,实现资源共享和效益最大化。重庆在推进先进制造业集群发展过程中,注重创新驱动,鼓励企业加大研发投入,提升自主创新能力。同时,积极引进高层次人才,建设公共技术平台,为企业的技术创新提供支持。重庆致力于优化营商环境,提高为企业服务的能力和水平,通过加强基础设施建设、完善政策法规、提高政府服务效率等措施,为企业提供了良好的发展环境,吸引了大量的投资和人才。重庆在推进先进制造业集群发展过程中,积极开展对外合作,与国内外知名企业建立战略合作关系,参与全球产业链的整合和竞争,不断提升自身的竞争力和影响力。

4. 深圳市

深圳毗邻香港与澳门,在成立初期引入了大量"三来一补"型的制造业。这些产业迅速壮大,并根据生产需求自发延伸形成产业链配套,但其在地域规划、空间布局方面比较分散、粗放。近年来,深圳将产业园区作为制造业发展的主战场,通过一系列政策措施,推动形成华为、比亚迪等23个战略性新兴产业园区,以及三个经广东省认证的机器人智能装备产业园区。在园区内涵建设上,深圳推出增量优质、存量优化的"双优工程",对以往制造业一哄而上的发展方式进行反思,意图通过"腾笼换鸟"将传统制造业的比重降下去,把战略性新兴产业、未来产业的比重提起来。深圳还提出了"创新链+产业链"计划,提倡所有制造业企业都寻找自身在产业链的位置,并谋划自身的创新链。在深圳工业最集中的宝安、龙岗等区域,区级管理部门提出了"双心、双轴、三城、四枢纽、多元"的产业布局思路以及服务措施。过去,深圳制造业与广东的东莞、佛山地区有较高的同质性,而现在深圳在制造业结构转型升级、先进制造、智能制造方面走在了珠三角和全国的前列,产业集聚区、园区发挥的作用可见一斑。

(四)宁波市促进先进制造业产业集群发展的对策建议

1. 抓好行政审批节点,保证先进制造业产业集群根基扎实

技术进步使得先进制造业的发展面貌日新月异,与此同时,制造技术的网络化发展导致出现了地理上异地分布的动态"企业联盟",对传统意义上的产业集聚区发展模式形态提出了挑战。引入和培育怎样的企业才能算是先进制造业,才能实现集聚的目的,是必须认真思考的问题。

宁波是浙江省重要的经济中心,制造业基础比较牢固,港口区位优势明显,在引进先进制造业集群方面有不少优势,但也要加强责任心和鉴别力,避免零散引进、低端引进。在引进先进制造业集群的过程中,政府和企业需要承担起更多的责任,以确保项目的成功实施。责任心不仅体现在对引进项目的筛选上,还体现在对项目实施过程中的管理和监督上。在选择引进的制造业集群时,需要具备鉴别力,以区分出哪些是真正具有先进技术和竞争力的产业。这需要政府和企业对市场和行业进行深入的研究和分析,以确保引进的产业能够与当地的优势和需求相匹配。在引进先进制造业集群时,应避免零散引进,即避免将不同的产业随机地引入当地。应该根据当地的产业链和市场需求,有计划、有目的地引进能够形成集群效应的产业。在引进先进制造业集群时,应避免低端引进,即将低端的制造业引入当地。应该注重引进具有先进技术和竞争力的产业,从而推动当地经济的升级和发展。

对此,宁波可以借鉴重庆的做法,规划在每一个园区优选一至两个传统产业或新兴产业,从招商环节开始筛选,通过外引内联,一心一意提高产业集聚水平,壮大规模。同时,应当重视现有的一些隐形冠军企业,围绕它们谋划如何延伸上下游产业链,努力使更多的单体产业的规模跃升到百亿级、千亿级。

2. 加强工业法规执行、检查力度,确保服务型政府功能实现

《中华人民共和国中小企业促进法》明确提出了为中小企业提供一系列技术信息和咨询服务,以促进科技成果转化,实现企业技术、产品升级等目标。为了确保这些目标的实现,需要加大工业法规的执行和检查力度,确保服务型政府功能的实现。主要有以下几点。

加大工业法规执行力度。应该加大对工业法规的执行力度,确保各项法规得到有效实施。这包括对已有法规的经常性检查和改进,以及及时整合执法信息,帮助企业全面了解和用足法律政策。政府还应设立有效的监督机制,对违法情况进行严肃处理,保护中小企业合法权益。

建立清晰的法律政策坐标体系。为促进先进制造业的发展,政府需要建立一个清晰的法律政策坐标体系,明确各项法律政策的目标和要求。这有助于企业更好地了解和利用政策资源,为自身的创新和发展提供支持。

完善融资渠道,支持企业上市。为解决中小企业融资难的问题,政府应进一步完善融资渠道,为企业提供更多的融资支持。对于有潜力的中小企业,政府应鼓励和支持其上市,以便其能够获得更广泛的资金来源和更高的知名度。

改善技术改造政策。政府应加强对技术改造政策的改进和完善,为企业提供更多的技术支持和帮助。这包括提供技术培训、专家指导、研发补贴等措施,以帮助企业提高技术水平和创新能力。

提高政府服务质量。作为服务型政府,政府应不断提高服务质量,为企业提供更好的服务。这包括优化行政审批流程、提高办事效率、提供咨询和指导等措施,以使企业能够更方便地获取政府服务和支持。

加强信息共享和合作。政府应与中小企业、行业协会、科研机构等建立紧密的信息共享和合作机制,及时了解和解决企业发展中遇到的问题。同时,通过搭建信息平台、举办交流活动等方式,促进各方的沟通和合作,为先进制造业的发展提供良好的信息环境。

3. 借助先进制造业行业协会力量,提供法律公共服务

园区是产业集群发展的大本营,在成规模行业也建立了相应行业协会,它们可以承担一些执法协同、信息沟通功能,但某些园区引入企业之后没有进一步的作为,某些协会处于弱能、失能状态,企业不满意也无法承担政府赋予的职能。根据全面深化改革的精神,应当进一步突出园区、行业协会等组织的作用,考虑授予园区、行业协会在技术、产能、营销、维权等方面的综合协调职能,扩大其权限,使其成为先进制造业企业之间以及上下游产业链之间交流互动的平台。通过这种平台,行业协会可以发挥行业管理、组织或代表企业参与解决国际贸易争端、促进信息交流以及推广服务等方面的作用。可以依托园区或行业协会来建立先进制造业从业人员社会诚信档案制度,确保行业协会成员单位之间能够有限度地公开从业人员诚信记录。这样的举措将有助于提高行业的透明度和信任度,为先进制造业的发展提供良好的社会环境。

4.统筹税收、财政、国土政策法规,共同营造良好产业集聚发展环境

产业集聚区建设涉及税收、财政、科技、国土、环保等多个行政部门,需要多个部门相关法规来调节,尤其是财税法规规章,对产业发展有直接的影响。经信相关部门应当勇于任事,当好协调者,发挥好沟通、统筹作用。

第一,要促使各部门统一产业园区建设的思路,不能把园区仅仅视为有政策优惠、税收优惠的"鱼塘",去养企业这些"鱼",也不应仅仅以当前的单位土地产出效益、税收等指标为依据来给企业发放园区准入证,而应当着眼于产业集聚、产业升级,将园区、集聚区作为产业结构的调控器、创新驱动的换挡开关,通过园区内龙头企业的引领,利用市场自动聚集和政策鼓励聚集机制,双管齐下实现先进制造业有效集聚。

第二,要打通经信、科技阵线,通过与园区同步建设的创新中心、研发平台等塑造创新生态环境,使每一个园区都成为一个或几个细分产业的创新大本营,使园区更有竞争优势。在园区内建立创新中心,为企业的研发和科技创新提供支持。创新中心可以提供各种研发设施和服务,如实验室、技术咨询、人才培养等,帮助企业进行技术创新和产品研发。通过与园区同步建设的研发平台,促进企业之间的技术合作和知识共享。研发平台可以为企业提供与行业内其他企业和专家进行交流和合作的机会,同时也可以提供技术咨询、专利申请等方面的支持。

第三,要积极适用税收、补助征管等优惠方式。一方面,指导企业通过达标高新技术企业进入园区、保税区等,合法开展税收筹划等方式享受国家和地方已有的税收优惠,并为企业的创建活动提供支持;另一方面,要积极争取上级支持,优化国家税法的规定,如在特定条件下对先进制造业企业采取延缓税收缴纳期限的保护性征管措施,对于纳税额高的先进制造业企业给予奖补措施等。同时,要维护税收统一性,消除宁波各县(市)区在税收补贴方面的不一致现象,避免部分先进制造业企业为了避税而非正常流动。

二、区域重点产业发展立法的必要性与主要内容

(一)区域重点产业发展立法的必要性

其一,开展区域重点产业发展立法,是经济社会发展的现实战略需要。党的十九大报告提出,我国经济已由高速增长阶段转向高质量发展阶段,正处在转变发展方式、优化经济结构、转换增长动力的攻关期。建设先进制造示范城市,应顺应这一发展方向。为优化区域制造业发展的内外部环境、实现先进制造业试点示范预期目的,寻求促进先进制造业发展的长久方案,有必要充分认识开展促进先进制造示范城市建设立法的必要性和紧迫性,系统研究国外及我国其他省市在推动先进制造业发展中的工作思路、制度创新和成效,结合宁波先进制造示范城市建设实际情况,将相关的立法工作做细、做实、做透。

其二,区域重点产业发展立法,是促进"产城融合"、推进建设创新型城市的需要。先进制造业是城市的核心竞争力的重要指标。当

前,我国基层制造业发展的宏观环境越来越复杂,保守却步就会退步,大胆创新才有出路。制造业的全局和局部创新都需要极大的资源投入,充足的政策保障、广泛的人员参与、要有包容性风险的处理机制,上述这些需要由协调统筹力度更大、稳定性更强的地方性法规来加以保护、支持,才能使制造业由大变强,实现由内而外的增长式发展。

其三,开展区域重点产业发展立法,符合政府、产业、市场和社会的迫切需求。政府部门可以依据制造业地方立法来建立完整的促进创新政策体系、推进区域产业发展战略、规范政府治理行为。制造业产业可以通过地方立法明确发展方向,了解哪些领域的制造业属于鼓励发展,可以获得哪些激励和公共服务,通过哪些途径实施维权。市场可以从制造业地方立法中捕捉政策导向,寻找商业机会;服务产业、信息产业可以实现与制造业融合发展。社会各界可以通过地方立法,了解宁波的城市使命,了解制造业产业布局、城市基础设施建设、惠企惠民措施,分享发展成果。

(二)立法主要涉及的内容

1. 准确界定政府在先进制造示范城市建设中的角色

应当看到,在发挥市场对资源配置的决定作用前提下,政府可选择的扶持、刺激先进制造业的政策工具包将会越来越有限,单纯依赖财政、税收及金融手段给予企业资金支持,不是治本之策。重心应由过去偏重于支持特定行业的选择性政策为主,转向以普惠性、重点支持关键领域的功能性政策和竞争性政策为主,要转向先进制造业产业转型升级和城市同步协调发展为主。

立法必然要体现这一变化趋势。首先,立法要协调、理顺政府部门间的管理机制。应当明确政府及相关职能部门在先进制造业发展中的总体定位以及规划、督查的具体职能,加强同级部门之间、各县

(市)之间的协同合作,完善不同部门、各县(市)之间关于先进制造业发展信息的信息流通机制,尽可能地实现信息资源共享。要理顺先进制造业产业集聚区与行政区之间的关系,加大市直部门支持产业集聚区的力度,使政府支持先进制造业产业集聚区的建设以便于产业集聚区资源更好地流通。探索建立健全先进制造业重大项目审批的会审制度,提升行政效率。其次,立法应当规范政府依法行政,完善先进制造业的依法市场监管机制,使政府致力于营造公平竞争的市场环境,减少行业垄断,推动本地优势产品参与重大工程招投标,使其走向正轨,从而促进民营经济的发展壮大。最后,立法要强调政府形成合力。制造业发展不仅仅是某个部门或某几个部门的工作,还涉及科技创新、人才支撑、财政扶持、土地利用、国际合作等多项内容,需要统筹协调财政、土地、金融、科技、人才等各方面的力量,共同参与。

2. 重点落脚两化融合、智能制造、绿色制造,提升宁波制造整体水平

信息技术的飞速发展要求加快先进制造业与互联网的融合发展,从而衍生出智能制造、协同开发、服务转型等新产业、新业态。互联网与制造业融合方面,立法应当支持建设制造业重点服务平台。制造业重点服务平台包括智能制造产业服务平台、产业技术基础公共平台、行业云制造平台、工业物联网基础平台、"互联网+两创"平台、工业大数据平台以及创新设计协同平台。

在智能制造领域,法律法规应当对产业链的技术升级、工业基础工程的加强以及"机器换人"等关键任务进行明确的规定。建立技术改造项目库:通过这个项目库,可以系统地收集、跟踪和评估企业的技术改造项目。此外,还可以制定和发布企业技术改造重点领域的导向目录,以引导和鼓励企业进行适当的技术升级和改造。明确"机器换人"的培育和推广试点工作范围和重点业态:通过这项工作,可以更好地确定哪些行业和工作流程适合进行"机器换人",并鼓励和推广这种模式的实施。同时,这也有助于监测和评估"机器换人"的效果,以便不断优化和改进相关政策。推进大数据产业的培育和产业大数据的应用:大数据技术是智能制造的重要支撑,通过发展大数据产业和利用产业大数据,可以实现制造过程的精细化、智能化和个性化。同时,也可以协调与大数据产业的合作,促进数据的共享和流通,提高数据的使用效率。

在绿色制造方面,法律法规和政策应加快建立制造业循环经济模式,以推动可持续发展。培育循环经济示范企业和园区:通过树立榜样和示范,鼓励企业学习和采纳循环经济模式。这些示范企业和园区可以提供实践经验,展示循环经济模式如何实现资源的高效利用和废弃物的减量化。加大重点耗能、耗水、污染制造业企业的清洁生产审核力度:加大对这些企业的监管,推动它们采取更环保、更资源高效的清洁生产技术。此外,还需要加强对这些企业的环境监察,确保它们遵守相关法规和标准。建立节能评估指标体系和标准:通过制定明确的评估指标和标准,可以更好地评估制造业企业的能源利用效率和资源利用效率。这将有助于推动企业采取更环保、更节能的生产方式,并提高其资源利用效率。出台先进制造业企业单位资源占用产出绩效评价制度:通过这种评价制度,可以鼓励企业提高资源利用效率,降低单位产出的资源占用。这有助于推动企业采取更环保、更可持续的生产方式。

3. 整合创新资源,为宁波先进制造示范城市建设提供原动力

创新是引领发展的第一动力。立法中应支持制造业创新体系建设,推进企业与高校、科研院所共建产业研发中心,重视小微型的、专门产品的创新平台。立法要提出扶持创客经济发展,营造良好的创业环境,加强创新中心、公共服务平台和工程数据中心建设。立法应

对先进制造业创新人才的引进、培育做出权威规定,创新建立具体完善的人才引进、培育体系。

4. 加强集聚效应,促使宁波制造业上规模、育名企、扩展产业链

应当重点加强产业集聚,引导特色产业示范园的建设,促进资源的高效流通。特色产业示范园是专注于发展特定产业的专业化产业园区或产业基地。这些园区以打造千亿级产业平台、完善和提升产业链为长远目标,并以区域特色产业为基础,特别关注八大细分行业和部分优势产业的发展。在园区内,行业中的龙头骨干企业发挥着主导作用,具备明显的特色优势,同时拥有连片的土地空间进行布局建设。园区的布局和建设非常集中,分工协作合理,各种服务配套设施完善。这种产城融合的发展模式,使得特色产业示范园能够提供完整的产业链服务,并形成一个产业生态系统。在这个系统中,企业之间可以相互协作、共享资源,从而形成更强大的竞争优势,推动区域经济的快速发展。通过建设特色产业示范园,可以促进特定产业的集聚和升级,提高产业链的完整性和竞争力,同时还可以带动地方经济的增长,形成具有鲜明特色的千亿级产业平台。

立法应当确立宁波制造业产业集聚区规模、类型方面的具体标准,明确创新升级、集约发展的具体要求,制定项目引进审批、单位土地产出的具体原则性规定,对"低小散"产业的整治、迁移工作作出授权以贯彻其实施。立法应对先进制造业重点项目落户、联络、服务做出规定,积极引进"缺链、补链、强链"的项目,杜绝高耗能高污染和产能过剩的项目落地,倒逼企业升级转型。

5. 清除体制机制障碍,引导民营企业投身先进制造示范城市建设

宁波制造业发展具有民营资本支撑、政府政策扶持等优势,但仍无法摆脱体制机制滞后的困扰。必须通过地方立法破解改革创新难的怪圈,推进体制机制的创新和再造。具体而言:首先,立法要贯彻供给侧结构性改革要求,在供给方面提升产品的质量,体现市场对资源配置的决定性作用。为了推动企业技术的升级和创新,我们需要大力鼓励企业开展技术创新。这里所讲的技术创新不仅包括提高产品的自动化水平、智能化水平以及信息化水平,还包括对高端技术进行专项的重点扶持。对低活跃度企业、僵尸企业要加快破产和兼并重组,淘汰落后产能。其次,立法要强调营造良好市场环境。给企业提供良好的人才引进、土地规划、减免赋税等机会,在财税、金融、市场和技术支持等方面给予精准服务。立法要加强政府的促进宣传服务职能,使其通过互联网、报刊、电视等各类媒体加大宣传,并且尽力拓展创新宁波制造强市建设的宣传渠道。再次,立法要指明产业扶持专项资金和产业基金协同支持产业发展的方向。要将政府为主扶持转变为由政府牵头、社会资本跟投的多元扶持,让企业"吃得饱";要将扶持领域从单个制造环节拓展到全产业链重点领域;要把扶持方式由单项专项扶持向符合企业成长规律的重要节点扶持转变。最后,立法要对(如何)扶持中小型制造业企业做出专门规定以促进宁波中小型制造业企业的发展。完善中小微企业政策和服务体系,加强行业公共服务平台建设,为企业提供创业、创新、融资、培训、人才等专业化服务。

6. 优化资源配置,完善先进制造示范城市建设要素保障

在先进制造业发展的要素保障方面,立法需要做好加减法以促进资源更好地配置。能源要素方面,可提高电力、油品、燃气等能源保障能力,满足先进制造业企业发展生产需求,将兼并重组企业能耗、水耗、排污总量等指标转移和减量置换政策正式法制化。土地要素方面,立法要保障先进制造业用地计划指标,确立存量工业用地及闲置厂房流转机制,提高资源利用效率。资金要素方面,立法要提出

制造业投融资体系运行方式,支持引导风险投资、私募股权投资、产业投资等基金支持制造企业创新发展。要以立法规制好财政资金的使用方式,确认重点首台(套)重大技术装备、首批次重点新材料应用及首台(套)、首批次保险补偿等机制,从而激励宁波制造业企业转型升级。

三、区域产业国际化发展的法律政策治理

(一)基于开放型经济发展必然要求的分析

1. 当前世界范围内制造业发展趋势

20世纪90年代以来,全球化已成为国际经济发展的主要趋势,而国际竞争的焦点已经从产品的生产与制造转移到了国家或企业的研究和创新实力之上。在经济全球化和技术创新的推动下,目前世界装备制造业正在出现分工全球化新趋势。[1]具体表现如下。

跨国公司成为国际装备制造业转移的主体。装备制造业是一个需要雄厚经济实力的行业,只有具备强大经济实力的跨国公司才有能力利用全球配置的资源和开拓市场的优势,向其他国家和地区转移其装备制造业。随着全球经济的一体化,超过五分之四的全球对外投资是由跨国公司进行的。装备制造业正逐渐成为跨国公司新一轮国际产业转移的重点,且这一进程正在加快,发达国家正在向发展中国家大规模转移装备制造业。高新技术装备制造业正成为转移的重点领域。随着国际装备制造业转移的结构呈现出高度化和知识化的趋势,装备制造业正在从轻型装备制造业为主向重型装备制造业转变,并进一步向新型装备制造业为主转变。同时,装备制造业也从

---

[1] 刘平.中国装备制造业国际竞争力研究[M].北京:中国财政经济出版社,2006:28-29,53-58.

资本密集型向高附加值、技术知识密集型装备制造业转变。

兼并、收购已经成为转移的重要形式。通过兼并、收购国外企业,跨国公司可以快速进入新市场,获取更多的资源和技术,并扩大自身的市场份额。这种方式已经成为除对外直接投资以外国际装备制造业国际投资和产业转移的重要方式。

中国已经成为接受转移的重要国家。近年来,中国国民经济持续稳定增长,人均收入不断增加,工业结构升级、农业经济结构调整以及基础设施建设的步伐都明显加快。这些因素使得中国成为装备制造业跨国公司转移投资的首选国家。许多外国厂商相继将生产基地移往中国,跨国公司直接投资主要集中在电子及通信设备、交通运输设备、电气机械及器材、普通机械等行业。

随着国际分工的演进,产业内价值链分解逐渐取代传统的产业间分工。这意味着,一国产业的比较优势不再体现在某个特定产业上,而是体现在产业内价值链中的某个环节或工序上。在产业内价值链细分的视角下,资本和技术密集型的装备制造业也有它的劳动密集型加工组装环节。发达国家一般致力于技术含量高的工序和附加值高的核心部件的生产,而发展中国家则专注于加工组装环节或低附加值的初级零部件生产。以汽车制造业为例,日本的丰田、本田、日产,德国的大众、奔驰,美国的通用、福特等汽车制造商都在我国设立了制造基地。这些国际知名汽车制造商在中国设立制造基地,既看中了中国庞大的汽车市场,也因为中国具备人力资源丰富、基础设施良好等优势。

在国际装备制造业转移的过程中,不同国家和地区的角色也有所变化。发达国家逐渐将重心放在技术研发、产品设计、核心部件制造等高附加值环节,而将制造工艺相对简单的组装环节和零部件生产转移到发展中国家。这种产业内价值链的分解和分工,使得发达国家和发展中国家都能在全球化进程中获得收益,实现了全球化的利益共享。这种产业内价值链的分解为发展中国家提供了参与国际分工的机会,也为跨国公司的转移提供了更多选择。同时,这也意味着国家间的产业竞争已经从传统产业间的比较优势转化为各产业链环节内部的竞争。

2. 宁波开放型经济发展的国家战略考量

"十二五"期间,宁波批准了1024.0家境外企业和机构,约占浙江省总量的三分之一。这些机构遍布于116.0个国家和地区,比"十一五"时期增加了24.0个国家,如沙特阿拉伯、乌拉圭和丹麦等。在这期间,中方投资额累计达83.2亿美元,比"十一五"时期增长了4.8倍,并且实现了41.7%的年均增长。截至2015年底,核准中方投资总额累计达到100.1亿美元,成为全国第四个境外中方投资超过百亿美元的副省级城市。如果说过去甬企"走出去"大多是为了打开目标市场、应对贸易壁垒,从而更好地带动产品出口,那么,如今宁波正依靠国际发展经验和产业国际化发展规律,从商品输出迈向资本输出,聚焦跨国投资,布局海外市场。①

虽然,对外合作平台为装备制造企业提供了更多的机会和途径,使其可以更深入地参与全球价值网络中,从而实现更大的发展和收益。但是,机会并行的风险同样不可忽视。这些风险可能包括企业的竞争策略、管理模式、风险控制和社会责任等。如果企业没有充分了解自己的问题并制定相应的应对策略,很容易导致企业在"走出去"的过程中失败。

(二)当前宁波工业经济转型发展面临的形势

长期以来,宁波制造业经历了从小到大逐步积累的过程,正处于由大转强的关键时期,成为宁波城市发展的主动能。2016年,宁波的工业总产值达到了1.74万亿元,位居浙江省首位。工业增加值占

---

① 单玉紫枫.开放型经济,开启"十三五"新画卷[N].宁波日报,2016-11-15(A13).

GDP 的比重达到了 44.10％,显示出工业在宁波经济发展中的重要地位。此外,规模以上工业增加值达到了 2799.00 亿元,同比增长 7.30％,这表明宁波的工业发展在逐渐加速,对经济发展的带动作用不断增强。同时,宁波也在积极推动工业结构的优化和升级,以提高工业发展的质量和效益。2017 年一季度,宁波规上企业累计完成工业总产值 3671.60 亿元,同比增长 19.60％,增速居浙江省首位;全市规模以上工业增加值同比增长 9.70％。规上企业利税、利润分别同比增长 31.90％和 58.30％。在产值上,形成了石化、装备制造、新材料、家电、纺织服装等超千亿的优势产业集群。宁波是我国首批新材料产业国家高技术产业七大基地之一,其在八大细分领域中的表现也非常突出。据统计,宁波的新材料产业产值为 1559.00 亿元,位居全国七大新材料产业国家高技术产业基地之首。在磁性材料、高性能金属材料、合成新材料三大领域,宁波具有较大的全球影响力。其中,钕铁硼产量约占全国市场的 40.00％和全球市场的 30.00％。这意味着宁波在钕铁硼等关键材料领域拥有相当大的生产和供应能力。此外,宁波的高精度锌白铜带也占据了国内市场的 70％,显示其在高性能金属材料领域的领先地位。[①]

深入分析宁波的增长数据可以发现,宁波正朝着成为全球智能制造创新之城的目标迈进。宁波以全球视野为指引,旨在跻身目前世界上最先进的制造业阵营,并着力打造一个更具国际影响力的制造业创新中心。建设"中国制造 2025"试点示范城市是宁波抓住机遇、完善制造业创新体系、提升制造业核心竞争力、推动制造大市向制造强市跨越的关键举措。这一进程也是加速实现宁波制造业升级换代和实现更高质量发展的重大战略载体。

---

① 本刊编辑部.宁波面临全新的发展机遇[J].机器人技术与应用,2017(2):19-20.

(三)加强地方立法保障的几点思考与建议

1.通过立法规划构筑国际化的产业新体系

全球范围内各主要制造业企业正通过整合优势资源和布局前沿技术研发,抢建产业竞争新优势。我国必须在强化自身制造业核心竞争力和加快实施"走出去"战略两方面下功夫,融入国际产业分工链条,打造"以我为主、全球布局、开放共赢"的制造业生态体系。[①]在提高制造业国际化发展水平方面,应从构建开放型经济新体制出发,将引进来和走出去更好结合,进一步放开一般制造业,提高外资利用水平,落实"一带一路"倡议,加快企业走出去步伐,提高企业跨国经营能力和国际竞争力。[②]在地方立法方面,可以明确构筑与国际接轨的新兴产业体系。以宁波为例,目前宁波在规划、政策方面,已经明确布局,将重点打造的"3511"产业体系,即重点发展新材料、高端装备、新一代信息技术等三大战略引领产业,优化提升汽车制造、绿色石化、纺织服装、智能家电、清洁能源等五大传统优势产业,积极培育生物医药、海洋高科技、节能环保等一批新兴增长产业和工业创新设计、检验检测、科技咨询、信息服务等一批生产性服务业。当前,在地方立法和规划政策之间衔接还不够,需要加以明确。

2.通过立法促进形成开放协同创新总体局面

将提升创新能力作为促进制造业发展的基本要素,并加以细化,是制造业发展的关键所在。随着国际市场上高新技术生命周期的逐渐缩短,越来越多的制造业跨国公司为降低研发的风险,努力加强研

---

① 刘明达,顾强.从供给侧改革看先进制造业的创新发展——世界各主要经济体的比较及其对我国的启示[J].经济社会体制比较,2016(1):19-29.

② 苗圩.大力实施中国制造2025加快推进制造强国建设[J].时事报告,2015(3):72-84.

发的全球性合作来提升技术产品的竞争力,美国高新技术产业聚集地——硅谷,据统计大约有 30% 的研发环节是在欧洲或日本合作完成的。所以,制造业应通过研发的全球化合作来进一步增强技术产品的竞争力与市场的适销性。①地方立法在政策规划方面,具有最高权威性。可以通过立法的形式,规定结合宁波地方产业实际,建设一批优势领域制造业创新中心,加强制造企业与高校和科研院所的产学研协同创新,促进科技成果转化的市场化和专业化管理,深入实施知识产权战略。为了推进新产品和制造技术的集成和开发,并对接全球制造市场,政府需要引导和鼓励企业组建制造业联盟,实行强强联合或积小成大、集弱成强的合作模式。在领军企业和骨干企业间以及中小企业间建立生产技术联盟,并通过有效利用信息平台,实现企业的决策支持、工作流程管理、合同管理、招投标管理、知识管理、培训管理、客户关系管理、利益分配管理等不同功能的子系统构建。这样做可以构建一个高效的团队协作生产模式,结合物联网和服务网,以适应未来制造业的发展趋势。同时,政府还需要根据全球制造市场的变化不断优化企业联盟信息平台的容量和功能,以更好地满足企业的需求。②

3. 通过立法明确拓宽投融资政策渠道

越来越多的制造业企业家开始重视资本市场,企业家积极探索产融结合之路,持股金融机构对于帮助企业创新活动突破融资约束瓶颈、加快技术创新升级、提高企业核心竞争力等具有重要作用。③要

---

① 张恒梅.当前中国先进制造业提升技术创新能力的路径研究——基于美国制造业创新网络计划的影响与启示[J].科学管理研究,2015(1):52-55.

② 李金华.德国"工业 4.0"与"中国制造 2025"的比较及启示[J].中国地质大学学报(社会科学版),2015(5):71-79.

③ 王超恩,张瑞君,谢露.产融结合、金融发展与企业创新——来自制造业上市公司持股金融机构的经验证据[J].研究与发展管理,2016(5):71-81.

通过立法,对制造领域高新技术企业要主动实施财政性扶持和拓宽融资渠道。主要内容可以包括:贷款实行财政贴息政策。政府应引导银行贷款支持制造领域高新技术产业,并打破现行的财政贷款贴息政策中对非国有经济的限制。财政贴息应适当向先进制造业倾斜,以鼓励其发展;建立中小型先进制造业企业贷款渠道。政府应在政策性银行中开辟专门针对中小型先进制造业企业的贷款渠道,并降低对高新技术企业起贷资金3000万元的限制。政策性银行应该根据产业特点采取不同的政策,以支持制造业企业的结构调整和发展;商业银行加大扶持力度。商业银行应灵活运用市场机制,加大对产品目标市场良好的先进制造业企业的扶持力度,并探索多种贷款抵押担保方式。同时,应向制造业优势企业,包括民营、私营企业贷款倾斜的政策,扩大贷款规模,以支持其发展;利用证券市场推动制造业发展。政府应鼓励制造业优势企业发行股票,制定相关政策和制度,以便利用证券市场的融资和调整资本结构、产业结构的功能,加速推动制造业的发展。在制定相关政策和制度时,应注重选择具有自主知识产权、有一定的产品竞争优势、产品形成了一定市场规模的制造业优势企业。[①]

4. 通过立法调动制造业企业走出去的积极性

随着美国等发达国家和地区制造业的回流,我国制造业长期依赖的低成本优势逐渐褪去,新的竞争优势尚未形成。我国制造业企业应当抓住战略性新兴产业发展的契机,实施"走出去"和"引进来"策略,培育我国自己的高端制造产业链。[②]为此,需要立法明确支持制造业企业兼并重组,形成产业集群,实现资源组合,提升产业综合竞

---

①　李京文.我国先进制造领域高技术产业发展的思路[J].中国工业经济,2000(2):28-33.

②　王丽娜.美国制造业重振对我国制造业的影响及应对措施[J].辽宁师范大学学报(社会科学版),2016(1):37-42.

争力。同时,积极鼓励制造业企业进行海外投资和市场扩展,在国际竞争中不断提高竞争力。要积极发现培育新增长点,支持制造业企业开展海外优质资产并购。

5.推动服务型制造创新发展的配套制度措施

服务型制造是一种新型的制造模式,它是在服务业和制造业关系日益密切的背景下形成的。这种制造模式将产品与服务进行有机结合,通过消费者对整个产品生产过程的真正参与和企业之间提供的生产性服务,完成制造企业片段化、分散化资源的有效整合和核心竞争力的协同。通过服务型制造模式,企业可以将产品与服务进行有机结合,从而满足消费者多样化的需求。同时,消费者对整个产品生产过程的参与也能够促进企业的创新和改进,提高生产效率和产品质量。此外,企业之间的生产性服务和服务性生产可以促进资源的共享和协同效应,实现企业的片段化、分散化资源的有效整合,提高企业的核心竞争力。[①]

从立法对策的角度来看,应该推动制造业的结构调整和转型升级,并坚持走服务型制造的道路。为了实现这一目标,需要政府在微观层面上采取科学、合理的措施来引导企业。政府可以通过各种政策、措施,例如税收优惠、财政补贴等,鼓励企业提高信息化水平,促进制造业与信息化的深度融合。此外,政府还可以通过加强人才培养、知识产权保护等措施,提高企业的技术水平和创新能力。通过这些措施,可以促进制造业从低技术、低附加值的粗放型、外延型向高技术、高附加值的集约型、内涵型转变。同时,也可以帮助企业实现从大规模生产到精益制造型的大规模定制的过渡。

---

① 何晰,李建华."服务型制造"的创新机理及其竞争优势——对第三次工业革命先进生产方式的分析与思考[J].理论与改革,2014(6):72-75.

第二节　基层营商环境优化的人才要素保障

一、基层高素质科技人才培养的需求分析

（一）时代背景需求

优化基层营商环境是当前我国经济发展的重要任务之一，也是实现高质量发展的关键。在这个背景下，基层营商环境优化的人才需求显得尤为重要。优化基层营商环境需要具备专业知识和技能的人才。这些人才包括但不限于经济管理、行政管理、法律、市场营销等方面的人才，他们可以为企业提供经营管理和政策咨询等服务，帮助企业提高竞争力和市场占有率。优化基层营商环境需要具备创新能力和创业精神的人才。这些人才可以通过技术创新、产品创新、商业模式创新等方式，为企业提供新的发展机遇和增长动力。他们也可以通过创业活动，推动当地经济的快速发展。

优化基层营商环境也需要具备跨学科知识和综合素质的人才。这些人才可以更好地理解和解决复杂的经济、社会和环境问题，促进企业的可持续发展。同时，他们也可以在跨领域合作中发挥重要作用，推动不同行业和领域之间的融合和创新。优化基层营商环境还需要具备国际化视野和跨文化沟通能力的人才。这些人才可以通过参与国际交流与合作，了解国际市场和规则，为企业提供国际化的发展方案和策略。同时，他们也可以在与国际企业竞争和合作中发挥重要作用，推动当地经济的国际化发展。

在当今的时代背景下，可持续发展和生态环境保护的观念已经深深地植根于人们的心中。人们逐渐意识到，为了保护地球家园和人类的未来，人们必须采取行动，以促进可持续的发展模式和环保生

活方式。由此,基层高素质科技人才培养的目标变得更加明确和重要。这些人才将是推动可持续发展的重要力量,他们需要具备环境保护和可持续发展意识,以及扎实的科学文化知识。

(二)经济发展需求

随着全球经济的不断发展和科技进步的推进,各国对于具有创新能力和跨学科知识的基层高素质科技人才的需求日益旺盛。尤其是在发展中国家,经济的快速发展需要大量具备先进科技知识和技能的人才来支撑,以实现经济持续、健康、稳定的发展。在这个背景下,基层高素质科技人才的培养显得尤为重要。这些人才需要具备全方位的科技素养和综合能力,以适应不断变化的市场需求和科技进步。他们需要具备跨学科的知识和技能,能够综合运用自然科学、技术科学和人文社会科学等知识,解决实际问题。同时,他们还需要具备创新思维和创业精神,能够通过技术创新和商业模式创新等方式,推动当地经济的快速发展。对于发展中国家而言,基层高素质科技人才培养的意义更加重大。这些国家往往面临着经济发展的紧迫任务,需要通过科技进步和创新来推动经济的持续增长和质量提升。因此,培养具备先进科技知识和技能的人才成为这些国家的重要战略。

我国区域经济发展需求差异较大,不同地区对基层高素质科技人才的需求也有所不同。因此,在培养基层高素质科技人才时,需要结合不同地区的经济发展需求,破解这一难题。基层高素质科技人才需要具备跨学科的知识和技能。因此,在培养过程中,需要强化跨学科培养,促进不同学科之间的交叉融合。例如,可以在高校设置跨学科专业,或者通过跨学科课程、项目和实践等方式,培养学生的综合素质和创新能力。基层高素质科技人才需要具备实践能力,能够解决实际问题和开展创新实践。因此,在培养过程中,需要注重实践能力的培养,通过实践课程、实验、实习等方式,培养学生的实际操作能力和解决实际问题的能力。基层高素质科技人才需要具备创新创业能力,能够通过技术创新和商业模式创新等方式推动经济发展。

(三)社会可持续发展需求

随着全球人口的增长、城市化和工业化的快速发展,生态环境问题和资源短缺问题日益凸显。面对这些严峻的挑战,社会对于具备环境保护意识和可持续发展理念的基层高素质科技人才的需求愈发迫切。基层高素质科技人才需要具备环保意识和可持续发展理念,才能在经济、社会和环境领域实现协调发展。通过加强宣传和教育,可以提高公众对环境保护和可持续发展的认识,培养年轻一代的环保意识和可持续发展理念。在资源短缺问题日益严重的背景下,基层高素质科技人才需要掌握资源节约和循环利用的技术和方法。他们可以通过创新技术和管理方式,提高资源的利用效率,减少浪费和环境污染。例如,推广节能减排技术、发展可再生能源等措施,实现资源的可持续利用。基层高素质科技人才需要关注生态环境的保护和修复。他们可以通过生态恢复、生态补偿等技术手段,保障生态环境的安全和稳定。同时,他们还可以探索生态产业的发展模式,推动生态保护与经济发展的良性循环,实现生态效益与经济效益的双赢。基层高素质科技人才需要具备跨学科合作和创新能力,能够综合运用不同领域的知识和方法,解决复杂的环境问题。通过推动跨学科合作,整合科技、经济、社会和环境等领域的资源,实现多方面的协同发展。

基层高素质科技人才可以通过他们的专业知识和实践能力,推动经济发展和社会进步,可以为企业提供经营管理和政策咨询等服务,帮助企业提高竞争力和市场占有率,同时,还可以通过创新和创业,推动当地经济的快速发展,为社会创造更多的就业机会。基层高素质科技人才可以通过提供创新的技术和管理方法,推动企业的创新与发展。他们可以帮助企业进行技术升级和产品创新,提高产品质量和竞争力。同时,他们还可以为企业提供市场分析和战略规划等服务,帮助企业制定合适的商业策略,实现可持续发展。基层高素质科技人才可以通过技术转移、产业升级等方式,推动产业结构优化和经济发展质量的提升。他们可以通过跨学科合作,将科技与产业深度融合,推动新兴产业的发展和传统产业的转型升级。这有助于提高经济的创新性和可持续性,推动社会经济的发展和就业机会的增加。他们可以提供创业指导和孵化服务,帮助有潜力的初创企业成长壮大。同时,他们还可以通过技术培训和资源共享,促进创新技术的传播和应用,激发社会的创新活力。

(四)教育改革需求

传统教育模式已经无法满足现代社会对基层高素质科技人才的需求,教育改革已经成为全球范围内的共同趋势。教育改革旨在培养学生的综合素质和能力,使他们具备跨学科知识、创新思维和可持续发展意识。通过改革教育体系,可以培养出更多具有社会责任感和创新意识的人才,为经济社会发展提供强有力的人才保障。

首先,教育改革的目标是培养具有跨学科知识的基层高素质科技人才。在传统的教育模式下,学科划分过于细致,导致学生难以将不同学科的知识进行整合,而现代科技的发展需要的是具备跨学科知识的人才,他们能够将不同领域的知识进行有机融合,从而推动科技的进步。因此,教育改革需要进一步打破学科之间的壁垒,加强不同学科之间的交流和合作,让学生能够全面发展,具备跨学科知识的能力。

其次,教育改革需要注重培养学生的创新思维。创新是推动社会进步的重要动力,而创新思维的培养则需要教育体系的支持和引导。在教育过程中,应该鼓励学生敢于质疑、勇于尝试,培养他们的批判性思维和独立思考能力。此外,教育机构还可以通过提供创新实践平台、开设创新课程等方式,激发学生的创新潜能,培养他们的创新精神和创新能力。

再次,教育改革需要注重培养学生的可持续发展意识。随着全球环境问题和资源短缺的日益严峻,可持续发展已经成为社会发展的核心目标。作为未来的基层高素质科技人才,他们需要具备对可持续发展的认知和行动能力。在教育过程中,应该加强环保、资源节约、社会责任等方面的教育,让学生了解可持续发展的重要性,培养他们的环保意识和责任感。此外,还可以通过开展实践活动、组织志愿者活动等方式,让学生深入了解可持续发展的问题和挑战,并激发他们为可持续发展贡献力量的决心和信心。

最后,教育改革需要注重培养学生的社会责任感。作为未来的基层高素质科技人才,学生需要具备为社会服务的意识和能力。在教育过程中,应该注重培养学生的社会意识和责任感,让他们了解自己的职业使命和社会责任。此外,还可以通过开展社会实践活动、组织志愿服务等方式,让学生深入了解社会问题,并激发他们为社会服务的热情和动力。

(五)科技创新需求

科技创新是推动经济社会发展的重要引擎,而具备创新能力和跨学科知识的基层高素质科技人才则是科技创新的主体。这些人才在推动科技成果转化和应用方面发挥着至关重要的作用,为经济发展和社会进步提供强有力的科技支撑。

首先,基层高素质科技人才通过科学研究和创新实践,能够不断探索新的科技领域,开发出具有创新性和竞争力的科技成果。他们在各自的专业领域中具备专业的知识和技能,能够敏锐地捕捉到科技发展的趋势和机遇,从而进行前瞻性的研究和开发。这些研究成果不仅有助于提升科技水平和创新能力,还能够为经济发展提供新的增长点,推动产业升级和转型。

其次,基层高素质科技人才在科技成果转化和应用方面发挥着关键的作用。他们能够将科技成果应用于实际生产和生活中,推动技术的商业化和社会化。这些人才具有跨学科的知识和技能,能够有效地将科技成果与其他领域的知识相结合,实现技术的跨界融合和集成创新。他们还可以通过与企业的合作,将科技成果转化为实际的产品和技术,实现科技与经济的深度融合。

最后,基层高素质科技人才在科技创新中具有引领作用。他们是科技创新的基础性力量,能够从根本上为科技发展和进步提供智力支持和创新动力。他们在各自的领域中具有较高的知名度和影响力,能够带动和引领其他科研人员共同推动科技创新和发展。他们的研究成果和经验教训也能够为其他科研人员提供指导和借鉴,促进科技创新的团队合作和交流分享。

综上所述,基层高素质科技人才是推动经济社会发展的重要驱动力。他们通过科学研究和创新实践,推动科技成果转化和应用,为经济发展和社会进步提供了强有力的科技支撑。在科技创新中,这些人才具备创新能力和跨学科知识,能够敏锐地捕捉机遇和挑战,以创造性的方式解决问题,实现科技创新和发展的突破。他们的贡献不仅有助于提升国家的科技水平和竞争力,还能够为社会进步和民生改善作出积极贡献。因此,培养和吸引更多的基层高素质科技人才是国家和社会的关键任务之一,也是实现可持续发展的必要条件。

二、基层高素质科技人才的特征

(一)创新思维和可持续发展意识

基层高素质科技人才能够运用创新思维来寻找和解决问题的方法,推动科技进步和社会发展。同时,他们也具备可持续发展的思想和意识,注重长期效益和可持续发展模式的选择。

基层高素质科技人才具备创新思维。他们能够以独特的视角和方法来审视问题,寻找新的解决方案。在面对复杂问题时,他们能够从不同角度进行观察和分析,发现问题的本质和潜在解决方案。他们善于质疑和挑战传统观念和做法,勇于尝试新的方法和途径,以实现科技创新和社会进步。正是这种创新思维,使得基层高素质科技人才能够推动科技进步和社会发展,为人类社会的发展作出重要贡献。

基层高素质科技人才注重可持续发展。他们具备可持续发展的思想和意识,注重长期效益和可持续发展模式的选择。在科研和实践中,他们充分考虑环境保护、资源节约、社会公正等因素,追求经济、社会和环境的协调发展。他们认识到科技的发展不能以牺牲环境和社会为代价,而是要寻求与自然环境的和谐共生,实现可持续发展的目标。

基层高素质科技人才具备创新思维和可持续发展意识,是推动科技进步和社会发展的关键力量。他们通过运用创新思维来寻找和解决问题的方法,推动科技进步和社会发展;同时,注重长期效益和可持续发展模式的选择,从而实现经济、社会和环境三者之间的协调发展。

(二)扎实的专业知识

基层高素质科技人才具备完备的专业知识体系,能够系统地掌握所在领域的理论体系、技术方法和应用实践。他们对于所在领域的学科基础、前沿动态、发展趋势有深入地了解,能够全面、准确地把握专业领域的发展方向和趋势。基层高素质科技人才具备跨学科的知识交叉融合能力,能够综合运用多个学科的理论、技术和方法,解决复杂问题。他们善于发现和挖掘不同学科之间的联系和结合点,通过学科交叉融合,推动科技创新和产业发展。基层高素质科技人才具备较强的科研能力和创新思维,能够开展高水平的研究工作,提出和解决具有创新性的问题。他们具备科学研究的严谨性和创新性,善于运用科学方法和实验技术进行数据分析、问题研究和成果转化。

(三)高效解决实际问题的能力

基层高素质科技人才不仅对自然科学和技术科学有深入的理解,还对人文社会科学有广泛的涉猎,这使得他们能够从多个角度思考问题,综合运用不同领域的知识来解决问题。

基层高素质科技人才具备正确处理人与自然、人与人、人与自身关系的能力。他们意识到人类与自然是相互依存的,尊重自然、保护环境是每个人的责任。他们能够理性地处理人类与自然的关系,实现人与自然的和谐共生。同时,他们也具备处理人与人之间的关系的能力,能够以平等、互惠、合作的方式与他人进行交流和合作。

基层高素质科技人才具备敏锐的观察力和判断力,能够及时发现和准确定义实际问题。他们能够从复杂的现实场景中提取关键信息,明确问题的本质和核心,为解决问题提供清晰的目标和方向。基层高素质科技人才具备解决复杂问题的能力,能够运用跨学科知识和技能,从多个角度对问题进行分解和分析,找到问题的根源和关键因素。基层高素质科技人才具备创新思维和实践能力,能够通过创新的方法和实用的技术,解决实际问题。他们能够打破传统思维模式,提出具有创新性的解决方案,并且具备将方案转化为实际应用的能力。

三、基层高素质科技人才培养路径与建议

(一)教育体系改革

对基层高素质科技人才的培养是一个长期而复杂的过程,需要政府、教育机构、企业和个人共同努力。通过改革教育体系、建设创

新实践平台、加强跨学科培养、推动团队建设与合作以及培养可持续发展意识等措施,可以培养出更多具备创新精神和实践能力的高素质科技人才。同时,政府还需要加强政策支持、激励机制以及国际交流与合作等方面的措施,为基层高素质科技人才的培养提供更加有利的环境和条件。教育体系改革是培养基层高素质科技人才的首要前提,是培养基层高素质科技人才的基础。

在基础教育阶段,应该注重科技教育的普及和加强,通过举办科技活动、建设科技实验室等多种方式,让学生接触到最新的科技知识和科技成果,激发他们对科技的兴趣和热情。同时,高等教育也应该注重理论与实践的结合,为学生提供丰富的实践机会,培养他们的实践能力和解决问题的能力。可以通过开设实践课程、组织实习和实践活动、建立实践基地等方式,让学生和基层科技人员在实际操作中掌握科技知识和技能。

(二)聚焦团队合作创新基层高素质科技人才培养

在 21 世纪这个知识经济时代,可持续发展已成为主旋律。知识经济要求大学的素质教育必须将经济效益、社会效益和环境效益相统一,这是当代大学生应该具备的基本素质。只有具备较强的可持续发展观念,才能适应社会经济发展的需要。因此,培养学生具备基层高素质科技人才创新能力和个性化教育,应当成为大学教育的基本目标。

在教育教学中,高等教育机构需要解决的问题不仅是教学生"学会",更要教学生"会学"。学生需要掌握终身学习的本领,不仅要学会某些专业知识,更要学会创新。要让学生对未知世界始终保持强烈的好奇心、求知欲和探索精神,这是他们创造力的源泉。因此,教育方式应从传统的课堂灌输、课后复习、考试检查转变为自学、课堂辅导、引导、论文/设计或实验、社会实践等方式,使学习过程变为学习、应用、发展知识的过程,把学生从死记硬背中解放出来,将重点放在基本知识理解和掌握方法上。

个性化教育是学生创造力的必要条件。根据不同学生的个体差异、兴趣和能力的特征,高等教育机构需要有针对性地采取分类指导、分层施教的方法。不能对所有学生用一个标准来衡量、一种方法来施教、一种模式来培养。除了最基本的专业必修课外,学校还应尽可能开设更多的有关绿色教育的选修课程,保证学生对绿色知识形成比较系统完整的知识结构。这不仅可以让学生学会自主学习、独立分析和思考,更重要的是,还可以让学生树立崇尚真知、追求真理的科学精神,实事求是的实证精神,辩证的怀疑和理性的批判精神,以及互相尊重、虚心谦让的协作精神。

此外,创新也是基层高素质科技人才培养的关键因素。高等教育机构需要在教育中注重培养学生的创新思维和实践能力,通过提供创新实验和项目实践的机会,让学生学会发现问题、解决问题和创新应用。高等教育机构还可以通过引入跨学科的知识和方法,鼓励学生进行交叉创新和集成创新,以应对复杂的社会和科技问题。

为了实现这些目标,需要构建一个开放、多元、互动的教育环境。在这个环境中,学生可以参与各种科研项目、实践活动和社区服务,与教师和其他学生建立紧密的联系和合作。这样的教育环境不仅可以提高学生的综合素质和能力,还可以促进知识的共享和创新的发展。同时,还需要注重培养学生的自主学习能力。通过提供丰富的学习资源和学习支持,例如在线课程、学习社区和实验室等,让学生能够自主选择和探索知识,培养他们的自我学习能力和终身学习的习惯。

在聚焦团队合作创新基层高素质科技人才培养的过程中,需要不断更新教育理念和方法,以适应时代的变化和社会需求。需要关注学生的个体差异和发展需求,提供个性化的教育支持和服务。同时,高等教育机构也需要加强与行业和企业合作,建立紧密的产学研合作关系,为学生提供实践和创新的机会和平台。

(三)创新实践平台建设

实践平台是培养基层高素质科技人才非常重要的途径。为了提高学生的实践能力和创新能力,高等教育机构应该加强实验室、科技园区、创新型企业等实践平台的建设,为学生和基层科技人员提供良好的实践条件和机会。

实验室是培养学生实践能力和创新能力的关键平台。学生可以通过实验室的实验操作、研究探索等方式,深入了解所学知识,掌握科学研究的方法和技能。因此,高等教育机构应该加强实验室的建设,提供先进的实验设备和技术支持,为学生提供更好的实践条件和实验环境。

科技园区是推动科技创新和产业发展的重要平台。在科技园区内,学生可以通过参与各种科技创新项目、实习实践等方式,了解科技发展的最新动态,掌握科技应用的技能和方法。因此,高等教育机构应该加强科技园区的建设,为学生提供更多的实践机会和资源,促进科技成果的转化和应用。

企业是推动经济发展的重要力量。基层高素质科技人才培养对象可以通过在企业开展技术创新实践、参与研发项目等方式,了解企业所在产业的最新技术发展现状及创新需求,在一线工作中透彻掌握创新方法。因此,应该鼓励企业参与教育活动,为学生提供更多的实践机会和资源,促进企业与学校之间的合作与交流。

除了以上提到的实践平台,还可以建立更多的实践基地和实验室,例如在企业和社区设立实习基地、建立创新实验室等,为学生提供更广泛的实践机会和资源。同时,高等教育机构还可以通过开展科技创新竞赛、组织实习项目等方式,鼓励学生积极参与实践活动,提高学生的实践能力和创新能力。

(四)跨学科跨专业的基层高素质科技人才培养

随着科技的不断进步和学科之间的交叉融合日益加深,许多复杂的社会环境和资源问题需要多个学科的协同解决。因此,具备跨学科跨专业背景的基层高素质科技人才的培养显得尤为重要。为了满足这一需求,高等教育机构需要致力于培养具有"既广博又精深"的知识和能力的学生,以适应未来科技发展的趋势。"广博"指的是具备宽广的绿色视野和宽厚的绿色知识基础。这包括对环境科学、生态学、资源利用等多个学科的深入理解。此外,还需要了解不同学科之间的交叉点,以便能够从多个角度分析问题和制定解决方案。"精深"则指的是具备精深的专业知识与技术,能够胜任某一专业领域的工作。这包括对特定领域的知识和技能的深入掌握,如环境工程、能源技术、材料科学等。

要实现专业教育与创新教育的统一与深化,需要从以下几个方面进行培养。

科学方法论课程:教授学生科学研究的方法和思路,培养他们的科学素养和批判思维能力。这有助于他们在学习和工作中运用科学方法解决问题,提高创新能力和解决问题的能力。

现代信息技术课程:让学生掌握现代信息技术手段,如计算机科学、数据分析和人工智能等。这些技术可以帮助他们更高效地获取、处理和应用信息,提高工作效率和创新能力。

实践课程:通过实践课程,让学生将所学知识应用于实践中,培养他们的实践能力和解决问题的能力。这包括实验、项目实践、实习等,让学生有机会接触到真实的场景和问题,从而更好地适应社会需求。

综合素质培养:除了专业知识外,还应注重培养学生的综合素质,如人文情怀、社会责任、理性精神、人生品位等。这有助于他们成为全面发展的人才,能够适应社会发展的需求,同时也能满足自身和职业发展的需求。

通过实施宽口径的专业教育,开设综合性的课程和实践活动,可以帮助学生在获得专业知识的同时,提高他们的综合素质和创新能力。这种培养方式不仅可以保证学生具备胜任某一专业领域工作的能力,同时也能让他们具备跨学科的视野和合作精神,更好地适应社会和科技发展的需求。

此外,还需要注重培养学生的创新意识和创新思维。这可以通过开设创新教育课程和实践课程来实现,让学生有机会参与创新项目中,培养他们的创新能力和团队协作能力。同时,学校还可以与企业、科研机构等合作,共同开展创新项目,为学生提供更多的实践机会和资源。

第三节　基层营商环境优化的平台要素保障

一、建设产业集群专利信息服务平台的必要性

信息化是当今世界经济和社会发展的大趋势,信息技术的进步日新月异,使我国区域知识产权信息化建设能够利用最先进和最成熟的技术。综合性的知识服务平台也是数十年来开放创新(Open Innovation)[①]和众包(Crowd Sourcing)[②]商务模式的直接外化物。专利兼具专业性、法律性、普遍性的特征,申报专利和专利检索分析等工作异常复杂,急需借助信息化工具和平台进行管理,信息化体系建设受到我国

[①]　Chesbrough H, Appleyard M. Open Innovation and Strategy [J]. California Management Review, 2007, 50(1): 57-76.

[②]　Howe J. The Rise of Crowdsourcing [EB/OL]. (2006-06-01) [2023-03-01]. https://www.wired.com/2006/06/crowds/.

众多产业集群管理机构的重视。①

20 世纪 90 年代中期以后,我国产业集群进入了快速发展的轨道。这一时期,随着经济的稳步增长、科技的不断进步、环境的有效保护以及政府投资政策引导,我国产业集群发展初具规模。集群是将相关企业、行业协会、高校、科研院所和其他社会资源如资金、人才、知识、技术等元素有机整合在一起的集合体,这一集合体,旨在提升集群的创新和发展能力,并促进各行业之间的交流与合作。通过将各种资源进行有效的整合,集群不仅增强了其内部成员之间的互动和合作,还实现了资源的共享和优化配置。这使得集群内的企业、机构等能够更加便捷地获取到所需的资金、技术、人才等资源,同时也为各行业之间的交流和合作提供了更广阔的空间。

随着知识经济时代的到来,国际企业已经完成了从产品制造和销售向研发和设计环节的转变,以创造更高的价值。在这个新的时代背景下,知识产权已经成为企业科技创新的重要保障,同时也是一个新的经营领域。这一趋势的不断发展,促使集群内的企业和机构更加注重知识产权的创造和保护。此外,随着产业集群的不断扩大和发展,特别是集群内高新技术企业的发展壮大,使得集群内的企业和高校等机构逐渐意识到拥有自主知识产权和核心技术的至关重要地位,开始重视研发和设计环节,加大投入力度,积极寻求科技创新,以提高自身在市场竞争中的地位和影响力。在这个过程中,集群内的企业和机构也在不断提高自身的核心竞争力。他们通过加强人才培养和引进,提高员工的专业技能和管理能力,从而提升整个集群的综合素质和创新能力。

但是,产业集群中的大多数中小企业知识产权意识并不强,认为自己没有知识产权或数量少,疏于管理。即使已经设立了管理部门

---

① 郭强.基于区域产业集群的专利信息服务平台建设研究[J].科技进步与对策,2013,30(20):59-62.

的企业,也未能把对知识产权的管理提到应有的高度,管理不规范,管理工作可有可无。并且,对于民营企业来说,人员流动率高,纵使有规范的管理制度,但管理人员更换频繁,管理效果不佳。[①]上述多种原因致使企业的一些知识产权的管理和保护方面的具体事务不能及时地得到处理,如:未能系统地管理本企业已授权的专利信息,无法及时获取每项有效专利的法律状态,导致因未交年费而意外失效的事情时有发生,这势必会给企业造成很大的经济损失;没有足够的有效专利数量,可能无法申请高新技术企业,也可能失去了到创业板上市的资格;等等。[②]

专利信息服务可以分为两类:第一类是专利文献服务,主要由图书馆、知识产权局等机构提供。这种服务主要涉及专利检索,包括专利申请的查新、检索以及法律状态的调查。这是企业和个人在研发、产品开发、技术转移等领域进行专利信息查询和了解的基础服务。第二类是专利深度服务,这类服务通过对大量专利进行初步的检索和分析,构建专利库,以满足客户的需求。它可以帮助企业建立自己的内部专利数据库,构建符合企业自身特点的专利战略。这类服务更侧重于提供深度的专利分析、专业的专利管理和战略性的专利布局。专利深度服务方法包括专利地图、IPC 分类、TRIZ 理论等。[③]

为了提升企业的科技创新能力并发展核心技术,需要开发具有动态更新能力的高质量专利数据库产品,为用户提供高质量的前沿技术分析服务、行业技术发展分析服务以及企业级知识产权增值服务。然而,当前我国专利信息公共服务体系存在不足,服务质量也缺乏规范。许多服务机构提供的信息服务仅限于专利基础数据库的检

---

①　张鹃.中国发展知识产权服务业的战略意义[J].改革与战略,2005(8):49-51.

②　Nonaka I. The Knowledge-Creating Company[J]. Harvard Business Review,1991 (11-12):9-10,96-104.

③　郭强.基于区域产业集群的专利信息服务平台建设研究[J].科技进步与对策, 2013,30(20):59-62.

索和简单的统计分析,缺乏深度加工。相比之下,企业的知识产权战略研究、专利预警等高端服务还非常稀缺。建立面向区域块状经济的专利信息服务平台已成为目前我国中小企业发展的迫切需求。[①]

二、国内外主要专利信息服务平台比较

(一)汤姆森科技信息集团(Thomson Scientific)的 Delphion 专利信息平台

汤姆森科技信息集团的 Delphion 专利信息平台(简称 Delphion 平台)是一款备受推崇的专利信息检索工具,为用户提供了强大的专利数据搜索和分析功能。这个平台收集了全球 80 多个国家和地区的 6500 万件专利,构建了一个庞大的深加工数据库,使得用户能够轻松地获取小写到全球范围内的专利信息。

首先,Delphion 平台具有快速准确的检索功能。用户可以根据专利的申请人、申请国家、申请年代、专利分类号等信息进行快速排序操作,以便于锁定特定的专利信息。同时,通过快照功能,用户可以方便地对检索结果进行统计分析,从而更好地了解特定专利的分布情况和发展趋势。

其次,Delphion 平台提供了强大的统计分析工具。通过集群功能,用户可以对检索结果进行自然语言的词语出现频次的统计,并分析它们之间的相互关系。这种分析能够帮助用户更好地理解专利技术的热点和发展趋势,从而为他们的科研和商业决策提供有力的支持。

最后,Delphion 平台的引文链接功能为用户提供了直观的引证信息分析工具。用户可以通过这个功能对专利文献的引证信息进行前后引证树式的图形化分析,从而更好地了解特定专利的影响力和

---

① 郭强.基于区域产业集群的专利信息服务平台建设研究[J].科技进步与对策,2013,30(20):59-62.

技术演进路线。这对于科研人员和技术开发者来说具有重要的指导意义。

总的来说,Delphion 专利信息平台是一款功能强大、操作简便的专利信息检索和分析工具。它能够帮助用户快速准确地获取全球范围内的专利信息,并对这些信息进行深入的统计分析,从而为科研和商业活动提供有力的支持和指导。无论是在学术界还是产业界,Delphion 平台都将成为科技人员和决策者们的重要工具。

(二)欧洲专利局专利信息检索服务系统

欧洲专利局(European Patent Office,EPO)是世界上最大的专利局之一,负责欧洲地区的专利审批和保护工作。该机构的专利信息检索服务系统为客户提供了一个强大的平台,可以方便地获取和检索欧洲乃至全球的专利信息。

首先,欧洲专利局维护了两个网络数据库,分别是 Epoline 和 Espacenet。这两个数据库均为客户提供免费的欧洲专利信息资源与检索服务。Epoline 数据库包含了所有公布的欧洲专利及指定欧洲的 PCT 申请信息,提供了欧洲专利局审查过程各阶段的详细信息、法律状态、引证文献、来自申请人的文件和自欧专局发出的文件的扫描文本,以及专利族信息。Espacenet 数据库则包含了欧洲专利局数据库(近两年)、世界知识产权组织数据库(近两年)以及世界专利数据库(80 多个国家 5900 万件专利)。

其次,Epoline 和 Espacenet 两个数据库各自具有不同的特点。Epoline 数据库侧重于提供全面的欧洲专利信息,包括申请信息、审查过程、法律状态以及相关文件等。该数据库还提供了多种语言版本,方便不同语言的用户使用。Espacenet 数据库则更侧重于专利的检索功能,提供了快速检索、号码检索、高级检索等多种检索方式,以及分类表查询功能。这些功能使得用户能够快速准确地查询到所需的专利信息。

再次,欧洲专利局的专利信息检索服务系统具有三个优点。其一,该系统提供了丰富的专利信息资源,包括欧洲、世界各地的专利信息以及相关文件等,这为用户提供了极大的便利。其二,该系统提供了多种检索方式和查询功能,使得用户可以根据自己的需求进行选择,快速准确地获取到所需的信息。其三,该系统的检索速度和稳定性也非常出色,能够满足大量用户同时使用。

最后,欧洲专利局提供了免费的专利信息检索服务,为用户节省了时间和金钱成本。

总结来说,欧洲专利局的专利信息检索服务系统是一个非常优秀的平台,为客户提供全面的欧洲和世界各地的专利信息以及便捷的检索功能。该系统具有资源丰富、检索方式和查询功能多样、检索性能的快速稳定以及免费使用等特点,使得用户能够轻松获取所需的信息并提高工作效率。因此,欧洲专利局的专利信息检索服务系统对于科研人员、发明家和企业来说都具有重要的意义,是获取专利信息和进行研发活动不可或缺的工具之一。

(三)美国 Dialog 公司 Innography 专利分析平台

美国 Dialog 公司的 Innography 专利分析平台(简称 Innography 平台)是一款备受推崇的专利信息检索和分析工具,它以其强大的功能和高效的操作被誉为新一代专利信息检索和分析平台的代表。

首先,Innography 平台提供了广泛的专利信息覆盖范围。用户能够利用该平台查找获取世界范围内 70 多个国家和地区的同族专利、法律状态及专利原文等信息。这使得用户能够全面了解全球范围内的专利情况,从而为他们的研发和商业决策提供有力的数据支持。同时,Innography 平台还有来自 PACER(美国联邦法院电子备案系统)的最近 40 年 6 万个专利诉讼数据,以及来自 D&B(邓白氏)及美国证券交易委员会的专利权人财务数据。这些商业数据不仅可以帮助用户评估公司的市值和规模，还有助于他们分析和对比专利权人的综合实力，从而更好地了解市场竞争现状和趋势。

其次，Innography 平台具有出色的可视化功能。它可以将专利、商业、诉讼等各方面的信息结合在一起，形成结构化分析方案，并以可视化图表形式直观地呈现给用户。这些图表包括专利强度图、相似专利图等，帮助用户更深入地理解和分析专利信息。同时，Innography 平台还支持多种语言，使得用户能够更加方便地操作和使用。

最后，Innography 平台提供了两种独特的分析方法：专利强度分析和相似专利分析。专利强度分析是根据专利引用关系、技术领域、权利要求等因素对专利进行综合评估，以确定该专利的重要性和影响力。相似专利分析则是通过比对不同专利之间的相似性，找出相似或相关的技术方案，帮助用户更好地了解技术发展趋势和竞争态势。这些分析方法为用户提供了更加全面和深入的专利分析工具，有助于他们制定更加明智的研发和商业策略。

总体来看，美国 Dialog 公司的 Innography 专利分析平台是一款功能强大、操作简便的专利信息检索和分析工具。它提供了广泛的专利信息和商业数据，涵盖了全球范围内多个国家的同族专利、法律状态、专利原文、专利诉讼数据以及专利权人财务数据等。这些信息能够帮助用户全面了解市场现状和发展趋势，为他们的研发和商业决策提供有力的支持。同时，Innography 平台还具有出色的可视化功能和两种独特的分析方法，使得用户能够更加深入地理解和分析专利信息。

(四)中国国家知识产权局专利检索数据库

中国国家知识产权局专利检索数据库涵盖了自 1985 年 9 月 10 日以来在中国公布的全部专利信息，包括发明、实用新型和外观设计三种类型的专利。这个数据库不仅提供了专利的著录项目和摘要，还可以浏览到各种说明书的全文以及外观设计图形。

该数据库提供了非常全面的专利信息，可以满足用户对于专利信息查询的各种需求。在中国国家知识产权局专利检索数据库中，用户可以查询到各种类型的专利信息，包括发明、实用新型和外观设计等。这些专利信息包括了专利的著录项目和摘要，可以帮助用户快速了解该专利的基本信息。

该数据库提供了多种检索方式，使用户可以更加方便地进行专利信息检索。该数据库支持多种检索方式，包括简单检索、高级检索、专业检索等。用户可以根据自己的需求选择不同的检索方式，从而更加快速地找到自己需要的专利信息。此外，该数据库还提供了多种筛选和排序功能，可以帮助用户更加精准地定位自己需要的专利信息。

该数据库提供了免费的专利信息检索服务，为用户提供了极大的便利。中国国家知识产权局专利检索数据库是一个面向公众的免费专利信息检索平台，用户可以免费地查询到各种类型的专利信息。这为用户节省了购买专利信息数据库的成本，同时也使用户可以更加方便地获取到专利信息。

该数据库具有很高的权威性和可信度。中国国家知识产权局是国家知识产权保护的权威机构之一，其发布的专利信息具有很高的权威性和可信度。因此，中国国家知识产权局专利检索数据库所提供的专利信息也具有很高的权威性和可信度，可以帮助用户更加准确地了解专利信息和相关技术细节。

中国国家知识产权局专利检索数据库是一个非常实用、全面、权威的专利信息检索平台。它提供了多种检索方式，使用户可以快速地定位到自己需要的高权威性、高可信度的专利技术信息，更加深入地了解专利的具体内容和技术细节。

(五)中国知识产权网"CNIPR 中外专利数据库服务平台"

中国知识产权网"CNIPR 中外专利数据库服务平台"实现了对中国专利及国外专利的广泛数据覆盖。这个平台服务的数据范围非常广泛,包括了来自美国、日本、英国、EPO、WIPO 等 91 个国家和组织的专利信息。这些专利信息包括了专利的著录项目和摘要,可以帮助用户快速了解该专利的基本信息。同时,该平台还提供了说明书的全文和外观设计图形,使用户可以更加深入地了解专利的具体内容和技术细节。

该平台的检索功能非常强大,可以满足不同用户的检索需求,包括中外专利混合检索、行业分类导航检索、IPC 分类导航检索、中国专利法律状态检索、中国药物专利检索等。上述检索的途径,可以有效帮助用户更加准确地找到自己需要的专利信息。此外,该平台还提供了多种筛选和排序功能,可以帮助用户更加精准地定位自己需要的专利信息。

该平台的检索方式比较灵活,除了传统意义上比较常见的表格检索和逻辑检索方式,还增设了二次检索、过滤检索、同义词检索等组件。为了提升检索质量,该平台还特别开发了机器翻译的特色功能,能对检索到的英文专利进行即时翻译,帮助用户理解专利内容,方便用户检索。

该平台具有专利信息分析和预警功能,旨在深度加工和挖掘专利数据,并通过图表等形式呈现出其中蕴含的统计信息或潜在知识,以便用户能够更直观地了解和掌握相关数据。上述功能可以帮助用户更好地了解专利信息,为技术创新和研发提供重要的参考价值。

(六)上海市知识产权(专利信息)公共服务平台

上海市知识产权(专利信息)公共服务平台于 2009 年 6 月 9 日

正式开通。平台具有以下特色和优势。

该平台专利信息资源规模庞大。平台数据库中包含了近 80 个国家、国际组织和地区的专利文摘数据，总计 5000 多万条专利文献数据。这些数据涵盖了各个技术领域的专利信息，可以满足用户对于专利信息查询的各种需求。该平台还提供了大量的专题数据库，包括知识产权案例库、集成电路布图设计数据库等，这些数据库可以帮助用户更好地了解相关领域的知识产权情况。

该平台提供多种辅助性检索功能，如专利分类统计检索功能、图像检索等，可以帮助用户更好地了解相关领域的技术发展情况、竞争对手的专利布局等信息，从而为企业制定更加科学的知识产权战略提供支持。

该平台具有多种功能系统，可以满足用户不同的需求。其中，专利检索与在线分析系统是该平台的核心功能之一，可以帮助用户进行专利检索和分析。专题数据库制作管理系统则可以帮助用户制作和管理自己的专题数据库，提高工作效率。该平台还提供了专利信息定制和预警系统、知识产权综合管理系统等多种功能系统，以满足用户不同的需求。

该平台具有较高的安全性和可靠性。该平台采用了多种安全措施来保护用户数据的隐私和安全，同时平台的操作界面也简洁明了、易于使用。该平台还提供了多种延伸服务功能，如专利交易与价值评估系统等，这些功能可以帮助用户更好地了解相关领域的知识产权情况，为企业制定更加科学的知识产权战略提供支持。

三、中外专利信息服务平台功能分析

（一）运营模式比较

从运营模式的视角来看，当前主要的专利信息服务平台可以分为两种类型:免费和收费。免费的专利信息服务平台通常由官方建立,如中国国家知识产权局的官方专利检索网站和欧洲专利局官方检索网站等。这些平台的主要优势在于其提供的专利信息非常全面且更新及时,此外,由于是官方机构,其检索的权威性也相对较高。然而,这类平台通常提供的检索功能较为基础,可能只包括简单的关键词搜索、高级搜索等。与此同时,它们的下载和分析功能可能也较为有限。

相对而言,收费的专利数据库平台通常由商业机构开发,如各大科技公司、咨询公司等。这些平台的特点在于其检索功能更为强大,通常具有先进的下载和分析功能,如支持按各种顺序进行检索结果的自动排序,支持批量全文下载,支持专利检索结果的统计分析,甚至支持引证分析等。[①]这些功能对于企业和研究机构进行深入的专利分析和战略规划至关重要。然而,由于这些平台是收费的,个人或小企业可能难以负担这笔费用。

从商业模式的角度来看,免费的专利信息服务平台通常由政府或相关机构资助,其目的是提供公共福利,促进科技创新和社会发展。而收费的专利数据库平台则更多以商业盈利为目的,通过提供高质量的服务来吸引用户并产生收益。

(二)收录范围、种类比较

从收录范围和种类比较的视角来看,我国国内专利信息服务平台与国外几大专利信息服务平台在信息收录的时间范围和规模上相差无几。就时间范围而言,这些平台都提供了历史悠久、涵盖多个年度的专利信息,使得用户可以追溯和查阅早期的专利发明。在收录规模方面,国内专利信息服务平台如中国知识产权网、中外专利数据

---

① 董玉鹏.转变增长方式须正视知识产权服务业不振现状[N].中国社会科学报,2012-03-30(5).

库服务平台和上海知识产权（专利信息）公共服务平台等，都包括了最基本的发明、实用新型和外观设计。同时，部分平台在显著位置也收录了授权发明和失效专利等更多种类的专利信息。

然而，与国外一些专业性公司如美国 Dialog 公司和汤姆森科技信息集团相比，国内专利信息服务平台在产品种类和收录种类的丰富程度上可能略有不足。这些国外公司通常拥有更为成熟和专业的服务产品，提供的服务种类更为丰富，例如提供特定技术领域的深度分析报告、专业的专利评估工具及针对特定企业的定制化专利信息服务等。

（三）检索途径比较

从检索途径比较的视角来看，国内外主要的专利信息平台都提供了基本的专利检索功能。[①]然而，在检索字段、检索范围和高级检索功能等方面，不同平台存在着一定的差异。首先，国内的专利信息服务平台在检索字段和高级检索功能方面表现出色。如中国知识产权网中外专利数据库服务平台，提供了较多的检索字段和逻辑组配功能，使用户能够更加精确地定位到所需的专利信息。其次，这些平台还支持 IPC 分类检索，为用户提供了更广泛的检索范围。其中，上海知识产权（专利信息）公共服务平台在检索途径方面尤为突出。该平台提供了多种检索途径，包括案例检索、外国专利数据库检索、分类途径检索等，为用户提供了丰富的检索选择。同时，该平台还支持逻辑组配功能，使用户能够更灵活地进行组合检索。

相比之下，国外的专利信息平台如美国 Delphion 专利信息平台也提供了高效的专利检索工具。该平台采用整合式浏览界面，能够

---

① 郭强.基于区域产业集群的专利信息服务平台建设研究[J].科技进步与对策，2013,30(20):59-62.

快速检索到世界各国的专利和申请案的全文资料。该平台还提供了多种高级检索功能，如逻辑组配、跨语言检索等，以满足用户多样化的需求。

(四)操作便捷性比较

从操作便捷性的角度来看，国内外专利信息平台大都提供了友好的检索界面和人性化的服务功能，以方便用户进行专利信息的检索和分析。

这些平台在显著位置都提供了使用说明、用户手册等帮助项，以便用户在检索过程中获取必要的提示和指导。这些帮助项可以提供详细的检索指南，包括如何使用平台的检索功能、如何理解检索结果、如何进行高级检索等。各平台都提供了二次检索功能，使用户可以对检索结果进行进一步的筛选和优化。[1]这种功能可以帮助用户在已经获得的检索结果中找到更符合自己需求的具体专利信息。

美国的 Delphion 平台提供了多种搜索功能，包括关键词搜索、高级搜索、图像搜索等，可以满足用户不同的搜索需求。同时，该平台还可以显示某一专利及同族专利的法律状态，为使用者提供了更为全面的专利信息。

在分析专利信息方面，除了常规的专利资料库检索外，Delphion 平台还提供了三种分析功能：Snapshot、Citation Link 和 Clustering。这些功能可以从不同角度对专利信息进行全方位的分析和解读，帮助用户更好地理解专利态势和竞争情况。

在操作便捷性方面，国内外专利信息平台都提供保存下载功能，以便用户保存和导出所需的专利信息。中国知识产权网中外专利数据库服务平台和上海知识产权(专利信息)公共服务平台还提供了将

---

① 郭强.基于区域产业集群的专利信息服务平台建设研究[J].科技进步与对策，2013,30(20):59-62.

查询结果打印输出的功能,使用户可以方便地将检索结果打印成纸质文件或保存为 PDF 格式。

四、完善基层产业集群专利信息服务平台的建议

(一)针对重点产业建设高质量的数据资源库

应该抓住我国大力发展知识产权服务业的机遇,尽快建立和完善知识产权服务业,包括知识产权交易、推广、评估、投融资和证券化等,以利于战略性新兴产业集群的发展。这些服务业可以促进战略性新兴产业中专利技术的产业化,推动经济可持续发展。应充分发挥市场机制的基础性作用,构建具有中国特色的知识产权服务业公共体系和民营体系。通过市场机制的引导,我们可以实现知识产权服务业的做大做强,并促进相关产业的集聚和发展。同时,我们还可以创新服务模式,提高服务质量和效率,进一步推动知识产权服务业的快速发展。[①]高质量的数据资源是专利信息服务的重要基础。应加强数据资源的收集、整理和分析工作,建立完善的专利信息数据库。同时,要不断提高数据资源的更新速度和质量,确保数据的准确性和完整性。

(二)培养高素质的基层产业集群专利信息服务平台人才团队

专利信息服务平台的创新和发展需要高素质人才团队支持。为了扩充人才团队,首先,需要建立一套完善的人才引进机制。可以通过招聘、选拔等方式,吸引具有专利信息处理和分析相关专业背景和技能的人才加入平台。其次,可以与高校、科研机构等建立合作关

---

① 杨武,付婧,郑红.知识产权服务业体系研究[J].中国发明与专利,2011(12):78-80.

系，请合作单位推荐优秀人才加入平台，以满足平台对人才的需求。针对现有的人才团队，可以通过强化培养和培训来提高其专业素质和能力。可以制定培训计划，包括内部培训、外部培训、在线培训等多种形式，以提高人才的专业知识和技能水平。再次，可以邀请业内专家或资深人员开展培训和交流活动，分享经验和技巧，促进人才团队的成长。从次，为了激发人才团队的积极性和创造力，可以建立激励机制。可以通过设置合理的薪酬体系、晋升机制、奖励制度等，鼓励人才在平台中发挥自己的能力和价值。最后，可以设置创新成果转化、技术进步等方面的奖励，激励人才不断进行创新和探索。

加强团队建设是提高人才团队素质和能力的重要手段。可以通过组织团队活动、开展团队建设，提高团队成员之间的沟通和协作能力。可以鼓励团队成员参与学术交流、技术研讨会等活动，分享研究成果和经验，促进团队成员的共同成长。为了引进先进的技术和管理经验，可以加强国际合作和交流。可以与国外专利信息服务机构建立合作关系，共同开展研究和开发活动。可以派遣人才到国外机构进行学习、交流和培训，吸收国际先进经验和技术，提升人才团队的整体素质。

（三）推广应用基层产业集群专利信息服务平台产品和服务

随着技术的不断进步，专利信息服务平台应该不断推广应用先进的产品和服务，如智能化的专利信息检索和分析系统、个性化的专利推荐服务等。这些产品和服务可以帮助用户更快速、更准确地获取所需的专利信息，提高平台的用户体验和服务水平。

推广智能化的专利信息检索和分析系统：智能化的专利信息检索和分析系统可以帮助用户更快速、更准确地获取所需的专利信息。可以通过各种渠道，如官方网站、社交媒体、行业会议等，宣传和推广这一系统，吸引更多的用户使用。同时，可以提供一些演示、试用等体验机会,让用户亲身感受这一系统的优势和便利性。

推广个性化的专利推荐服务:个性化的专利推荐服务可以帮助用户根据自身需求,快速找到合适的专利信息。可以通过对用户需求的精准分析和了解,提供个性化的推荐服务,包括根据技术领域、应用场景、创新阶段等不同维度进行推荐。同时,可以提供一些定制化的服务,如专利评估、技术趋势分析等,帮助用户更好地利用专利信息。

提供多种形式的培训和服务支持:为了帮助用户更好地使用专利信息服务平台的产品和服务,可以提供多种形式的培训和服务支持。可以定期举办培训课程、研讨会、在线讲座等活动,帮助用户了解和掌握平台的功能和工具使用技巧。同时,可以提供在线咨询、技术支持、应急响应等服务,及时解决用户在使用过程中遇到的问题和困难。

与产业界建立合作关系:与产业界建立合作关系可以帮助推广应用基层产业集群专利信息服务平台的产品和服务。可以通过与企业和行业协会的合作,了解用户需求和行业发展趋势,共同开发更具针对性的产品和服务。同时,可以通过合作开展技术转移、创新孵化和产业升级等活动,推动区域经济的创新和发展。

第四节　基层营商环境优化的
生态环境要素保障

一、区域生态环境治理与产城融合发展概述

(一)产城融合发展、基层营商环境优化与生态环境保护的关系

产城融合发展是将产业发展和城市规划相结合的发展模式,而

基层营商环境优化则是为企业提供更好的发展环境和条件。在产城融合发展中,基层营商环境优化是非常重要的,因为良好的营商环境可以吸引更多的企业和投资者来到城市,促进产业的发展和城市的繁荣。同时,产城融合发展也可以为基层营商环境优化提供支持,通过制定统一的城市发展规划和产业政策,为企业提供更好的发展环境和条件。

基层营商环境优化可以为生态环境保护提供支持,例如通过制定环保政策和措施,提高环保意识和技术水平,促进企业的环保行为和社会责任。同时,生态环境保护也是基层营商环境优化的重要方面,一个良好的生态环境可以吸引更多的企业和投资者来到城市,并提高城市形象和竞争力。

通过新型城镇化建设,经济社会全面发展、产业和城市深度融合、城乡环境更加优美、居民生活更加殷实安康。这是我国推动建设的城镇化建设目标。客观、定量地评价产城融合的"度",探索建立产城融合评价指标体系和评价模型,不仅可以为有关政府部门制定和完善政策提供参考依据,还能进一步充实产城融合理论。

(二)产城融合发展的标准化思路

产城融合发展的标准化思路,在于应用标准化原理和方法,系统地研究在我国新型城镇化产城融合建设中,产生的人口聚集、产业布局、产业和城镇化建设融合度等综合问题,并在具体调研全国范围内诸多新型城镇化试点区域的基础上,提出产城融合建设标准体系框架。

产城融合发展,需要明确新型城镇化人口的基本公共服务保障、优质化和均等化中的具体流程性、质量性指标,推进统筹均衡发展;明确产城融合建设中产业选择、产业配套等方面的具体要素和指标;明确产城融合建设评价指标体系建设,根据新型城镇化建设目标,提出科学的、可量化评价的指标,形成相应的标准草案,使政策性、原则性的服务和管理要求转化为可量化的责任指标,使可量化的责任指标转化成可评价可考核的项目指标,为新型城镇化实施绩效评价以及后续相关标准的研制出台提供科学的方法和依据。产城融合发展如何采用标准化的思路来治理,主要包括以下内容。

1. 制定统一的发展规划

在产城融合发展中,制定统一的发展规划是非常重要的。这个规划应该基于城市和产业发展的实际情况,明确发展的目标、重点和路径,以及各项政策和措施的实施标准。这样可以确保各个部门和机构在推进产城融合发展时有明确的目标和方向,避免出现各自为政的情况。

2. 建立标准化的管理制度

在产城融合发展中,建立标准化的管理制度可以确保各项工作的规范化和高效性。例如,可以制定标准化的土地使用制度、环境保护制度、产业发展政策、城市基础设施建设标准等,确保各项工作的开展符合统一的规范和标准。

3. 推广标准化的技术规范

在产城融合发展中,推广标准化的技术规范可以确保各项技术的安全性和环保性。例如,可以制定标准化的建筑技术规范、能源利用标准、废物处理标准等,确保各项技术的使用符合环保和安全的要求。

4. 推行标准化的评估和监测

在产城融合发展中,推行标准化的评估和监测可以确保各项政策措施的实施效果和目标的达成情况。可以制定标准化的评估指标体系,定期对各项工作进行评估和监测,并及时发现和解决问题,不断优化和改进工作思路和方法。

二、产城融合发展与区域生态环境建设的制度性条件

产城融合发展与区域生态环境建设，需要重点考虑产业升级和基础设施建设。通过推动产业升级和技术进步，提高生产效率，优化资源配置，降低能源消耗和碳排放量；通过完善道路、交通、水利等基础设施建设，提高运输效率，减少污染物排放，改善环境质量。为了促进产业升级和区域生态环境改善，我国制定了一系列相关的政策法规，以支持产城融合发展和区域生态环境建设。产城融合发展中，与基础设施建设有关的政策法规有《中华人民共和国环境保护法》（以下简称《环境保护法》）《中华人民共和国城乡规划法》（以下简称《城乡规划法》）《中华人民共和国可再生能源法》（以下简称《可再生能源法》）等。这些法律对于环境保护、城乡建设和可持续发展有着重要的作用，为产城融合发展与区域生态环境建设提供了坚实的法律支持和保障。

《环境保护法》是国家为了保护和改善环境，防止污染和生态破坏，保障公众健康，推进生态文明建设而制定的一部法律。它在产城融合发展中起到了重要的作用。例如，促进企业遵守环境保护原则。《环境保护法》规定了企业在发展过程中应当遵守环境保护的基本原则，如"预防为主，防治结合"。这有助于引导企业在产城融合发展中重视环境保护，采取措施预防环境污染，减少对环境的影响。又如，强化环境监管。《环境保护法》对违反环境保护法律法规的行为进行惩罚，这有助于加强对企业的环境监管，确保企业在产城融合过程中遵守环保法规，减少环境污染行为的发生。再如，推动绿色发展。《环境保护法》的实施可以促进企业采用环保技术和工艺，推动绿色发展。在产城融合发展中，企业可以借助环保技术，提高资源利用效率，减少污染排放，实现经济发展与环境保护的协调。

《城乡规划法》是国家为了加强城乡规划管理，协调城乡空间布

局,改善人居环境,促进城乡经济社会全面协调可持续发展而制定的一部法律。在产城融合发展中,《城乡规划法》起到了重要的作用。其一,引导城乡绿色发展。《城乡规划法》明确规定了城乡规划的编制和实施必须符合环境保护和生态保护的要求。这有助于引导城乡在产城融合发展中注重生态保护和环境建设,采取措施预防环境污染,提高环境质量。其二,规范城乡建设行为。《城乡规划法》对城乡建设项目的环评审批等要求进行了明确规定。这有助于规范城乡建设行为,确保建设项目符合环境保护和生态保护的要求,减少对环境的影响。其三,优化城乡空间布局。《城乡规划法》的实施可以帮助城乡规划合理的空间布局,使产业发展和城市发展相互促进。在产城融合发展中,城乡可以通过合理规划产业园区和城市功能区,实现产业发展和城市发展的有机融合。其四,促进公众参与。《城乡规划法》的宣传和教育有助于提高公众的环保意识和参与度。在产城融合发展中,公众可以通过参与规划过程,监督规划实施,共同推动城乡环境保护事业的发展。《城乡规划法》在产城融合发展中起到了重要的作用,它为城乡规划提供了指导框架,引导绿色发展,规范建设行为,优化空间布局,促进公众参与,为实现可持续发展目标提供了法律保障。同时,它也有助于推动政府和企业共同关注环境保护和生态保护问题,促进产城融合的可持续发展。

在产城融合发展中,《可再生能源法》也起到了重要的作用。其一,促进可再生能源的开发利用。《可再生能源法》鼓励发展和利用可再生能源,为可再生能源产业提供了法律保障和政策支持。在产城融合发展中,可再生能源的开发利用可以提供清洁、可持续的能源供应,减少对化石能源的依赖,降低环境污染。在产城融合发展中,可再生能源的发展可以促进绿色能源的普及和推广,推动城市和产业的低碳化发展。其二,降低能源成本。《可再生能源法》鼓励可再生能源技术的研发和应用,推动可再生能源产业的发展。在产城融合发展中,可再生能源的应用可以降低能源成本,提高能源利用效率,增强城市和产业的竞争力。其三,促进绿色经济转型。《可再生能源法》的实施可以促进绿色经济转型,推动产业结构的优化和升级。在产城融合发展中,可再生能源的应用可以带动相关产业的发展,形成新的产业链和产业集群,推动城市和产业的绿色发展。《可再生能源法》为产城融合发展中的绿色能源开发和利用提供了法律支持和政策保障,促进了可再生能源的开发利用,推动了绿色能源的发展,降低了能源成本,促进了绿色经济转型,为实现可持续发展目标提供了重要的推动力。同时,它也引导政府和企业更加关注环境保护和生态保护问题,促进产城融合的可持续发展。

以上法律为产城融合发展和区域生态环境建设提供了坚实的法律保障,有助于推动产业升级和区域生态环境改善。为了鼓励企业加强环境保护和生态保护工作,政府还出台了一系列税收优惠政策,例如,企业环境保护和生态保护投入的税前扣除、节能减排技术研发费用的税前抵扣、企业股权投资所得税的优惠等。这些税收优惠政策有助于激励企业加大环境保护和生态保护投入,从而促进产城融合发展和区域生态环境建设。

与生态文明建设有关的指标体系,主要依据中共中央、国务院《关于加快推进生态文明建设的意见》(2015年4月)及中共中央、国务院《生态文明体制改革总体方案》(2015年9月)文件精神。在指标体系设计上,可以参考国家发改委、国家统计局、生态环境部、中央组织部2016年12月12日印发的《〈绿色发展指标体系〉生态文明建设考核目标体系》(发改环资〔2016〕2635号)。

新型城镇化产城融合评价指标"生态文明"部分,由合理规划、节能降耗、整治污染和加强监管四大二级指标构成。其中,"合理规划"下面的三级指标包括:(1)规划布局优化;(2)划定生态红线;(3)土地利用效率;(4)实施生态工程;(5)发展循环经济。"节能降耗"三级指标包括:(1)节能减排;(2)资源利用效率;(3)清洁能源和可再生能源。"整治污染"三级指标包括:(1)空气污染防治;(2)水污染防治;(3)土壤污染防治;(4)固废和垃圾处置。"加强监管"三级指标包括:(1)信息公开;(2)执法监督;(3)风险防范和处置;(4)社会监督。

一套科学合理的指标体系,利于对生态文明建设进展和成效进行评估和监测。指标体系的设计应该遵循中央文件精神,同时结合当前国家和社会对生态文明建设的实际需求,科学合理地设置各项指标。在指标体系的设计中,需要充分考虑生态文明建设的各个方面,包括但不限于规划、节能降耗、整治污染和加强监管等方面。同时,还需要注重指标的可操作性和可实现性,以确保生态文明建设工作的有效推进。

三、区域生态环境治理与产城融合发展指标之一:合理规划

(一)规划布局优化

区域/城市发展战略规划,是地方经济发展战略的核心内容,是各级政府部门发展相关产业的"路线图"。从生态文明建设角度,优化规划布局,是衡量产城融合过程中生态文明建设的基础指标。具体是指结合区域产业发展,制定生态建设规划,确保国家有关环境保护法律、法规、制度及地方颁布的各项环保规定、制度得到有效地贯彻执行。

这方面的评价指标体系设计,主要是要求考核对象严格执行国家和地方的生态环境保护法律法规,并根据当地的生态环境状况,制定本地区生态环境保护与建设的城市发展建设规划措施。通过规划,实现城乡结构和空间布局优化,实现经济、人口布局均衡化。规划布局优化,主要考虑以下指标。

合理利用资源:在区域/城市发展战略规划中,必须充分考虑资

源的合理利用,避免过度开发和浪费。例如,在产业发展的同时,需要考虑如何提高能源利用效率,采用更加环保和可持续的技术和工艺,减少对自然资源的依赖。

生态保护与恢复:在规划布局优化过程中,需要重视生态保护和恢复工作。对于重要生态功能区、自然保护区等敏感区域,需要采取有效的保护措施,如限制开发、禁止建设等,同时加强生态修复和恢复工作,减少人类活动对生态环境的破坏。

绿色交通:在城市发展战略规划中,需要鼓励绿色交通方式的发展。例如,通过建设公共交通设施、鼓励低碳出行、发展智能交通系统等措施,降低交通对环境的影响,改善城市居民的生活质量和生态环境。

生态城市:在规划布局优化中,需要注重生态城市建设。通过合理布局、绿化覆盖、水系保护、节能减排等措施,营造宜居、宜业的城市环境,提高城市居民的生活质量和幸福感。

环境监管与评估:在区域/城市发展战略规划中,需要加强对环境的监管和评估工作。建立完善的环境监测网络和评估体系,及时掌握环境状况和变化趋势,为制定科学合理的环保措施提供依据。

(二)划定生态红线

划定并严守生态保护红线是推进生态文明建设的重要策略,对于维护整个生态系统的稳定性和健康起着至关重要的作用。首先,生态保护红线范围内的特定区域通常具有丰富的生态资源和独特的生态系统服务,如净化空气、调节气候、保持水源、控制洪水等。通过划定生态保护红线,可以保护这些生态资源的完整性和稳定性,从而确保生态系统的高效运作和各种生态服务功能的正常发挥。其次,生态保护红线也是留住绿水青山的战略举措。在城市化进程中,往往会出现大量的生态破坏和环境污染问题,导致生态环境质量下降,甚至引发一系列的自然灾害。通过划定生态保护红线,可以防止城市的无序扩张和开发,避免对生态环境造成进一步的破坏。最后,生态保护红线还可以促进生态文明建设的整体推进,推动城市与自然环境的和谐共生。

生态保护红线与国家生态安全息息相关。国家生态安全是指整个国家的生态环境和生态系统处于健康、稳定和可持续状态,保障人民生活和国家发展的需要。通过划定生态保护红线,可以防范和化解各种生态环境风险,维护生态平衡和稳定,确保国家生态安全不受威胁。因此,在产城融合的生态文明建设中,划定并严守生态保护红线是非常必要的。这不仅是一种基础指标和客观指标的衡量方式,更是一种战略性的选择。唯有如此,才能确保生态文明建设的有序推进,实现人类与自然环境的和谐共生,为未来的可持续发展创造更美好的前景。划定生态红线的指标,主要应考虑以下因素。

生态保护红线区域占国土区域面积的比例是首先需要考虑的衡量指标。一般而言,这个比例应不低于20%,以确保足够多的国土面积得到有效保护。这一指标有助于确保生态保护红线的覆盖范围足够广泛,直接维护生态安全。

生态保护红线区域功能组成这一要素,也是评价划定生态保护红线的重要指标之一。这些区域通常包括具有重要水源涵养、生物多样性维护、水土保持、防风固沙、海洋生态稳定等功能的生态功能重要区域,以及水土流失、土地沙化、石漠化、盐渍化等生态环境敏感脆弱区域。划定生态红线的时候,应考虑到这些功能性要素,对于维护整个生态系统的稳定性和健康起着至关重要的作用,因此需要得到特别的保护。为了实现生态系统的完整性和连通性,需要采取一系列措施,如优先保护良好生态系统和重要物种栖息地,分类修复受损生态系统,建立和完善生态廊道等。

实施差异化的用途管制,有助于确保生态空间得到严格保护,防止其转为城镇空间和农业空间,从而保障生态系统的自然平衡和生态安全。①

综上所述,评价划定生态保护红线的指标主要包括面积比例、功能组成、生态系统完整性和连通性、国土空间规划以及保护类型等方面。这些指标共同构成了对生态保护红线划定工作的评估标准,有助于确保生态保护红线的科学性、合理性和有效性。通过这些指标的考核和分析,我们可以更好地了解生态保护红线划定工作的进展和成效,及时发现问题并采取相应的措施来改善和提升。同时,这些指标也为政府部门制定和实施相关政策和措施提供了参考依据,有助于推动生态文明建设的全面发展和提升。

(三)土地利用效率

加强土地利用的规划管控、市场调节、标准控制和考核监管,严格土地用途管制。该部分指标主要包括国土开发强度和建设用地集约利用,分为基础指标和客观指标。

1. 国土开发强度

国土开发强度是指在一个特定空间内,建设空间的所占比重。这一指标在土地利用规划和城市规划中起着重要的作用,它直接关系到土地资源的利用效率和城市发展的可持续性。建筑密度和容积率是衡量国土开发强度的两个最关键的指标,它们的数值可以反映出土地利用的集约程度和城市化的程度。

建筑密度是指建筑物基底面积与总用地面积之比,它可以反映出一个地块的土地利用程度。建筑密度越高,意味着该地块的建筑物数量越多,土地利用率也越高。但是,建筑密度过高也可能导致城市环境的恶化,产生交通拥堵、环境污染等问题,因此需要适当控制建筑密度。

---

① 陈吉宁.划定并严守生态保护红线 为子孙后代留下天蓝地绿水清的家园[J].中华环境,2017(3):11-12.

容积率是指建筑物的总建筑面积与总用地面积之比,它可以反映出城市空间的可利用程度。容积率越高,意味着该地块的建筑物可以建造得更高、更大,土地利用效率也越高。但是,容积率过高也可能导致建筑物的采光、通风等问题难以解决,同时也会增加城市交通的压力,因此需要合理控制容积率。

决定地块的土地使用强度的标准,应根据其区位和级差地租的区别进行综合确定。一般来说,城市核心区域的土地使用强度较高,因为这些区域的商业价值较高,需要满足高强度的商业和居住需求。而城市边缘区域的土地使用强度相对较低,因为这些区域的商业价值较低,需要保护生态环境和农业用地。

地块的土地使用强度制定是否合理、在经济上是否可行,需要进行房地产开发的经济分析。在制定土地使用强度时,需要考虑土地的开发成本、收益预期等因素,同时还需要考虑到城市的长期发展目标和可持续性发展的需要。经济分析可以帮助政府和企业更好地掌握土地资源的价值和使用效益,从而更好地规划和管理城市发展。

开发强度应与城市的性质、规模相匹配,并与区域周边环境兼容,避免出现开发能力不足和过疏开发造成的土地资源浪费。城市的性质和规模对于国土开发强度的制定具有重要影响。例如,一个大型城市的核心区域需要满足高强度的商业和居住需求,因此需要制定较高的土地使用强度;而一个小型城市的边缘区域则需要保护生态环境和农业用地,因此需要制定较低的土地使用强度。同时,开发强度还需要与区域周边环境相兼容,避免出现开发能力不足或过疏开发造成的土地资源浪费。

2. 建设用地集约利用

建设用地集约利用标准,是指在现有先进的生产技术和生活设施条件下,满足社会生产生活以及合理的环境水平所要求的特定用地条件。这一标准的确定旨在合理规划城市用地的规模和开发边界,强化建设用地开发强度、土地投资强度和人均用地指标的整体控制,从而提高区域平均容积率,优化城市内部用地结构,促进城市紧凑发展并提高城市土地的综合承载能力。

为了实现这些目标,需要制定一系列规范和标准来指导城市建设用地的利用。首先,需要根据城市的实际情况,考虑城市的人口、经济、产业发展等因素,以及土地资源的供应能力和环境承载能力。其次,还需要强化建设用地的开发强度、土地投资强度和人均用地指标的整体控制,避免过度开发和滥用土地资源。

需要提高区域平均容积率,优化城市内部用地结构。这意味着更加充分地利用城市空间,提高土地的利用效率。同时,还应根据城市的功能分区进行用地结构的调整,使不同的区域都能够发挥其最大的作用。例如,商业区需要更加注重商业设施的建设,而工业区则需要更加注重工业设施的建设。

建设用地集约利用指标的制定和实施,需要在政府部门的规划管控、市场调节、标准控制和考核监管的多重作用下完成。例如,政府部门可以通过制定明确的土地利用规划和政策,引导土地的合理利用;同时也可以通过市场调节手段,如土地拍卖、地价税等,来调节土地需求和价格,促进土地的集约利用。此外,制定相应的标准和考核机制,可以对土地利用效果进行监督和评估,确保政策的落实和效果的实现。

(四)实施生态工程

生态工程是应用生态系统中物种共生与物质循环再生原理,结构与功能协调原则,结合系统分析的最优化方法,设计的促进分层多级利用物质的生产工艺系统。①实施生态工程这项考核指标的主要内

---

① 王夏晖,王金南,王波,等.生态工程:回顾与展望[J].工程管理科技前沿,2022,41(4):1-8.

容,不仅涉及目标城市对重要生态系统保护和修复的重大工程的实施情况,还考核了生态廊道和生物多样性保护网络的构建成果。这些生态廊道和生物多样性保护网络的形成,是展现生态文化的重要手段,它们将城市的各个生态节点有机地连接起来,形成了一个功能完善、效益最佳、环境优美的良性循环生态系统。

实施生态工程是一个重要的城市发展策略,包含了非常丰富的构成要素。实施生态工程要求评价对象制定并实施长效的生态保护与修复工作计划。这个计划的主要目标是修复城市中被破坏的山体、河流、植被等自然资源和环境,同时修复和再利用城市废弃地,优化城市绿地系统等生态空间布局,以实现生态修复效果显著的目标。通过这些措施,城市可以构建生态廊道和生物多样性保护网络,提升生态系统质量和稳定性。生态廊道是指连接不同生态区域之间的线性空间,它可以促进生物的迁徙和交流,增加生物多样性。生物多样性保护网络则是指在一个区域内建立多个生物多样性保护区域,以保护生物的生存和繁衍。修复和再利用城市废弃地也是实施生态工程的重要内容之一。城市废弃地是指由于废弃建筑、工厂、交通设施等原因而闲置和废弃的土地。通过修复和再利用这些土地,可以将其转化为公共绿地、公园、停车场等公共设施,提高城市的绿化率和环境质量。优化城市绿地系统也是实施生态工程的关键之一。城市绿地系统是指城市内的各种绿地和植被,包括公园、街道绿化、庭院绿化等。通过优化城市绿地系统,可以提高城市的绿化覆盖率和氧气含量,降低空气污染和热岛效应,提高人们的生活质量和城市的整体环境质量。

(五)发展循环经济

循环经济是推进可持续发展的一种优选模式,强调以循环发展模式替代传统的线性增长模式,表现为以"资源—产品—再生资源"和"生产—消费—再循环"的模式,有效地利用资源和保护环境,最终实现以较小发展成本获取较大的经济效益、社会效益和环境效益。发展循环经济是当前环境保护和可持续发展的重要趋势。为了实现这一目标,需要建立一个健全的循环型产业体系,以提高全社会的资源产出率。

循环型产业体系,是指通过采用循环经济的理念和原则,将传统的线性产业链升级为循环产业链,从而实现资源的减量化、再利用和资源化。在生产过程中,循环型产业体系强调资源的最大化利用和最小化浪费,通过优化生产工艺和流程,减少生产过程中的能源消耗和环境污染。在流通和消费环节,循环型产业体系鼓励消费者节约资源、使用环保产品和服务,同时建立完善的废弃物回收和处理体系,实现废弃物的资源化和再利用。

提高全社会资源产出率是循环经济发展的核心目标之一。通过优化资源配置和提升资源利用效率,循环经济可以最大限度地减少资源的浪费和环境的破坏。同时,循环经济还可以促进经济的可持续发展,提高社会的福利水平和生态环境的质量。

循环经济是推进可持续发展的一种优选模式。这种模式强调以循环发展模式替代传统的线性增长模式,通过将"资源—产品—再生资源"和"生产—消费—再循环"的模式作为主要发展方式,实现资源的最大化利用和最小化浪费。这种模式可以有效地利用资源和保护环境,同时降低经济发展对自然环境的影响,最终实现以较小的发展成本获取较大的经济效益、社会效益和环境效益。

发展循环经济是当前环境保护和可持续发展的重要评价指标之一。目标城市应通过废物资源综合利用的措施,将废弃物转化为可再利用的资源,从而实现物质的循环利用,这可以通过回收、分类、加工和处理废弃物等途径来实现。通过废物资源综合利用,不仅可以减少废弃物的排放,还可以创造就业机会和经济效益。

目标城市应通过物质闭合循环的措施,将生产和消费过程中的物质流动转化为闭合循环系统。这意味着在产品的生命周期结束时,它们可以被回收、再利用或再制造,从而实现资源的最大化利用。

目标城市应通过产品与服务的减物质化的措施,减少生产和消费过程中的物质消耗和能源消耗。这可以通过提高产品和服务的效率和质量来实现。例如,使用更环保的材料和技术,推广节能减排的产品和服务,以减少对自然资源的依赖和环境的负面影响。目标城市应通过能源效率最大化的措施,提高能源利用效率和管理水平。这可以通过推广节能技术、改善能源消费结构、建立能源管理机制等途径来实现。例如,使用可再生能源、推广智能能源管理、实施节能减排政策等,以减少能源消耗和碳排放。

目标城市应着重推动内部清洁生产,以实现资源、能源利用效率的最大化。具体措施包括减少资源和能源的消耗、循环利用废物、降低废物排放量和提高废物资源化利用等。这需要企业加强生产过程的环保管理,推广绿色制造技术和管理模式,提高生产效率和产品质量。

为了实现资源、能源利用效率的最大化,目标城市需要加强不同生产系统之间的连接和整合。通过将产品流和废物流进行连接,目标城市可以更好地对资源、能源加以整合,并构建物质和能量循环。这需要加强不同企业之间的合作和信息共享,建立共享平台和物流网络,实现资源的共享和最大化利用。例如,通过建立行业内部的循环经济产业链和资源回收利用中心等措施,实现资源共享和最大化利用。

四、区域生态环境治理与产城融合发展指标之二:节能降耗

(一)节能减排

实施节能减排工作需要树立创新、协调、绿色、开放、共享的新发

展理念,以落实节约资源和保护环境的基本国策为目标,以提高能源利用效率和改善生态环境质量为重点,以推进供给侧结构性改革和实施创新驱动发展战略为动力,坚持政府主导、企业主体、市场驱动、社会参与的原则,加快建设资源节约型、环境友好型社会。从具体指标上来看,节能减排分为两块:推进资源全面节约,实施节水行动,降低能耗、物耗,实现生产系统和生活系统循环链接;重点用能单位开展节能行动,重点产业实施能效提升计划。评价指标要求为:万元地区生产总值能耗、万元地区生产总值消耗、主要污染物排放强度均须符合国家有关部门标准要求。

万元地区生产总值能耗,是指一个地区生产每万元地区生产总值所消费的能源总量。万元地区生产总值能耗是一个综合性的指标,可以用来衡量一个地区的能源利用效率和经济发展质量。通过降低万元地区生产总值能耗,可以实现节能减排、促进经济发展和环境保护的多重目标。万元地区生产总值能耗是通过计算一个地区在一定时间内(例如一年)的能源消费总量与地区生产总值之比得到的。万元地区生产总值能耗受到多种因素的影响,包括地区的能源消费结构、产业结构、技术水平、政策环境等。例如,一些高耗能行业(如钢铁、有色金属等)在生产过程中会消耗大量的能源,因此这些行业的存在可能会使该地区的万元地区生产总值能耗偏高。

万元地区生产总值水耗,是指每生产一个单位的地区生产总值的用水量。当地区生产总值以万元为单位时,即为万元地区生产总值水耗。万元地区生产总值水耗的计算方法通常是通过将一个地区在一定时间内的用水总量与地区生产总值进行比较。这个比例可以反映出该地区在创造单位产值时所需的水资源量。影响万元地区生产总值水耗的因素包括地区的产业结构、水资源状况、政策环境、技术水平等。例如,一些高耗水行业(如农业、纸浆造纸业等)在生产过程中需要大量的水资源,因此这些行业的存在可能会导致该地区的万元地区生产总值水耗偏高。

主要污染物排放强度,是指单位 GDP 所产生的主要污染物数量。[①] 具体数值上来看,要求单位国内生产总值能耗降低 20%,化学需氧量、二氧化硫、氨氮、氮氧化物等主要污染物排放总量分别减少 15%、20%、15%和 20%。

(二)清洁能源和可再生能源

清洁能源和可再生能源的发展,是推动能源结构优化的重要手段。传统的化石燃料在使用过程中会产生大量的二氧化碳和其他温室气体,对环境造成严重污染。而清洁能源和可再生能源则不会产生这些污染物,有助于减少温室气体排放,减缓全球气候变化。

传统能源的绿色开发和清洁低碳利用是实现能源可持续发展的重要一环。通过采用先进的清洁生产技术和环境保护措施,传统能源的开采和使用对环境的影响可以降到最低。例如,在煤炭开采中,可以采用煤矸石填充、水煤浆技术等手段,降低对土地和水的污染。同时,通过清洁利用技术,如超临界发电技术、碳捕捉和储存技术等,可以降低使用传统能源造成的碳排放。

从保障国家能源安全和环境保护角度讲,安全绿色开发和清洁高效利用传统能源,具有重要现实意义。传统能源在开发过程中需要采取一系列措施,如加强地质勘探、强化安全管理、推广节能技术等,以确保能源的生产和使用过程安全、环保、高效。此外,还需要加强与其他国家的合作,共同维护全球能源市场稳定和可持续发展。

评价指标内容要求结合区域实际,加强传统能源安全绿色开发和清洁高效利用,实行煤炭消费总量控制,降低煤炭消费比例。落实新能源基地消纳市场和配套电网工程,从源头上保证清洁能源规划与电网发展规划的协调发展。为了鼓励使用可再生能源、天然气和

---

① 魏丽莉,杨颖.中国绿色金融政策的演进逻辑与环境效应研究[J].西北师范大学学报(社会科学版),2020,57(4):101-111.

电力等优质能源来替代燃煤,应积极发展太阳能、风能和潮汐能等可再生能源。对于超出规划的部分可再生能源消费量,不再将其纳入能耗总量和强度目标考核之中。

评价指标数值方面,设计要求煤炭占能源消费总量比重下降到55％以下,电煤占煤炭消费量比重提高到60％以上,非化石能源占能源消费总量比重达到15％,天然气消费比重提高到10％左右。

煤炭占能源消费总量比重下降到55％以下。这个指标的来源主要是基于对清洁能源和可再生能源的发展要求。煤炭作为传统能源的主要形式之一,其消费量需要逐步下降,以减少对环境造成的污染和温室气体排放。同时,随着清洁能源和可再生能源的发展,其占比不断提升,也需要逐步提高清洁能源在能源消费总量中的比重,从而实现能源结构的优化。

电煤占煤炭消费量比重提高到60％以上。这个指标的来源主要是基于对清洁能源和可再生能源的发展要求。随着清洁能源和可再生能源的发展,电力作为主要的能源形式之一,需要逐步提高其在煤炭消费总量中的比重。通过提高电煤的比重,可以降低传统能源的消耗量,减少对环境的污染和温室气体排放,同时提高能源利用效率。

非化石能源占能源消费总量比重达到15％。这个指标的来源主要是基于对清洁能源和可再生能源的发展要求。非化石能源包括太阳能、风能、水能、地热能等,这些能源在使用过程中不会产生大量的二氧化碳和其他温室气体,对环境的影响较小。因此,提高非化石能源在能源消费总量中的比重,可以促进清洁能源和可再生能源的发展,实现能源结构的优化。

天然气消费比重提高到10％左右。这个指标的来源主要是基于对清洁能源和可再生能源的发展要求。天然气作为一种清洁能源,其燃烧产生的污染物较少,对环境的影响相对较小。因此,提高天然气在能源消费总量中的比重,可以降低其他传统能源的使用量,从而减少对环境的污染和温室气体排放。同时,天然气也可以作为清洁能源和可再生能源的重要补充,提高能源的多样性和可靠性。

以上指标的设定,主要是基于对清洁能源和可再生能源的发展要求,以及环境保护和可持续发展的理念。通过逐步降低煤炭的消费比例,提高清洁能源和可再生能源的占比,可以促进能源结构的优化,降低对环境的污染和温室气体排放,同时提高能源利用效率和可靠性。这些措施的实施将有助于实现国家的可持续发展目标,促进经济、社会和环境的协同发展。

五、区域生态环境治理与产城融合发展指标之三:整治污染

(一)大气污染防治

从产城融合发展与标准化治理的角度,我们需要在以下几个方面开展工作,以解决以可吸入颗粒物(PM_{10})、细颗粒物($PM_{2.5}$)为特征污染物的区域性大气环境问题。

制定和实施环境质量标准:根据《环境空气质量标准》(GB 3095—2012),按照《环境空气质量指数(AQI)技术规定(试行)》(HJ 633—2012),对区域内的环境空气质量进行监测和评估,确保达到中国二级标准的天数每年至少为 310 天,并逐步提高至更高水平。

控制空气污染物排放:通过采取有效的措施,降低空气中的 SO_2 和 NOx 含量,使其不超过中国一级标准的天数每年至少为 155 天。这需要加强工业废气排放的管控,推广清洁能源,改善能源结构,以及提高机动车排放标准等。

提高空气质量指数:通过减少可吸入颗粒物(PM_{10})和细颗粒物($PM_{2.5}$)的排放,使 AQI≤100 的天数占全年天数比例达到 80% 以

上。这需要加强源头控制,限制高污染、高排放的产业发展,鼓励绿色低碳产业的发展。

推广绿色交通:鼓励使用公共交通、步行、自行车等低碳出行方式,减少机动车的使用,以降低 NOx 和 PM$_{10}$ 的排放。同时,加强机动车尾气排放的监管和治理,推广使用清洁能源车辆。

加强城市规划和管理:优化城市空间布局,提高城市绿化覆盖率,降低大气污染物的排放。加强建筑工地扬尘控制,减少 PM$_{10}$ 的排放。推动垃圾分类处理,减少焚烧过程中产生的大气污染物。

增强公众环保意识:通过宣传教育、科技普及等方式,提高公众的环保意识和参与度,形成全社会共同关注和参与环境保护的良好氛围。

在产城融合发展与标准化治理的背景下,以上措施的制定和实施需要政府、企业和公众共同努力,形成合力,从而实现环境质量的持续改善和区域性大气环境问题的有效解决。同时,还需要在政策法规、技术研发、产业转型、基础设施建设等方面提供支持和保障,以推动产城融合发展的可持续性和标准化治理的高效性。

(二)水污染防治

水环境质量评价是对某一水环境区域进行环境要素分析,对其作出定量评述,通过环境质量评价,弄清区域环境质量变化发展的规律,为区域环境系统的污染控制规划及制定区域环境系统工程方案提供依据。从产城融合发展与标准化治理的角度看,需要采取以下措施,以水环境质量评价为基础,加强水资源的保护和管理,促进产城融合发展的可持续性:

制定和实施环境质量标准:根据 GB 3838—2002《地表水环境质量标准》、GB/T 14848—93《地下水环境质量标准》和 GB 3097—1997《海水水质标准》,对区域内的地表水、地下水和海水进行环境质量评价和监测,确保水环境质量符合国家和地方的相关标准。

加强水污染防治：通过实施流域环境和近岸海域综合治理，加快水污染防治的进程。具体措施包括加强工业废水排放的管控，推广清洁生产技术，改善能源结构，加强污水处理设施的建设和管理等。

提高水环境质量：通过减少水体中的污染物排放，提高水环境质量。具体措施包括加强源头控制，限制高污染、高排放的产业发展，鼓励绿色低碳产业的发展，加强水资源的管理和保护，推广节水技术和水资源循环利用等。

保护饮用水水源地：加强对集中式饮用水水源地的保护和管理，确保一级保护区达到《地表水环境质量标准》（GB 3838—2002）基本书（Ⅱ类标准）及补充项目、特定项目的要求。同时，加强对地下水和海水水源地的保护和管理，确保其水质符合相关标准。

强化水资源管理：加强水资源的管理和保护，确保城市地表水环境达标率为100％，建成区内无黑臭水体。同时，加强对地下水和海水的管理和保护，防止过度开采和污染。

（三）土壤污染防治

从产城融合发展与标准化治理的角度看，需要采取以下措施，以实施土壤污染防治行动，强化工业污染场地治理，保障土地资源的可持续利用和城市环境的改善。

制订和实施土壤污染防治计划：根据土地利用类型、污染程度、污染物类别、技术经济条件等因素，综合确定土壤污染防治的思路和措施。具体措施包括加强土壤污染监测和评估，确定土壤污染的重点区域和污染物，采取源头控制、土壤修复、土地利用调整等措施，降低土壤污染的风险。

加强工业污染场地治理：针对重点工业企业的污染场地，采取有效的治理措施，包括加强工业企业废水、废气排放的管控，推广清洁生产技术，加强废水处理设施的建设和管理等。同时，对污染场地进行评估和修复,确保其安全利用率达到 90% 以上。

建立土壤污染防治机制:建立政府主导、企业参与、社会监督的土壤污染防治机制。政府主管部门应加强对土壤污染的监测和评估,加强政策支持和引导,推动企业采取环保措施,提高企业的环保意识和责任感。

强化土地利用规划和管理:结合城市规划和土地利用规划,加强对土地资源的管理和保护。合理规划工业用地布局,避免工业污染对农业用地的交叉污染。同时,加强对土地利用过程中的监管和管理,确保土地资源的可持续利用和城市环境的改善。

(四)固体废弃物和垃圾处置

所有危险废物和生活垃圾,必须无害化处理。从产城融合发展与治理的角度看,需要加强对固体废弃物和垃圾的处理和利用,以实现资源的有效循环利用和环境的可持续性。

推广固体废弃物资源化利用:通过回收、加工、循环、交换等方式,从固体废弃物中提取或转化为可利用的资源、能源和其他原材料。这可以通过建立废弃物回收体系、建设资源化利用设施来实现。通过资源化利用,可以减少固体废弃物的产生,提高资源的利用效率。

加强固体废弃物处置和综合利用:对于无法资源化利用的固体废弃物,需要采取合适的处置和综合利用方式,如焚烧、热解、填埋等。这需要建设相应的处置和综合利用设施,并加强运行管理和监管,以确保处置和综合利用过程符合相关标准和环保要求。

提高城镇生活垃圾无害化处理率:加强城镇生活垃圾的处理和管理,采取合适的无害化处理技术,如焚烧、生物处理等。同时,提高垃圾分类和回收水平,实现生活垃圾的资源化和减量化。

六、区域生态环境治理与产城融合发展指标之四：加强监管

（一）信息公开

环境信息公开，是为了实现公众环境知情权应当履行的、相对应的义务，也是公众监督企业合法、达标排放和保护公共利益的需要。此项指标主要考核企业事业单位环境信息公开率。考核对象辖区内重点排污企业事业单位，是指列入本地区重点排污单位名录的单位；公开环境信息的企业事业单位是指名录中在当年公开了环境信息的企业事业单位。公开应通过政府网站、报刊、广播、电视等便于公众知晓的方式公布。通过公开环境信息，公众可以了解企业的环境状况，对企业的排污行为进行监督，从而保护公共利益。环境信息公开可以促进企业通过技术改造和创新来降低对环境的负面影响，因为公众的监督和企业的竞争压力将迫使企业采取更加环保的措施和技术，从而合法排放和减少对环境的影响。

建立完善的环境信息公开制度：政府应制定环境信息公开的相关法规和政策，明确企业事业单位的环境信息公开范围和内容，规定公开的方式和程序，确保公开的信息真实、准确、完整。

提高环境信息公开的意识和能力：为了提高环境信息公开的意识和能力，政府和企业需要加强环境信息公开的宣传和教育，以提高公众对环境问题的关注度和参与度。此外，还应提高企业事业单位的环境管理水平和信息公开能力。

加强环境监测和监管：政府应加强对企业事业单位的环境监测和监管，确保企业事业单位的排放符合环保标准和法规要求，同时及时公开监测结果和监管情况，提高信息公开的可信度和有效性。

推动信息公开的科技应用：政府和企业应积极采用先进的科技

手段,如互联网、大数据、人工智能等,推动环境信息公开的数字化和智能化,提高信息公开的效率和便捷性。

加大公众参与和监督:政府应鼓励公众积极参与环境监督,提供环境违法行为的举报和投诉渠道,同时加大对企业事业单位的环境违法行为处罚力度,倒逼企业事业单位通过技术改造和创新来降低对环境的负面影响。

(二)执法监督

生态文明执法监督的主要内容为:完善污染物排放许可证制度,加强企业事业单位污染物排放总量控制。完善污染物排放许可证制度是针对环境污染问题的一种管理措施。通过实施污染物排放许可证制度,可以限制企业事业单位的污染物排放量,从而保护环境和公共健康。许可证制度通常会规定企业事业单位在一定时间内允许排放的污染物种类、数量以及排放方式等,同时要求其采取相应的环保措施和技术手段来达到规定的排放标准。企业事业单位污染物排放总量控制是对企业事业单位在一定区域内的污染物排放总量进行限制和管理的一种措施。通过实施总量控制,可以避免企业事业单位过度排放污染物,防止环境容量超负荷,从而实现环境与经济的协调发展。总量控制通常会根据当地的环保需求和环境容量来确定排放总量的目标值,并要求企业事业单位采取相应的措施来达到目标值。这两项措施的目的是通过执法监督来加强对企业事业单位的环境管理和控制,促使其采取环保措施和技术手段,减少污染物的排放,实现环境保护和可持续发展的目标。

强化执法监察和专项督察。强化执法监察和专项督察是为了加强对企业事业单位的环保执法力度,加大对污染源的监督管理,确保其遵守环保法规和标准。强化执法监察和专项督察的目的是及时发现和解决环境违法行为,防止企业事业单位通过违法排放等方式对环境造成不良影响。该指标的设计是为了贯彻落实国家相关政策文件中的要求,特别是《主要污染物总量减排监测办法》。这个指标的主要目的是通过对污染源的监督性监测工作,收集和汇总重点污染源的污染物排放数据,为主管部门提供基础数据,以便进行环境统计、污染防治、环境监察等重点环境管理工作。通过强化执法监察和专项督察,可以加强对企业事业单位的环境监管和管理,促使其采取更加环保的措施和技术手段来减少污染物的排放。同时,通过监督性监测工作,可以及时发现和解决环境问题,为主管部门提供准确的数据支持,有助于制定科学的环保政策和措施,推动环境治理和生态文明建设。

(三)风险防范和处置

健全环境与健康调查、监测和风险评估制度,建立健全环境风险防范与应急管理工作机制,提高环境风险防控和突发环境事件应急能力。指标评价数据来源于所在地区环保部门。

环境事件处置数量是指被举报的环境事件中完成处置的事件数量。环境部门接到环境污染事故的报告后,须认真登记并审查,会同有关部门采取应急措施,减轻或消除污染危害;必要时,可要求环境监测机构对有关污染物进行跟踪监测。

重大或特大环境污染与破坏事故的报告分速报、确报和处理结果报告。速报时间要求为2小时,可通过电话、传真等形式,将事故的类型、发生时间及地点、污染源、主要污染物质、经济损失、人员受害、野生动植物及自然保护区损失等初步情况进行上报。

确报,是在速报的基础上,以书面形式报告有关确切数据,事故发生的原因、过程及采取的应急措施等基本情况。

处理结果报告事故处理完毕后,在确报的基础上,报告事故处理的具体措施、过程和结果,事故潜在或间接的危害、社会影响、遗留问题,参与处理的有关部门和工作内容,形成正式的处理结果报告。

(四)社会监督

应从公众的角度出发,设计符合公众需求的生态文明项目,呼吁公民积极参与生态文明建设。此项考核指标要素主要包括。

为了建立生态信息公开机制,需要建立一个跨部门协作的平台,该平台应定期发布环境质量报告、政策法规更新、项目审批流程和案件处理结果等信息,并及时、准确地公开各类环境指标数据。通过扩大公开范围,确保公众的知情权得到充分保障。在建设项目立项、实施和评价等环节中,需要根据项目的具体影响范围,合理选择参与群体,并有序地提高公众参与程度。这样做,一方面可以确保项目的实施过程中充分考虑到环境因素,另一方面也可以通过公众的参与,增加项目的透明度和可持续性。

健全举报、听证、舆论和公众监督等制度,充分发挥人大代表和政协委员的监督作用,同时设置专门的"生态文明监督员"岗位,并通过引进社会监督人员,构建全民参与的社会监督体系。此外,建立法律援助体系,支持有关组织对污染环境、破坏生态的行为提起环境公益诉讼,从而加强对生态文明建设的法律支持和保障。鼓励全民积极参与,开展典型示范、展览展示、岗位创建等活动,激发公众的参与热情和创造力。同时,支持生态公益组织和志愿者队伍建设,发挥社会组织和志愿者的积极作用,形成全民共同参与生态文明建设的良好氛围。此外,还应开展绿色学校、绿色社区等评选活动,以表彰在生态文明建设中作出积极贡献的单位和个人,进一步推动全社会形成生态文明建设的良好氛围。由此,有力推进基层法治营商环境建设。

参考文献

一、中文参考文献

1. 鲍静,范梓腾,贾开.数字政府治理形态研究:概念辨析与层次框架[J].电子政务,2020(11):2-13.

2. 陈昌柏.借鉴国际经验设置我国知识产权战略评价指标[J].中国发展观察,2007(5):12-13.

3. 陈朝兵,简婷婷.政府数据开放中的公众参与模式:理论构建与案例实证[J].图书情报工作,2020,64(22):58-68.

4. 陈吉宁.划定并严守生态保护红线 为子孙后代留下天蓝地绿水清的家园[J].中华环境,2017(3):11-12.

5. 陈柳钦.产业集群竞争力问题研究[J].中国矿业大学学报(社会科学版),2009(1):57-64.

6. 陈宁,肖宝玼.广州"小切口"立法初探[J].人大研究,2020(6):10-13.

7. 陈子韬,李哲,吴建南.作为组合式创新的数字政府建设——基于上海"一网通办"的案例分析[J].经济社会体制比较,2022(2):

133-144.

8. 丁祖年,粟丹.地方立法精细化的内涵与路径[J].地方立法研究,
2020(4):15-28.

9. 董皞.地方立法教程[M].北京:中国政法大学出版社,2020.

10. 董玉鹏.转变增长方式须正视知识产权服务业不振现状[N].中
国社会科学报,2012-03-30(5).

11. 钭晓东,杜寅.中国特色生态法治体系建设论纲[J].法制与社会
发展,2017,23(6):21-38.

12. 杜辉."设区的市"环境立法的理想类型及其实现——央地互动的
视角[J].法学评论,2020,38(1):126-135.

13. 费孝通.乡土中国[M].北京:人民出版社,2008.

14. 封丽霞.地方立法的形式主义困境与出路[J].地方立法研究,
2021(6):64-80.

15. 封丽霞."全过程人民民主"的立法之维[J].法学杂志,2022,43
(6):2,72-84.

16. 冯晓青,唐朝华.知识产权法学[M].长沙:湖南大学出版社,
2004.

17. [美]弗里德利希·冯·哈耶克.法律、立法与自由(第1卷)[M].
邓正来,等,译.北京:中国大百科全书出版社,2000.

18. 郭强.基于区域产业集群的专利信息服务平台建设研究[J].科技
进步与对策,2013,30(20):59-62.

19. 韩业斌.论我国地方立法监督的困境与出路——基于备案审查制
度为中心的考察[J].法学,2022(8):28-40.

20. 何晰,李建华."服务型制造"的创新机理及其竞争优势——对第
三次工业革命先进生产方式的分析与思考[J].理论与改革,2014
(6):72-75.

21. 黄建武.论贯彻全过程人民民主促进高质量立法[J].地方立法研
究,2023,8(3):1-16.

22. 黄树贤.加强乡镇政府服务能力建设推进基层治理体系和治理能力现代化[N].人民日报,2017-02-21(11).

23. 黄文艺.谦抑、民主、责任与法治——对中国立法理念的重思[J].政法论丛,2012(2):3-11.

24. 黄欣荣.大数据时代的思维变革[J].重庆理工大学学报(社会科学),2014,28(5):13-18.

25. 黄欣荣,李世宇.舍恩伯格大数据哲学思想研究[J].长沙理工大学学报(社会科学版),2017,32(3):5-11.

26. 黄永春,杨晨.企业自主知识产权名牌运营机理的理论探究——基于品牌竞争力理论[J].科技进步与对策,2009,26(3):28-31.

27. 纪光欣,孔敏.论泰勒科学管理理论的系统性特征[J].系统科学学报.2022,30(2):18-24.

28. 姜方炳.理解"市域社会治理现代化"的三个着力点[J].杭州(周刊),2019(19):36-37.

29. 姜晓萍,阿海曲洛.社会治理体系的要素构成与治理效能转化[J].理论探讨,2020(3):2,142-148.

30. [美]凯文·G.里维特,戴维·克兰.尘封的商业宝藏——启用商战新的秘密武器:专利权[M].陈彬,杨时超,译.北京:中信出版社,2002.

31. 黎德扬.信息时代的大数据现象值得哲学关注——评《大数据时代》[J].长沙理工大学学报(社会科学版),2014,29(2):10-13.

32. 李昌庚.国家公产使用研究[J].政法论丛,2014(2):40-49.

33. 李海敏.我国政府数据的法律属性与开放之道[J].行政法学研究,2020(6):144-160.

34. 李恒全,吴大华.提升基层数字化治理能力的四个维度[J].理论导报,2022(8):39-40,44.

35. 李金华.德国"工业4.0"与"中国制造2025"的比较及启示[J].中国地质大学学报(社会科学版),2015(5):71-79.

36. 李京文.我国先进制造领域高技术产业发展的思路[J].中国工业经济,2000(2):28-33.

37. 李齐,曹胜,吴文怡.中国治理数字化转型的系统论阐释:样态和路径[J].中国行政管理,2020(10):44-51.

38. 李林.全面深化改革应当加强立法能力建设[J].探索与争鸣,2017(8):24-28.

39. 李伟,董玉鹏.论长三角区域集群创新中科研成果转化的政府导向与协同效应[J].中国发展,2013,13(4):82-85.

40. 李振宁.简论地方"小切口"立法的内涵特征[J].人大研究,2019(5):9-12.

41. 刘长威.知识产权保护与自主创新的关系[J].科技管理研究,2008(12):448-449,452.

42. 刘明达,顾强.从供给侧改革看先进制造业的创新发展——世界各主要经济体的比较及其对我国的启示[J].经济社会体制比较,2016(1):19-29.

43. 刘祺.跨界治理理论与数字政府建设[J].理论与改革,2020(4):116-125.

44. 刘平.中国装备制造业国际竞争力研究[M].北京:中国财政经济出版社,2006.

45. 刘淑春.数字政府战略意蕴、技术构架与路径设计——基于浙江改革的实践与探索[J].中国行政管理,2018(9):37-45.

46. 刘学涛.行政法典编纂进路中数字政府的形塑[J].法治社会,2022(1):21-32.

47. 刘迎风,梁满,冯骏.以数据为核心:构建上海市公共数据安全保障体系思路[J].中国信息安全,2019(12):64-67.

48. 刘友金.集群式创新:中小企业技术创新的有效组织模式[J].经济学动态,2004(5):40-43.

49. 柳洁,胡象明.法治乡村建设绩效评价的价值取向、内容构建与实施路径[J].云南社会科学,2023(2):54-63.

50. 吕德文.基层中国:国家治理的基石[M].北京:东方出版社,2021.

51. 毛金生,程文婷.战略性新兴产业知识产权政策初探[J].知识产权,2011(9):63-69.

52. 门理想,王丛虎.互联网+基层治理:基层整体性治理的数字化实现路径[J].电子政务,2019(4):36-45.

53. 孟天广.政府数字化转型的要素、机制与路径——兼论"技术赋能"与"技术赋权"的双向驱动[J].治理研究,2021,37(1):2,5-14.

54. 苗圩.大力实施中国制造2025加快推进制造强国建设[J].时事报告,2015(3):72-84.

55. 宁波市信息中心经济预测部课题组.秉持核心竞争力走"专精特新"发展道路 牢牢掌控本行业的"领导力"和"话语权"——宁波单项冠军企业及隐形冠军企业发展模式分析[J].宁波经济(三江论坛),2018(3):20-24.

56. 彭辉.数据权属的逻辑结构与赋权边界——基于"公地悲剧"和"反公地悲剧"的视角[J].比较法研究,2022(1):101-115.

57. 钱弘道,窦海心.基层民众的法治尊崇状况研究——基于余杭法治指数12年的数据[J].浙江大学学报(人文社会科学版),2021,51(2):15-29.

58. 曲辰.地方立法与国家治理体系和治理能力现代化[J].江海学刊,2020(5):147-157.

59. 单志广.大数据治理:形势、对策与实践[M].北京:科学出版社,2016.

60. 单玉紫枫.开放型经济,开启"十三五"新画卷[N].宁波日报,2016-11-15(A13).

61. 邵景均.以人民为中心加强数字政府建设[J].中国行政管理,2022(7):5.

62. 邵一琼,吕汉杰.推进法治乡村建设 助力乡村全面振兴[J].宁波通讯,2023(1):58-60.

63. 施力维,应磊,王黎婧.IRS,把"信息孤岛"连成"数字大陆"[N].浙江日报,2021-11-30(4).

64. 宋方青.立法能力的内涵、构成与提升——以人大立法为视角[J].中外法学,2021,33(1):161-178.

65. 孙瑞英,李杰茹.我国政府数据开放平台个人隐私保护政策评价研究[J].图书情报工作,2022(12):3-16.

66. 汤能干.地方立法科学立项的原则、标准和程序[J].湖南社会科学,2023(3):104-112.

67. 唐素琴,卓柳俊,吕霞.我国职务科技成果产权激励相关措施统计分析[J].海峡科技与产业,2019(5):18-22.

68. 童卫东.新《立法法》的时代背景与内容解读[J].中国法律评论,2023(2):192-203.

69. 王保民,王珺.区域协同立法的工作机制及其优化[J].地方立法研究,2023,8(3):37-53.

70. 王本刚,马海群.开放政府理论分析框架:概念、政策与治理[J].报资料工作,2015(6):35-39.

71. 王超恩,张瑞君,谢露.产融结合、金融发展与企业创新——来自制造业上市公司持股金融机构的经验证据[J].研究与发展管理,2016(5):71-81.

72. 王缉慈.创新的空间——企业集群与区域发展[M].北京:北京大学出版社,2003.

73. 王建国,郝洁.新时代农村法治的实践障碍与制度逻辑[J].哈尔滨工业大学学报(社会科学版),2020(1):16-22.

74. 王剑侯.浙江:以"基层治理四平台"改革 推动基层治理体系现代化[J].社会治理,2019(12):13-15.

75. 王景,朱利.知识产权经济性质的探讨[J].昆明理工大学学报(社会科学版),2004(2):33-36.

76. 王丽娜.美国制造业重振对我国制造业的影响及应对措施[J].辽宁师范大学学报(社会科学版),2016(1):37-42.

77. 王夏晖,王金南,王波,等.生态工程:回顾与展望[J].工程管理科技前沿,2022,41(4):1-8.

78. 王以成.企业合规助力法治化营商环境建设[J].中国外资,2022(5):36-37.

79. 王子迎,高乐田.论大数据的科学特性及其决策学意义[J].决策与信息,2018(11):29-36.

80. [英]维克托·迈尔一舍恩伯格,肯尼斯·库克耶.大数据时代:工作、生活与思维的大变革[M].盛杨燕,周涛,译.杭州:浙江人民出版社,2013.

81. [德]乌尔里希·贝克,[英]安东尼·吉登斯,[英]斯科特·拉什.自反性现代化[M].赵文书,译.北京:商务印书馆,2001.

82. 习近平.习近平在考察中国政法大学时强调:立德树人德法兼修抓好治人才培养,励志勤学刻苦磨炼促进青年成长进步[N].人民日报,2017-05-04(1).

83. 习近平在中共中央政治局第二次集体学习时强调 审时度势精心谋划超前布局力争主动 实施国家大数据战略加快建设数字中国[J].实践(思想理论版),2017(12):7.

84. 习近平主持召开中央全面深化改革委员会第十四次会议强调 依靠改革应对变局开拓新局 扭住关键鼓励探索突出实效 李克强王沪宁出席[J].思想政治工作研究,2020(7):6-7.

85. 夏学娟,王思斌,徐选国,等.打造现代化的基层治理服务新格局(上)——解读《中共中央 国务院关于加强基层治理体系和治理能力现代化建设的意见》[J].中国社会工作,2021(22):13-15,22.

86. 徐凤英.设区的市地方立法能力建设探究[J].政法论丛,2017

（4）：111-118.

87. 徐勇.将基层带入国家：单一制、基层社会与国家建设［J］.国家现代化建设研究,2022（2）：83-94.

88. 宣晓冬.挪威发展生物医药的成功经验［J］.全球科技经济瞭望,2010（9）：64-67.

89. 燕继荣.条块分割及其治理［J］.西华师范大学学报（哲学社会科学版）,2022（1）：1-6.

90. 杨朝霞.中国环境立法 50 年：从环境法 1.0 到 3.0 的代际进化［J］.北京理工大学学报（社会科学版）,2022,24（3）：88-107.

91. 杨铜铜.地方小切口立法的形式主义困境及其破解［J］.学术界,2022（10）：149-166.

92. 杨伟东.国家秘密类政府信息公开案件审查模式的转型［J］.法学,2021（3）：178-191.

93. 杨武,付婧,郑红.知识产权服务业体系研究［J］.中国发明与专利,2011（12）：78-80.

94. 魏丽莉,杨颖.中国绿色金融政策的演进逻辑与环境效应研究［J］.西北师范大学学报（社会科学版）,2020,57（4）：101-111.

95. 易玉.建立知识产权战略绩效评估指标体系的思考［J］.知识产权,2007（1）：32-36.

96. 尹栾玉.基本公共服务：理论、现状与对策分析［J］.政治学研究,2016,130（5）：83-96,127.

97. 余凌云.地方立法能力的适度释放——兼论"行政三法"的相关修改［J］.清华法学,2019,13（2）：149-162.

98. 喻中.国家治理体系中的地方立法［J］.理论探索,2020（1）：30-36.

99. ［美］詹姆斯・N. 罗西瑙.没有政府的治理［M］.张胜军,等译.南昌：江西人民出版社,2001.

100. 章剑生.知情权及其保障——以《政府信息公开条例》为例［J］.

中国法学,2008(4):145-156.

101. 张昊.《宁波市法治乡村建设促进条例》实施一年多 成果如何?[EB/OL].(2022-07-11)[2023-12-31]. http://news. cnnb. com. cn/system/2022/07/11/030368404. shtml.

102. 张恒梅. 当前中国先进制造业提升技术创新能力的路径研究——基于美国制造业创新网络计划的影响与启示[J]. 科学管理研究,2015,33(1):52-55.

103. 张康之. 论社会治理中的法治与德治[J]. 学术论坛,2003(5):1-5.

104. 张鹍. 中国发展知识产权服务业的战略意义[J]. 改革与战略,2005(8):49-51.

105. 张林江. 从"送法下乡"到"法治乡村"——中国乡村法治建设的社会学考察[J]. 政治与法律,2023(2):91-107.

106. 张茂月. 大数据时代公民个人信息数据面临的风险及应对[J]. 情报理论与实践,2015,38(6):57-61,70.

107. 张琼. 类型化视野下的地方立法能力及其现代化路径[J]. 法商研究,2023,40(1):63-76.

108. 张仁开. "十二五"时期推进长三角区域创新体系建设的思考[J]. 科学发展,2012(9):50-59.

109. 张炜达,李鑫,赵欣云. 乡村振兴视域下农村基层治理法治化研究[J]. 西北农林科技大学学报(社会科学版),2023,23(2):46-54.

110. 张伟坤. 协同共生:基层社会治理理念的传承逻辑与时代趋向[J]. 华南师范大学学报(社会科学版),2022(4):123-134,207.

111. 张文显. 法治与国家治理现代化[J]. 中国法学,2014(4):5-27.

112. 赵莉晓,马虎兆,陈兵. 环渤海区域知识产权现状评价[J]. 科技进步与对策,2007(8):8-12.

113. 赵树凯. 乡村治理的百年探索:理念与体系[J]. 山东大学学报

（哲学社会科学版），2021（4）：11-28.

114. 赵中建，王志强. 欧洲国家创新政策热点问题研究［M］. 上海：华东师范大学出版社，2013.

115. 郑永年，黄彦杰. 制内市场：中国国家主导型政治经济学［M］. 杭州：浙江人民出版社，2021.

116. 仲崇盛. 论管理性政府形态的管理模式和理论的演化［J］. 中国青年政治学院学报，2009（3）：72-76.

117. 周旺生. 立法学教程［M］. 北京：北京大学出版社，2006.

118. 中华人民共和国国民经济和社会发展第十四个五年规划和 2035 年远景目标纲要［N］. 人民日报，2021-03-13（1）.

119. 朱旻，赵淑雯. 苏州工业园区法院：以案为据创设基层治理司法指数［N］. 人民法院报，2021-09-19（4）.

120. 朱永伟. 工业互联网平台间数据开放共享研究［J］. 中国信息化，2019（11）：87-89.

121. 朱最新. 区域协同立法的运行模式与制度保障［J］. 政法论丛，2022（4）：141-150.

二、外文参考文献

1. Chesbrough H, Appleyard M. Open Innovation and Strategy［J］. California Management Review, 2007, 50(1): 57-76.

2. Nonaka I. The Knowledge-Creating Company［J］. Harvard Business Review, 1991(9-10): 96-104.

3. Ostergard R L Jr. The Measurement of Intellectual Property Rights Protection［J］. Journal of International Business Studies, 2000(31): 33-36.

4. Rapp R T, Rozek R P. Benefits and Costs of Intellectual Property Protection in Developing Countries［J］. Journal of World Trade,

1990,24(5):75-102.

5. Robinson P. Competing in the Global Economy—The Innovation Challenge[J]. IEE Seminar on Innovation for High Value Adding Manufacturers,2004(4):7-8.

6. Seyoum B. Patent Protection and Foreign Direct Investment[J]. Thunderbird International Business Review,2010,48(3):389-404.

7. Sherwood R M. Intellectual Property Systems and Investment Stimulation: The Rating of Systems in Eighteen Developing Countries [J]. The Intellectual Property Law Review,1997,37(2):261-371.